〔宋〕苏洵◎原著

郑京辉◎主编

权书图说

精解

图解中国式权谋智慧

中国纺织出版社有限公司

国家一级出版社

全国百佳图书出版单位

内 容 提 要

《权书》是北宋苏洵的呕心沥血之作，是传世的论兵名篇之一。《权书》集中体现了苏洵治国平天下的思想，集治道、兵法、史论为一体，具有广泛而深厚的思想内容。作为兵书，《权书》从更高的层次甚至从帝王的角度俯视全局，但又涉及细枝末节，用之既可以将将，亦可以将兵，在千年后的今天依然闪耀着智慧的光芒。

本书除全文收录了《权书》全十篇外，还从姊妹篇《几策》和《衡论》中择要收录了六篇有益于当代人为人处世、竞争致胜的文章，构成了本书第三篇中的原典。本书以贴切的插图、简洁的注释、严谨的译文和精到的解读，详细论述了为将者治军、攻伐的谋略以及君主治国、御臣的策略，对当代读者尤其是各级管理者运筹帷幄、竞争致胜、建功立业具有很强的借鉴作用。

图书在版编目（CIP）数据

权书图说精解/（宋）苏洵原著；郑京辉主编. —北京：中国纺织出版社，2011.6（2025.6 重印）

ISBN 978-7-5064-7386-6

Ⅰ.①权… Ⅱ.①苏… ②郑… Ⅲ.①兵法—中国—北宋 ②权书—通俗读物 Ⅳ.①E892.441

中国版本图书馆 CIP 数据核字（2011）第 043001 号

副 主 编：鲍玉仓 王存博

编委会成员：孔令杰 白现峰 冯春萍 李维东 宋渠江 张振丽 郝 飞 舒 伟

策划编辑：丁守富 责任印制：陈 涛

中国纺织出版社出版发行

地址：北京东直门南大街 6 号 邮政编码：100027

邮购电话：010—64168110 传真：010—64168231

http://www.c-textilep.com

E-mail:faxing@c-textilep.com

三河市兴达印务有限公司印刷 各地新华书店经销

2011 年 6 月第 1 版 2025 年 6 月第 2 次印刷

开本：787×1092 1/16 印张：15.5

字数：205 千字 定价：59.80元

序

《权书》，北宋苏洵撰，是传世的论兵名篇之一，其内容是从历代著名战争中比较战略得失，从历代名将中总结治军经验教训。该书对古代治军及战略问题确有不少深邃见地，对当代人运筹帷幄、竞争致胜、建功立业很有借鉴意义。

《权书》是苏洵呕心沥血之作。苏洵（1009—1066年），字明允，眉州眉山（今四川眉山县）人。苏洵出身书香门第，但少时却游荡不学，至二十七岁才开始发愤读书。宋仁宗嘉祐元年（1056年），苏洵送其二子苏轼、苏辙赴京应试。其时正值欧阳修等庆历新政要人又入朝用事，苏洵于是满怀希望地向欧阳修献上所写文章二十二篇，即《几策》二篇，《权书》十篇，《衡论》十篇。“书既出，而公卿士大夫争传之。”此时，苏轼、苏辙也以“高第”中进士。父子三人名动京师，苏洵也博得了欧阳修的赏识。欧阳修向朝廷力荐苏洵，朝廷也两次召苏洵策试，苏洵皆不就。嘉祐五年，朝廷拜苏洵为秘书省试校书郎，第二年除霸州文安县主簿，但苏洵未就任，留京修撰礼书。后来，百卷巨著《太常因革礼》刚刚撰成上报朝廷，苏洵就去世了。苏洵一生著述极丰，但《权书》等二十二篇既是他的成名作，也是集其思想精华于大成之作，集中体现了苏洵治国平天下的思想，集治道、兵法、史论为一体，具有广泛而深厚的思想内容。作为兵书，《权书》从更高的层次甚至从帝王的角度俯视全局，但又涉及细枝末节，用之既可将将，亦可以将兵，在千年后的今天依然闪耀着智慧的光芒。

古时称秤锤为权，称秤杆为衡，所谓权衡就是根据不同的重量随时移动秤锤

以保持平衡，也就是权变或者权谋。苏洵在“权书叙”中说：“《权书》，兵书也，而所以用仁济义之术也。吾疾夫世之人不究本末，而妄以我为孙武之徒也。夫孙氏之言兵为常言也，而我以此书为不得已而言之之书也。故仁义不得已，而后吾《权书》用焉。然则《权书》，为仁义之穷而作也。”意即遇到仁义解决不了的问题时，迫不得已只有用“权”。《衡论》是《权书》的姊妹篇，两者相辅相成。苏洵在“衡论叙”中说，所作《权书》是让人们知物之轻重，而作《衡论》是为了让“权”有所依据的标准，使人们更准确地把握物之轻重。苏洵所论，其实即权谋也。

权谋是人类智慧之树结出的一个奇妙果实。《春秋公羊传》曰：“权者何？权者反于经，然后有善者也。”也就是说“经”是永恒不变的原则，“权”则是在不违背原则的前提下依据形势而采取的临时变通的措施，因此权谋的本义是指为了达到一个目标而采取的灵活应变的手段而已。在《权书》中苏洵认为权术和仁义各有其用，正如老子所谓的“以正治国，以奇用兵。”

笔者针对当代读者的阅读需求和实际需要，在本书中除收录了《权书》全十篇外，还收录了《几策》全两篇和《衡论》中与当代生活相关度较大的四篇，通过贴切的插图和详细的案例论述了为将者治军、攻伐的谋略以及君主治国、御臣的策略，较完整地展现了苏洵的思想精华。

我们研究学习权谋时应当兼及“经”及“仁义”，也应当怀有一种悲天悯人的博大胸襟，秉持“达则兼济天下，穷则独善其身”理念。唯有如此，才能让权术为我所用，从而在漫漫人生征程中让自我价值不断得到实现与提升，最终达到为人处世以及心境上的悠游自在、游刃有余的理想状态。

郑京辉

2011年2月8日

于河北保定朗月斋

目录

第一篇　为将之道

第二篇 史鉴方略

第三篇　为政之道

第一篇

为将之道

第一章　心术

1. 为将之道，当先治心

【原典】

为将之道，当先治心①。泰山崩于前而色②不变，麋鹿③兴于左④而目不瞬⑤，然后可以制利害，可以待敌。

【注释】

①治心：指锻炼培养军事上的胆略、意志和吃苦精神等。

②色：指面色，表情。

③麋鹿：是鹿的一种。雌麋鹿没有角，体型也较小。因其头似马、角似鹿、尾似驴、蹄似牛而俗称“四不像”。因在古代神话小说《封神榜》中是姜子牙的坐骑，使其更富有传奇色彩。

④兴于左：此处指在身边出现。兴：起，引申为起舞。左：近旁，旁边。

⑤瞬：看一眼，短时间看。

【译文】

做好一名将领的根本，首先应当培养好自己的心理素质，要能做到泰山倒于前而面不变色，麋鹿在身边突然窜出而眼睛连眨也不眨，然后才可以权衡利弊，对付敌人。

【精解】

处变不惊，临危不乱

《权书》开篇首先讲一名领导者应该具备的心理素质以及坚强的意志。在文句中的泰山崩是指突发事件，麋鹿兴则又喻指各种事物的诱惑。而优秀的领导者就要在面对突发事故、惊吓和诱惑时毫不动心，这样才能克敌制胜，取得成功。全句写得气势磅礴，设喻得当，反衬有力，直接点出了全篇的核心。

一名优秀的领导者应该具备怎样的心理素质，法国的著名军事家拿破仑给出了一个形象的比喻。他说优秀军事统帅的各种品质可以比喻为一个“正方形”，正方形的“底”是优秀军事统帅的勇敢、顽强、果断等精神要素；“高”是指智慧，包括谋略、卓识等，两者在优秀军事统帅的精神世界里应当等量齐观地发展，形成正方形的结构。这与“为将之道，当先治心”同出一理，都充分说明了心理素质的重要作用。

在实际战略抉择中，风险往往与机遇、利益和成功共存，“不入虎穴，焉得虎子”。因此，我们要善于正确、及时地把握对手的战略背景、心理状态、性格特性等，因时、因地、因人地以相应的谋略解除自己的危机。拿破仑曾说过，战场上的胜负有四分之三取决于精神因素，四分之一取决于其他条件。军中从来重“心胜”，打的多是心理制胜战，所谓“狭路相逢，勇者胜”。回顾历史，我们不难发现在危难之际越是优秀的将领越发表现得镇定从容。

据晋代陈寿的《三国志·赵云传》记载，公元218年，蜀军占领汉中，并派赵云和黄忠率数千人马驻守。第二年春天，曹操率大军从长安出发，经过斜谷，直逼汉中，企图重新夺回这个战略要地。当时曹军运送了大量粮草屯于北山脚下，蜀将黄忠获知后即率军袭取，但逾期未归。赵云为了接应黄忠，便率数十骑轻装出营，然而在途中就遇到了曹军前锋，双方正在交战之际，曹军大队人马又随后赶到。敌众我寡，赵云率军且战且退。交战中裨将张著受伤，赵云驰马再度回转接应张著，杀散曹军。曹军散而复合，直追至蜀军营门。在众寡悬殊的形势下，留守营中的张翼准备紧闭营门拒守。赵云回营后，则命令大开营门，偃旗息鼓。曹军顿生疑心，认为赵云定有伏兵，遂欲退兵。此时，蜀营中擂鼓震天，众军以强弓劲弩射击曹军。曹军惊骇奔逃，自相践踏，堕入汉水中淹死者不计其数。次日，刘备亲至赵云营中视察战况，夸赞道，“子龙一身都为胆也。”因赵云勇略非凡，在蜀军中号为虎威将军。

赵云

(?—229年)，三国常山真定(今河北正定南)人，字子龙，蜀国名将。图出自清光绪庚寅冬月广百宋斋校印《图像三国志》。

心理素质是一个人在现实生活中经过长期锻炼形成的一种遇到突发事件时所表现出的个体素质。赵云之所以能够唱响“空营计”就在于他临危不乱，运用其高超的智慧和军事谋略在变化莫测的战场上指挥若定、克敌制胜。这种“泰山崩于前而色不变，麋鹿兴于左而目不瞬”的沉稳镇定，自然是一名优秀将帅所必备的心理素养，同时这也应是我们每个人所必修的人生课程。

虽然不是每个人都能成为“万军之将”，但我们至少都是“自我之帅”。人的一生不可能一帆风顺，学习压力、工作竞争、感情纠葛、商场失利、仕途受阻、家庭遭困等困境在我们每个人的一生中都或多或少会遇到，有时甚至山重水复、内外交困，严峻地考验着我们的心理。有研究表明，凡竞技性、竞斗性的项目和职业，胜者大都胜在心理上。因为知识、技能在高手那里已相差无几，高手之间的对决早已超出这些范畴，心理的较量才是左右比赛胜负的关键因素。因此，我们唯有通过不断修炼养成这种“处变不惊，临危不乱”的心理素质，方可在种种迎面而来的人生困境中游刃有余。

这种心理素质无论是对于将帅还是普通人都非常重要。我们在平时生活中，始终保持一个平和的心理状态，遇到紧急事情或始料不及的情况时，首先要保持冷静，不慌才能思维不乱，长此以往才会有“泰山崩于顶而色不变，麋鹿兴于左而目不瞬”的平静镇定。只有养成了这样的心理素质，一个人才能有大作为。这也正是《权书》所说“为将之道，当先治心”的道理。

2. 凡兵上义，不义，虽利勿动

【原典】

凡兵上义①，不义，虽利勿动。非一动之为害，而他日将有所不可措②手足也。夫惟③义可以怒④士；士以义怒，可与百战。

【注释】

①上：古通假字，同“尚”，意思是“崇尚、推崇”。义：正义。上义：即崇尚正义。

②措：放置，搁置。

③惟：用来限定范围，意思为“只有”、“只是”。

④怒：激发，激励。

【译文】

凡是用兵打仗都要崇尚正义，非正义的战争，即使对自己有利也不能贸然发动。倒不是因为这次行动会对当前有什么样的危害，而是要考虑到这次行动会不会造成将来处于被动而无法挽回的后果。只有正义才可以激励士兵士气；士兵士气一旦被激发出来而高涨，就可以百战不殆。

【精解】

战争的性质决定战争的胜负

正义是取得战争胜利的首要条件。正义的战争能得到大多数人民的支持，非正义的战争必然遭到大多数人民的反对，“水能载舟亦能覆舟”。因此，战争的性质决定了战争最终的结果。世界历史上凡是正义的战争，不论其时间长短和惨烈程度，最终胜利都是必然的，而非正义的战争，不管起初取得了多么辉煌的战果，最终的覆灭也是必然的。无论是古代的齐宣王伐燕之战还是近代的日本侵华战争，都证明了这个观点。

公元前321年，苏秦死后他的弟弟苏代和苏厉也因游说显达于诸侯。燕国的相国子之与苏代联姻，子之与苏代密谋想独揽燕国大权。苏代从齐国出使回来时，燕王哙就问苏代：“齐王能称霸诸侯吗？”苏代回答说：“不能。”燕王哙就好奇地问：“为什么不能呢？”苏代回答说：“齐王不信任臣下。”于是燕王就把国家大权交给了子之。后来鹿毛寿对燕王哙说：“人们认为尧贤德，是因为他能够让国啊。现在大王如果能够把国让给子之，则大王与尧会有同样的贤德之名。”燕王哙于是就把燕国禅让给了子之。后来又有人对燕王哙说：“大禹栽培伯益为继位人，却用儿子启的同党做官。后来大禹年老，把国禅让给了伯益。结果启与同党合伙攻击伯益，夺取了帝位。这就是后世所谓的大禹名誉上让位于伯益而实际上让儿子启自己夺取啊。现在大王虽然让国给子之，但是国内的官吏大多是太子的同党，大王您也是名誉上让位给子之而实际上让太子主事啊。”年老糊涂的燕王哙于是收回了国内官吏的印绶，国内俸禄三百石以上的官吏全部让子之任命。于是子之南面称王，而燕王哙不再受理政事，反而北面称臣。

子之得位不正，人心不服，治理了燕国三年，燕国大乱。公元前315年，燕国的将军市被和燕太子平密谋攻杀子之。消息传到了齐国，齐国的将领对齐宣王说："趁此机会伐燕，必获大胜。"于是齐宣王派秘使对燕国太子平诡言道："寡人听说太子您将正君臣之义，明父子之位。寡人的国家唯太子之令是从。" 燕太子平得到齐王的声援，所以就聚集党羽，派遣将军市被率众攻击子之。结果市被不能取胜，他反过来又攻击燕太子平。燕都大乱，混战了几个月，死亡数万人，百姓人心惶惶。孟子对齐宣王说："现在讨伐燕国，正是周文王、周武王建立功业的好时机。"于是齐宣王派章子率领齐国五都及北地的边兵伐燕。面对齐国之师，燕国是士卒放弃抵抗、城门也不关闭。齐军顺利攻入燕国都城，将子之剁成了肉酱，也杀死燕王哙。

此时齐宣王面临着一个战略决择：要么立燕国太子平为王撤军；要么长期占领燕国，把燕国的国土并入齐国。齐宣王对孟子说："有人劝我长期占领燕国，有人劝我不要长期占领燕国。以万乘之国伐万乘之国，五旬而取之，人力不至于此；我怕天予不取，必有天殃啊。"战国后期，齐国和燕国都是拥有地方数千里的大国。此时齐宣王在巨大的利益面前长期占有燕国的贪念已经占据了上风。孟子回答道："如果燕国百姓愿意齐国长期占领燕国，大王就长期占领燕国。古代有人这么做的，就是周武王啊。如果燕国百姓不愿意齐国长期占领燕国，大王就及时撤军吧。古代也有人这么做的，就是周文王啊。大王以万乘之国讨伐同样为万乘之国的燕国，燕国百姓箪食壶浆迎接齐军没有别的原因，期盼齐军能够救他们出水火啊！如果水更深、火更热，燕国之民心向背也会改变。"这时天下的诸侯谋划拯救燕国。齐宣王又问孟子："诸侯多打算讨伐寡人，如何应对呢？"孟子回答说："我听说商汤仅有七十封地却能够为政于天下，没有听说拥有千里国土的君主害怕别人。以前燕国人民生活在水深火热之中，大王派兵征伐，燕国之民认为大王要把他们救出水火，所以箪食壶浆来迎接齐军。齐军取胜后，杀害、囚禁燕国百姓，毁坏了燕国的宗庙，把燕国的宝器迁往齐国。这怎么可以呢？天下原本就畏惧齐国的强大，现在齐国又把国土扩大了一倍，却不对燕国之民行仁政，这是在惹祸上身啊！建议大王赶快命令齐军送回虏掠的燕国百姓，停止运送燕国的宝器，与燕国人共同商量拥立新君主，撤还军队，则还来得及。"可惜齐宣王在巨大的利益面前丧失了理智，拒绝了孟子的这个建议。

不久，燕国人果然叛乱。齐宣王后悔地说："我很惭愧当初没有听孟子的话。"这年齐宣王病故，他的儿子齐湣王继位。

燕国人共同拥立太子平为王，是为燕昭王。燕昭王在燕国残破之后继位，发愤图强，亲自安抚百姓，与百姓同甘共苦，并且在郭隗的帮助下广招天下贤才。经过三十年的发展，燕国国力大增。公元前284年，燕昭王命令乐毅为上将军，联合秦、魏、韩、赵共同讨伐齐国。齐国军队主力在济水一战中大败，乐毅亲率燕国军队长驱直入齐国腹地。齐国都城临淄被攻陷，齐湣王仓皇逃出齐国。齐国城池绝大多数被攻破，仅有莒和即墨两城坚守。楚国派将军淖齿救援齐国，但是淖齿不怀好意，欲与燕国共分齐地，遂杀了齐湣王。

孟子

孟子（公元前372—前289年），名轲，字子舆。战国时期鲁国人，鲁国庆父后裔。中国古代著名思想家、教育家，战国时期儒家代表人物，著有《孟子》一书。孟子继承并发扬了孔子的思想，成为仅次于孔子的一代儒学宗师，有"亚圣"之称，与孔子合称为"孔孟"。

纵观战国这段齐燕互相攻伐的历史，仅就齐国一方而言，当初齐宣王派兵平定燕国内乱，无疑是正义的战争，也取得了燕国百姓的衷心拥戴，所以在五旬之内几乎兵不血刃地占领了燕国。后来，齐宣王利欲熏心，要长期占领燕国，则战争的性质变为侵略战争，得到了燕国上下的一致反对，最后不得不仓皇撤军。齐宣王的不义之举，也为子孙后代种下了祸根。到他儿子齐湣王在位的时候，燕国发动了报复战争，齐湣王也落得曝尸荒野的下场，齐国也几乎亡国。

近代以来，日本军国主义者悍然发动了侵华战争，虽然当时日本远远比中国国力强大，在战争前期也占领了我国广大地区，但是侵略战争的不义性质早已经决定了日本最终战败的命运。

当然，战争的"正义"与"非正义"并非是政治家侃侃而谈的空论。除了孟子提出的民心向背的判断标准外，早在我国西周时代成书的《司马法》认为"杀人安人，杀之可也；攻其国，爱其民，攻之可也；以战止战，虽战可也"。同时指出"国虽大，好战必亡；天下虽安，忘战必危"。《司马法》明确提出区分战争正义性和非正义性的标准，既反对穷兵黩武的好战，又反对偃旗息鼓的怯战，从而成为历代兵家所经常引用的军事格言。

3. 凡战之道，未战养其财，将战养其力，既战养其气，既胜养其心

【原典】

凡战之道，未战养其财，将战养其力，既战养其气，既胜养其心。谨烽燧①，严斥堠②，使耕者无所顾忌，所以养其财；丰犒③而优游之④，所以养其力；小胜益急，小挫益厉⑤，所以养其气；用人不尽其所欲为⑥，所以养其心。故士常蓄其怒、怀其欲而不尽。怒不尽则有余勇，欲不尽则有余贪，故虽并天下而士不厌兵。此黄帝⑦之所以七十战而兵不殆⑧也。不养其心，一战而胜，不可用矣。

【注释】

①烽燧：即烽火，是古代传递军事信息最快最有效的方法。古代边防报警，白天燃狼烟，叫“烽”，夜晚举火，叫“燧”。

②斥：远。堠：也作“候”，侦察，亦指侦查的人。斥堠亦称“斥候”，侦察、候望之意，也指侦察敌情的士兵。

③丰犒：优厚的犒赏。丰：丰盛、丰厚。犒（kào）：用酒食或财物慰劳。

④优游：悠然自得的样子。优游之：即指让战士们悠然自得，养精蓄锐。

⑤益：更加。急：急迫。挫：挫折，失败，这里指打了败仗。厉：激励。

⑥不尽其所欲为：不让士兵的欲望得到完全的满足，以此保证他们仍有进一

步参加战斗的要求。

⑦黄帝：中国古代传说中的人物。司马迁以他为五帝之首，名轩辕。一般认为他是中华民族始祖，所以我们常常说自己是炎黄子孙。

⑧殆：通“怠”，懈怠，放松。

【译文】

大凡用兵作战的原则是：没有战争的时候要发展生产，使士兵家境丰裕；将要进行战争的时候要蓄养士兵的体力；进行战争的时候要鼓舞士兵的斗志；取得胜利的时候要培养士兵的忠心。平时要修整边备，加强警戒，使人民能够安心耕种田地而没有什么顾虑，这样就可以发展生产，使士兵家产丰裕；将要进行战争的时候，要给战士优厚的赏赐并使士兵放松休息，这样就能使士兵体力得到休养；在进行战争的时候，应以小的胜利激励他们投入新的战斗，以小的挫折来磨砺他们发愤图强的精神，这样就可以保持他们高昂的士气；而当夺取胜利时，不要让他们的欲望完全实现，这样就可以培养不懈的斗志。一个将领做到上述这些以后，他的士兵就会常常在胸中积聚着对敌人的愤怒，怀抱着欲望想得到满足的愿望，而不会完全消失；愤怒不完全消失就会有用不完的勇气；欲望不完全得到满足就会永远有贪求功名利禄之心，所以即使统一了天下，而士兵仍然不会厌恶打仗。这就是黄帝所以能够作战七十次而仍然锐不可当的原因。假如不注意培养士兵的心志，打一次仗或许能取胜，但是以后就不可能再用他们来打胜仗了。

【精解】

居安思危，忧患可以兴国

早在《礼记》中就有“安无忘危，存无忘亡”的古训。《易传·系下》也说：“君子安而不忘危，存而不忘亡，治而不忘乱，是以身安而国家可保也。”这句话恰恰说明了居安思危，忧患可以兴国。明代章婴则在《诸葛孔明异传》中说：“居

安而不思危，寇至而不知惧，此谓燕巢于幕，鱼游于鼎，亡不俟夕矣。”这些话颇具辩证法，说明古人早看到了安与危是互为转化的，福兮祸所伏，在安中就隐含着危的因素，因而一再提出种种告诫。

“生于忧患，死于安乐”这不仅是警示，也是深刻的历史教训。春秋时越王勾践卧薪尝胆的故事是最好的注解。勾践三年（公元前494年）春天，越伐吴，吴王夫差大败越国于夫椒，越王勾践困守于会稽山。勾践无奈只得依范蠡计策重金贿赂吴国太宰嚭（pǐ）以求和。吴王夫差不顾伍子胥的反对，答应了越国的求和，但是要勾践亲自到吴国去。勾践在范蠡的参谋下，于公元前492年到吴国给夫差当奴仆，被关在石城。三年后，夫差动了恻隐之心，准备放勾践回越国，大臣伍子胥坚决反对，说放勾践回去就等于放虎归山。吴王不听，将勾践放回。传说回国后勾践立志报仇雪耻，他唯恐眼前的安逸消磨了志气，就以柴草为席，并在屋内挂上一个苦胆，每逢吃饭前就先舔几下，提醒自己时时不忘在吴国经历的苦难和耻辱。他采用大臣文种建议，对外以金银、美女贿赂吴王，麻痹夫差并消磨其意志，另外还收购吴国粮食，使之粮库空虚；赠送木料，耗费吴国人力物力兴建宫殿。对内勾践则休养生息，富国强兵，鼓励增加人口以增强国力，并和群臣一起谋划攻吴之计。公元前473年，越王又一次攻打吴国，终于一举灭吴雪耻，吴王夫差见大势已去，求和不成就自杀而死。

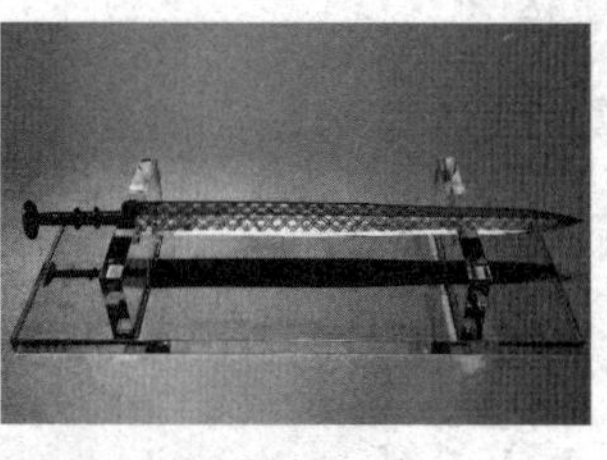

越王勾践剑

越王勾践剑通高55.7厘米，宽4.6厘米，柄长8.4厘米，重875克。1965年冬天出土于湖北省荆州市望山楚墓群中，剑上用鸟篆铭文刻有“越王勾践，自作用剑”八个字，现藏于湖北省博物馆。

越王勾践屈服求和，卑身事吴，卧薪尝胆，又经“十年生聚，十年教训”，终于转弱为强，起兵灭掉吴国，成为一代霸主。勾践之所以能复国兴国，正是亡国之辱的忧患使他发愤、催他奋起的结果。这说明，当困难重重、欲退无路时，人们常常能显出非凡的毅力，发挥出意想不到的潜能，拼死杀出重围，开拓出一条生路。但是，有的人一旦外患消除，就往往贪图安逸，却会“死于安乐”。吴王夫差其实也非庸庸碌碌之辈。公元前496年，吴王阖闾攻越国，结果被越王勾践所败，而且自己又中箭受了重伤，回到吴国就咽了气。其子夫差即位后，立志报仇，于是叫人经常提醒他，每当他经过宫门，手下的人就扯开嗓子喊："夫差！你忘了越王杀你父亲的仇吗？"夫差流泪而答："不，不敢忘。"他命令伍子胥和另一个大臣伯嚭操练兵马，准备攻打越国。过了两年，吴王夫差亲自率领大军去打越国。越王勾践不听范蠡忠告拒战守城，与吴国夫差决战于太湖一带。结果越军大败，勾践带了五千残兵败将突围，逃至会稽被吴军所困。但是，这胜利冲昏了夫差的头脑，他面对安逸的现状不图进取，最终落得被卧薪尝胆的越王勾践灭国亡身的惨淡下场。

在我国历史上，像吴王夫差这样居安而忘危，最终亡身灭国的事例屡见不鲜。唐玄宗继贞观之治之后开创了开元盛世，把唐王朝的发展推向最高潮，然后就马放南山，刀枪入库，战备废弛，结果引来安史之乱，两京陷落，几乎亡国。此外，闯王的故事更值得人们深省。1644年春，闯王攻入北京，以为天下已定，大功告成，只图在北京城中享受安乐，李自成想早日称帝，牛金星想当宰相，诸将想营造府第。当清兵入关时，起义军却一败不可收拾。这正是"不养其心"，故"一战而胜，不可用矣"！

这些都是历史留给我们的教训，正如欧阳修所说的"忧劳可以兴国，逸豫可以亡身"。此篇中，苏洵更明确地指出："凡战之道，未战养其财，将战养其力，既战养其气，既胜养其心。"这种观点更加精辟入里。

4. 选将必欲智而严

【原典】

凡将欲智而严①，凡士欲愚。智则不可测，严则不可犯，故士皆委②己而听命，夫安得不愚？夫惟士愚，而后可与之皆③死。

【注释】

①欲：希望、应当。智：智谋、智慧。严：威严、威信。

②委：托付，交给。

③皆：通“偕”，意思为一同。

【译文】

作将帅的，都应有智慧与威严，而士兵则应需要愚昧老实一些。将帅有智慧则别人就很难猜测他，有威严则别人不敢冒犯他。这样，士兵都把自己的命运托付给他而愿听从命令，怎么能不愚昧老实呢？士兵只有愚昧老实，然后才能够与将领拼死去作战。

【精解】

千军易得，良将难求

俗话说得好“千军易得，一将难求”，这充分说明了将领的作用。无论是在古代还是在现代，将领都是军队的灵魂，他的主要任务是统御部队取得战斗的最终胜利。自古以来的战争，将领的素质往往决定了战争的胜败。战国时期的“长平之战”正是因选将之误而导致战争失败的著名战例。

公元前262年，秦国大将白起大败韩国后，乘胜向赵国的长平（今山西高平县西北）地方进攻。赵国派大将廉颇统兵抵御秦军。因为秦军强大，廉颇采取固守的战术，秦军虽然多次进攻，但都没能取胜，两军相持不下。秦国清楚地认识到欲败赵军，必先除去廉颇。于是秦国派间谍收买赵国贵族，使之散布谣言说：“秦国最怕的是赵奢的儿子赵括。赵括熟读兵书，如果赵括为将，秦国将会大败。”谣言很快传到赵王那里，昏庸的赵王信以为真，果真任命赵括代替廉颇为将。赵括的母亲得知赵括被任为大将，马上进谏请求赵王收回成命。赵王问她为什么？赵括母亲回答说：“从前赵括父亲做大将时，很谦逊，经常向别人求教，有几百个朋友，彼此相互学习，经常研究军事学问。他对部下幕僚们都不摆架子，大王赏赐给他的东西，他都分给大家。每当接到出征命令，就不管家事。可是赵括现在当了军队统帅，却和他父亲不同，要威风，下级都很惧怕。大王赏赐给他的金银绸缎都自己收藏起来，看到好的土地房屋就购买。赵括的品德和他父亲很不一样，因此我劝大王不要派他当大将。”但赵王执意不听。公元前260年，赵括代廉颇为将，随即改变原来军中的规章制度。秦国得知赵王果然以赵括代廉颇到军中指挥，马上又任白起为将，出兵挑战。赵括只会纸上谈兵，其实毫无实战的经验与权谋。他反对廉颇坚守阵地的防御战术，竟主观地要出击打败秦军。白起出动了一支奇兵进行骚扰，引诱赵军主力出击。结果赵括以为秦军败退，跟着追击。白起就派出另一支军队切断赵军粮道，使赵军分作两段。追击的赵军缺乏粮食，军心涣散，过了四十多天，饥饿的军队实在走投无路，赵括只得率领精锐军队冲击秦军阵地。由于计划不周，又没有军事应变谋略，赵军被秦军如飞蝗般的箭雨射回，赵括也被秦军射死。饥困的四十万赵军见主将已死，又无出路，就全部向秦军投降了。白起缴获了赵军武器之后，下令把四十万赵军全部活埋了。

战国时期铠甲复原图

“长平之战”是战国时期最大的也是最残酷的一次战争，赵军的惨败发人深省。作为统帅，赵括确实对赵军四十万士兵的惨死负有不可推卸的责任，但问题的根源却在不懂任将之术的赵王身上。

将帅在战争中的重要性众所周知，历代兵书也都十分注重“选将”。此篇中苏洵提出“凡将欲智而严”，也就是将帅都要有智慧而且威严。《孙子兵法 · 计篇》中也说：“将者，智、信、仁、勇、严也。”就是说，作为将领必须具备多谋善断、赏罚有信、爱护士卒、勇敢坚定、明法审令五项标准，后人称之为“五德”。《吴子兵法》把将领的素质概括为“总文武，兼刚柔”，要求将领文武兼备、智勇双全。至汉代，《三略》上略对将领素质进行了更加详尽论述，提出“十二能”，即指将领应具备的12种治军才能：能清、能净、能平、能整、能受谏、能听讼、能纳人、能采言、能知国俗、能图山川、能表险难、能制军权。能清，即廉洁，不假公济私、损公肥私、以权谋私；能净，堂堂正正，不可欺，不可诈；能平，则处事公正，士兵拥护；能整，则是治军有方，上令下达，齐而不乱；能受谏，是指善于虚心听取别人的批评，使人知无不言，言无不尽；能听讼，就是能让诉冤，明辨是非；能纳人，即谓能选贤任能，合理使用人才；能采言，即对别人的意见、建议能细心考虑，对者从之，错省戒之；能知国俗，就是通晓敌国风俗，学所尚，避其所短；能图山川，就是知道地势的远近、险易，以用其地利；能表险难，就是发现艰险之处，提醒大家，以增强应变的能力；能制军权，就是能统率自己的部队，又能调动敌人。以上是《三略》表述的良将、优才。同时，《三略》上略把劣才、败将的特点归纳为“八患”：拒谏、策不从、善恶同、专己、自伐、信谗、贪财、内顾。“拒谏，则英雄散”；“策不从，则谋士叛”；“善恶同，则功臣倦”；“专己，则下归咎”；“自伐，则下少功”；“信谗，则众心离”；“贪财，则奸不禁”；“内顾，则士卒淫”。

从历代的选将标准来看，赵括根本就不是将帅之才，这点连赵母都看得出，而昏庸的赵王竟执意作出了以纸上谈兵的赵括取代身经百战的廉颇的愚蠢决策。赵王任将失误，这才是导致长平之战惨败的根本原因！

知敌之主，知敌之将，而后可以动于险

【原典】

凡兵之动，知敌之主，知敌之将，而后可以动于险[①]。邓艾[②]缒[③]兵于穴中，非刘禅[④]之庸，则百万之师可以坐缚。彼固有所侮而动也[⑤]。故古之贤将，能以兵尝敌[⑥]，而又以敌自尝，故去就可以决[⑦]。

【注释】

①动：指“动于险”，即出兵于危险之地。

②邓艾：(197—264年)，字士载。又自名范，字士则。三国时义阳棘阳（今河南新野东北）人。初为司马懿掾属，后为魏镇西将军。魏景元四年（263年）秋伐蜀，冬十月，亲率精兵从阴平小道行无人之地七百余里，“凿山通道，造作桥阁，山高谷深，至为艰险”。“艾以毡自裹，推转而下；将士皆攀木缘崖，鱼贯而进”（《三国志·魏书·邓艾传》）。终于直逼成都，后主投降，蜀汉灭亡。

③缒：用绳索将人或物拴住从上往下放。

④刘禅：(207—271年)，三国蜀汉后主，字公嗣，小字阿斗，涿郡涿县（今属河北）人。蜀汉昭烈帝刘备之长子，公元223—263年在位。初由丞相诸葛亮辅政，亮死，信任宦官黄皓。为人昏庸，朝政腐败。公元263年降魏，后被封为安乐公。

⑤彼：他，指邓艾。固：本来。侮：轻视，轻慢。动：出兵于危险之地，即“动于险”。

⑥尝敌：试探敌人实力的强弱。尝：试探，检验。

⑦决：决断，决定。

【译文】

凡是军事的行动之前，应该首先了解敌方之主及其将领，然后才可以使军队在危险的环境中行动。邓艾攻打蜀国时命令士兵以绳系身悬缒而下，悄悄地穿越险山进入蜀中，若不是刘禅那么昏庸无能，邓艾的大军就会束手就擒、全军覆没了。邓艾这次行动肯定是有所依靠才敢如此冒险。所以古代贤能的将帅，都善于用自己的士兵去试探敌人实力的强弱，而且还能从对方的反应中对自己军队的实力情况有更清楚的了解，因而或战或不战便很容易作出正确的决定。

【精解】

知彼知己，百战不殆

《孙子兵法》中说“知彼知己，百战不殆”，也就是指挥战斗的人必须先对敌我双方的情况心中有数。这条论点已成为后来历代军事学上的经典，被认为“是科学的真理”。吴子同样认为：为将者必须具有对敌将进行分析、了解的本领，“先占其将而察其才，因其形而用其权。”唯有如此方能“不劳而功举”。桂陵与马陵之战是我国古代军事史上的两次著名战役。在这两次战役中，孙膑正是在对敌君、敌将准确分析把握的基础上运用计谋而取胜的。

魏惠王时任用了庞涓为将，庞涓指挥军队很有条理。庞涓认为和自己一起师从鬼谷子学习的齐国人孙膑学识比自己高明，如果孙膑一旦回齐国任将，恐怕对魏国不利。于是，庞涓派人把孙膑请到魏国，推荐给魏惠王。但是他又怕孙膑胜过自己，就阴谋对孙膑施以膑刑，又给他脸上刺了字（表示是犯人，让人一看便知，不使其逃逸）。后来有一个齐国的使者来魏国，了解孙膑是个有才能的人，便设法把孙膑秘密藏在车中，带到齐国。孙膑到齐国后，使者把他推荐给大将田忌，田忌发现孙膑是个精通兵法、足智多谋的人才，就把他留在自己的身边。公元前354年，魏国军队围攻赵国都城邯郸，双方相持数余年，赵衰魏疲。这时，齐国应赵国的请求，派田忌为将，孙膑为军师，率兵8万救赵。起初，田忌准备直趋邯郸。孙膑却认为要解开纷乱的丝线，不能用手强拉硬扯；要排解别人打架，不能直接加入混战；派兵解围，要避实就虚，击中要害。因此，他向田忌建议说，现在魏国精锐部队都集中在赵国，内部空虚，我们如果带兵向魏国的都城大梁猛插进去，占据它的交通要道，袭击它空虚的地方，庞涓必定放弃赵国回师救主。田忌采纳了孙膑的策略，引兵直趋魏国都城大梁。魏军闻讯急忙回救，齐军乘其疲惫，在预先选好的作战地区桂陵迎敌于归途，大败魏军，赵国之围遂解。

魏惠王是个野心勃勃的人，经过休整，魏军兵力又日渐强盛，于魏惠王28年（公元前342年），他又派遣庞涓统帅大军去攻打赵国。赵国便联合韩国共同攻打魏国，但屡战失利，韩国急忙求救于齐。齐威王便召集群臣商议对策，诸大臣各持己见，争执不下。最后齐威王征求并采纳了孙膑的建议，先答应发兵救韩，以鼓舞韩军斗志，然后待韩军五次与魏军激战而败，再次向齐国告急、投靠齐国之时，齐威王乘势起兵，派田忌、田婴为将军，孙膑为军师，统率齐军去救韩国。孙膑早已筹划得当，大将田忌按照孙膑的计谋，并不直接去救韩国，而是故技重施，统帅大军逼向魏国的都城大梁。庞涓听到这个消息，无可奈何，只得放弃攻韩，率领大军日夜兼程回救魏国。孙膑获悉庞涓回师魏国的情报，向田忌建议说，魏国的军队一向骄傲轻敌，急于求战，一定会轻视我们，轻兵冒进。我们可以利用敌人这一弱点，示之以弱，诱敌追击，然后乘敌不备予以致命打击。孙膑还具体地提出了诱敌的方法，假装败退，败退中第一天挖10万个炉灶，第二天减少到5万个炉灶，第三天减少到3万个炉灶，让魏军误认为齐军每天都有大量的士兵逃亡，战斗力迅速减弱，而不顾一切地来追赶。果如孙膑所料，庞涓见齐军炉灶天天减少，得意忘形地说：“我原来就知道齐军胆小，进入我国境内才三天，士兵就逃走了一多半。”于是，他丢下主力，只率一部分轻装的精锐部队日夜兼程地追赶。孙膑根

孙膑

(?—公元前316年)，山东鄄城人，中国战国时期军事家。

据魏军的行动，在道路狭窄、地形险要的马陵埋伏了1万多名弓弩手。庞涓夜间率兵追赶至此，齐军伏兵万箭齐发，魏军顿时乱作一团，死伤甚众。庞涓看到败局已定，羞愧自杀。齐军乘胜大破魏军，歼灭魏军10万余人，还俘获了魏太子申。

从这两次战例里可以看出孙膑杰出的军事思想。他根据双方的不同实力对比，在不同的时间采取随机应变的战略克敌制胜。如桂陵之战，孙膑乘魏军围郸，国内空虚，采取避实击虚“围魏救赵”的战术，迫使魏军回救本国大梁，又在魏军仓促回军途中出奇兵大败魏军。马陵之战，虽然也是“围魏救赵”的战术，迫使魏军从韩国撤退回解救本国之危。但与桂陵之战时情况不同，此次魏国已派太子申率大军迎战，加上庞涓撤回之军，对齐军已构成夹击之势。孙膑根据客观情况，巧设“减灶计”，在撤军途中运用真真假假、虚虚实实的战术，诱使庞涓率兵轻进误入马陵道而兵败身亡。后续部队尾随前进，在得知已失主帅之后又遭到突击，魏军的失败已是必然。在此，我们不得不钦佩孙膑军事的谋略。但另一方面我们又不能忽略孙膑曾侍魏惠王并与魏将庞涓同门学艺的经历。因此，孙膑对魏主、魏将颇为了解，而他“围魏救赵”等谋略的运用恰恰以此为基础。正如此篇中苏洵所说：“凡兵之动，知敌之主，知敌之将，而后可以动于险。”

6. 主将之道，知理、知势、知节

【原典】

凡主将之道，知理而后可以举兵，知势而后可以加兵，知节[①]而后可以用兵。知理则不屈[②]，知势则不沮[③]，知节则不穷[④]。见小利不动，见小患不避。小利小患不足以辱[⑤]吾技[⑥]也，夫然后可以支[⑦]大利大患。夫惟养技而自爱者，无敌于天下。故一忍可以支百勇，一静可以制百动。

【注释】

①节：节制，克制。

②屈：屈辱，受辱，这里意思是打了败仗。

③沮（jū）：受到阻碍。

④穷：处于窘困之境。

⑤辱：使……受辱，玷污。

⑥技：本领，才能。

⑦支：经得起，应付得了。

【译文】

一般而言，统帅的行动原则是：明白事理然后才可以采取行动，了解形势然后才可以追加士兵，懂得节制然后才可以指挥战争。明白事理，就不会因为行动违背道义而招致失败；了解形势，就不会因一时的挫折而灰心丧气；懂得节制，就不会由于蛮干而陷入困境。不会因贪图蝇头小利而盲目行动，也不会因遭遇小祸而有所逃避。小利小祸不能使自己的作战才能受到屈辱，具有这样的心胸然后才能应付大的利益与忧患。只有善于培养自己的才能而又懂得珍视的人，才可以无敌于天下。所以说，一忍可以支百勇，一静可以制百动。

【精解】

良将明“势”“理”，遇事当断则断

春秋时代的申包胥认为，将领带兵打仗，最重要的是必须具备“智、仁、勇”三个条件：“夫战，智为始，仁次之，勇次之。”因为没有“智”就不能正确估量敌我双方强弱的形势；没有“仁”就不能和三军将士同甘共苦，得到战士的爱戴；没有“勇”就不能果断地解决疑难问题，实施战略大计。这与此篇中说的主将之道要知理、知势、知节的意思异曲同工。

在对敌作战中，作为主将应当洞察全局，如果已经查明敌人有被打败的可能，就应当抓住时机，果断出击，这样方能取得战争的胜利。唐朝贞观四年（公元630年），兵部尚书李靖出任定襄道行军总管，率军击败了东突厥。东突厥颉利可汗率众退保铁山，然后派遣使者到唐朝请罪，表示愿意举国归附。唐太宗命李靖前往迎接。颉利可汗虽然表面上请求朝见大唐皇帝，但内心里却犹豫不决，另有企图。李靖看透了颉利可汗的心思。此时，太宗诏命鸿胪卿唐俭等人前往东突厥进行安抚和宣谕。李靖于是对他的副将张公谨说："皇帝派遣的使者已经抵达突厥，敌人必定会放心不疑。如果我们选派万名骑兵带上二十天粮食，从白道北出向其实施突然袭击，一定能够取得决定性的胜利。"张公谨却满怀疑虑地说："皇帝已经如约接受突厥来降，而我们的使者又在他们那里。一旦采取行动，敌人加害他们可怎么办？"李靖斩钉截铁地反驳道："战机不可错过！这正是汉初韩信击败齐国所采取的战法。唐俭这些人的牺牲又有什么值得可惜的呢？"于是，李靖挥军疾速前进，抵达阴山时，遇到突厥一支千余人的侦察部队，便把他们全部俘虏而随同唐军一起前进。颉利可汗见到唐朝使者唐俭等人后十分高兴，根本没有料想唐军会来进攻。李靖的前锋部队乘着大雾天气前进，当抵达距颉利可汗驻扎处仅七里的时候，突厥兵才发觉唐军已经迫在眼前。颉利可汗慌忙拉出队伍还未摆好阵势，李靖指挥唐军猛烈冲杀，歼灭万余人，俘获十余万，活捉颉利可汗之子叠罗施，杀死颉利之妻隋朝义成公主。颉利可汗单骑仓皇西逃，后为大同道行军总管张宝相擒获而献给朝廷。此战的胜利，为唐朝开拓了自阴山向北直至大沙漠的大片土地。

以上战例表明：在具备先发制人的条件下，敢于先敌发动攻击，就能迅速取得作战胜利。反之，如果主将不明"势"、"理"，不敢先敌发动攻击，将会贻误战机。

周襄王十四年（公元前638年），宋、楚两国因争夺霸主地位而交战于泓水之滨。从当时双方兵力对比的情况看，宋军虽处于己寡敌众的不利态势，但宋军据有泓水这道"天险"。在此形势下，宋军只有凭据泓水之险，采用灵活巧妙的战法，给来犯的楚军以出其不意的攻击，才有取得胜利的可能性。可是，根本不懂战争规律和作战指导艺术的宋襄公，竟以所谓古之君子“不以阻隘”（不凭据险要地形拦击敌人）、“不鼓不成列”（不攻击没有列好阵势的敌军）为由，拒绝了司马子鱼多次提出的半渡而击的正确建议，丧失了攻击楚军的有利战机而导致宋军大败。他本人也中箭受伤，不久就死去，成为战争史上贻笑千古的一大笑柄。从此，曾一度称霸的宋国便永远一蹶不振了。

商周时期头盔

宋军的失败，固然有其国力不济的原因，然而宋襄公的瞎指挥却是造成宋军泓水之战惨败的直接的原因。泓水之战也成为主将不知“理”，不知“势”，当断不断，不敢先敌发动攻击而最终导致失败的反面战例。

7. 兵有长短，用之以术

【原典】

兵有长短，敌我一也。敢问吾之所长，吾出而用之，彼将不与吾校①；吾之所短，吾蔽而置之，彼将强与吾角②，奈何？曰：吾之所短，吾抗而暴之③，使之疑而却；吾之所长，吾阴而养之④，使之狎⑤而堕⑥其中。此用长短之术也⑦。

【注释】

①校（jiào）：对抗，抗衡。

②角（jué）：角斗，较量。与“校”义同。

③抗而暴之：把我方的短处故意显露给敌方。抗：高高地举起。暴：显露。

④阴而养之：把我方的长处暗中隐藏起来。阴：隐藏，隐蔽。

⑤狎（xiá）：本义指亲近而态度不庄重，这里指轻慢，轻忽。

⑥堕：陷入。

⑦长短之术：指作战应变的策略。

【译文】

敌我双方互有长短，这一点敌我双方是一样的。那么我方的长处，我们把它显示出来而运用它，但是敌人却不同我们在这方面较量；我方的短处，我们把它隐蔽起来而不想使用它，但敌人却偏强迫我们在这方面与他们角逐，那该怎么办呢？我这样回答：我方的短处，我们故意大肆张扬而暴露出来，让敌人产生疑虑而退却；我方的长处，我们却将它隐藏起来而暗中培养壮大，让敌人麻痹而轻犯我们，从而陷入便于发挥我方长处的计谋之中。这就是长短之术在战争中的具体运用。

【精解】

取己之长，攻彼之短

中国古代的军事家认为战争不一定弱的输，赛跑不一定快的赢，关键在于能不能够充分利用自己的特长，以己之长，攻彼之短。两军相遇强者胜，两强相遇智者胜。古人说："知己知彼，百战百胜。"这句话隐含的意思就是：在了解了彼此的强项和弱项之后，以己之长，攻人之短，从而在竞争或战争中占据主动。东汉末年，孙、刘联军在长江赤壁（今湖北蒲圻西北）大败曹水军，即是"取己之长，攻彼之短"而胜的著名战役，奠定了"三国鼎立"的雏形。

东汉末年，军阀混战，天下大乱。曹操基本统一北方后，作玄武池训练水兵，并对可能动乱的关中地区采取措施，随即于建安十三年七月（公元208年）出兵十多万南征荆州（约今湖北、湖南），欲一统南北。八月，荆州牧刘表病亡，次子刘琮请降。荆州水军数以千计的蒙冲、斗舰悉归曹操所有，曹军实力大增，依附刘表屯兵樊城（今属湖北省）的刘备闻讯后率部南撤。九月，曹军进占新野（今属河南省），并率精骑追击南逃的刘备，在当阳长坂坡追及并击溃刘备军。刘备退至夏口（今武汉境），曹操继续南下，占领江陵并乘胜向江东进军。

建安十三年十月（公元208年），曹操留曹仁驻守江陵，自己亲率大军东下。诸葛亮见曹操东下，乃对刘备说："事急矣，请奉命求救于孙将军。"遂与鲁肃同回柴桑（今江西九江西南），面见孙权，共谋抗曹大计。当时东吴部分谋臣慑于曹军号称八十万的声势，主张议和，孙权在和战之间犹豫不决。诸葛亮与鲁肃、周瑜等对当前的形势作了精辟的分析，指出刘备虽在长坂战败，但仍有一定实力，现在收拢的部队和关羽的水军精兵尚有万余人，刘琦的部队也不下万人，实力相当可观。曹军号称八十万，实际上只有十五六万人，加之后方不稳，远征疲惫，不服水土，不习水战，只要善于利用曹军的这些弱点，联合抗曹，定能取胜。孙权因而坚定了联刘抗曹的决心，即命周瑜、程普为左右督，鲁肃为赞军校尉，率领3万精锐水师与刘备军会合，共约5万人，进驻夏口。是年冬，曹操凭恃军威，骄纵轻敌，拒绝谋臣谏议，亲统大军水陆并进，直逼江南。孙刘联军自夏口溯江而上，与曹军相遇于赤壁。曹军以步骑为主，面临大江，立刻失去优势，新编水军及新附荆州水军难以磨合，士气明显不足，战斗力较弱，军中又瘟疫流行，因此初战被周瑜水军打败。曹操不得不把水军"引次江北"与陆军会合，把战船靠到北岸乌林一侧，操练水军，等待良机。周瑜则把战船停靠南岸赤壁一侧，与曹军对峙。当时曹操因为北方士卒不习惯坐船，于是将舰船首尾连接起来，并铺设木板，人马行于船上如履平地。周瑜部将黄盖建议："今寇众我寡，难与持久。然观操军船舰首尾相接，可烧而走也。"周瑜鉴于敌众己寡，意欲谋攻，以求速战，遂采纳黄盖提出的火攻计谋，并让黄盖向曹操诈降，以接近曹操战船。

十月的一天，黄盖率蒙冲、斗舰10艘，满载易燃的枯草干柴，灌以油脂，外用布幕围住，上插与曹操约定的旗号。另备速度快的走轲，系于蒙冲、斗舰之后，以便纵火后官兵换乘撤离。时值东南风急，黄盖领战船扬帆直驶曹军水寨。曹军

周瑜

(175—210年)，字公瑾，汉族，庐江舒县（今安徽省庐江县西南）人。东汉末年东吴名将，因其相貌英俊而有“周郎”之称。

官兵见黄盖来降，“皆延颈观望，指言盖降”，毫无戒备。待战船接近曹营时，黄盖遂令点燃柴草，同时发火，火烈风猛，船往如箭，烧尽北船，延及岸上各营。“顷之，烟炎张天，人马烧溺死者甚众”。在南岸的孙刘联军主力船队乘机擂鼓前进，横渡长江，大败曹军。曹操见败局已无法挽救，当即自焚余船，引军退走。联军迅疾追击。曹操经华容道（今湖北潜江南）逃脱，自还北方，留满宠驻当阳，曹仁驻守江陵。周瑜等与曹仁隔江对峙，遣甘宁袭取夷陵（今湖北宜昌），曹仁率部进围甘宁，周瑜率军救援，大破曹仁军。刘备回师夏口，欲溯汉江迂回曹仁后方。次年，曹仁被迫撤退。赤壁大战后，曹操鉴于失败教训，大治水军，进控江淮。孙权继续与刘备联盟，以抗拒曹操。建安十四年（公元209年），刘备自领荆州牧，将治所及大本营安于油江口，改名为公安。建安十五年（公元210年），周瑜死后，孙权纳鲁肃之议，把自己所据荆州部分的南郡、江夏郡“借”给刘备，于是刘备占有了荆州绝大部分地盘，并移治江陵。此间，刘表的不少故吏和将士都叛逃来投靠刘备。天下三分的雏形开始形成，新的角逐拉开了序幕。

赤壁之战，孙、刘联军面对强敌而不惧，扬己水战之长，攻敌水战之短，巧施火攻，以弱胜强，创造了辉煌战绩，是中国历史上以少胜多的著名战例。曹操在统一北方之后，乘势向江南进军，一举夺占荆州。在此关键时刻，本应集中力量，彻底追歼刘备，然后再图东吴。而他却骄傲轻敌，同时攻打两个敌人，以致促成孙刘联合抗曹，使自己处于不利地位。江南是水网地区，利于水战，而曹军长期在北方征伐，不习水战。曹操在进军之前虽然训练了一些水军，但战斗力不强；在进军中虽然又收降了荆州水军，但军心不稳。在这种情况下，要同以水军立国的东吴进行水上较量，显然是舍长就短，犯了兵家大忌，结果为孙刘所乘，遭到失败。

8. 善用兵者，使之无所顾，有所恃

【原典】

善用兵者，使之无所顾，有所恃①。无所顾②，则知死之不足惜；有所恃③，则知不至于必败。尺棰④当⑤猛虎，奋呼而操击；徒手⑥遇蜥蜴⑦，变色而却步，人之情也。知此者，可以将矣。袒裼⑧而按剑，则乌获⑨不敢逼；冠胄衣甲⑩，据兵而寝⑪，则童子⑫弯弓杀之矣。故善用兵者以形固⑬，夫能以形固，则力有余矣。

【注释】

①顾：顾忌。恃：依靠。

②无所顾：没有什么可以顾虑的。

③有所恃：有所依靠。

④棰（chuí）：木棒。尺棰：很短的木棒。

⑤当：面对。

⑥徒手：空手。

⑦蜥蜴：一种爬行动物，形似壁虎，俗称“四脚蛇”。

⑧袒裼（tǎn xī）：亦作“襢裼”，脱去上衣，裸露肢体。

⑨乌获：战国时秦国的大力士，与任鄙、孟说齐名。秦武王崇好力士，罗致并宠用他们，皆至大官。相传能力举千钧，后用作力士的泛称。

⑩冠胄衣甲：戴着头盔，穿着铠甲，全副武装。胄，盔。冠、衣，都用作动词。

⑪据兵而寝：抱着兵器睡觉。据：抱着。兵：武器。寝：睡觉。

⑫童子：小孩子。

⑬以形固：指利用各种有利形势来巩固自己。以：凭借，利用。形：形势，这里指各种有利的条件。固：巩固。

【译文】

善于用兵的人，要能使自己的士兵打起仗来没有顾忌，而有所依赖。没有顾忌，他们就懂得即使战死也在所不惜；有所依赖，他们就会坚信一定不会战败。比如一个人，哪怕手中只有一根短棒，当面对猛虎时他也会奋力呼喊着去打击它；如果两手空空，即使是偶然遇见一只大蜥蜴，也会恐惧色变而连连退步，这是人之常情啊！如果真正懂得这个道理，就可以做将军了。一个光着膀子持剑决心以命相拼的人，即使是乌获那样的勇士也不敢逼近他；如果一个身佩甲胄而抱着武器鼾睡的人，即使是一个孩子也能够用弓箭射死他。所以善于用兵的将帅要能用适当的方式稳住形势，只要形势稳住了，那么他作战也便游刃有余了。

【精解】

善将者善用激励士气之法

人皆有上进心。孙子曰：“上下同欲者胜”，也就是说三军上下同仇敌忾方可取得胜利。由此可见，在战争中士气之重要。吴起在《吴子·励士篇》中曾谈到激励士兵之法，他说要做到“发号施令而人乐闻，兴师动众而人乐战，交兵接刃而人乐死”，必须“举有功而进飨之，无功而励之。”

吴起认为将军与士卒必同甘共苦，这就是吴起带兵的特点，他能做到“与士卒下者同衣食，卧不设席，行不骑乘，亲裹赢粮（帮助老弱背食），与士卒分劳苦。卒有病疽者，起为吮之。”吴起正是用爱护士卒之法激发士兵斗志。他在魏国做大将，守西河，与秦大战七十六，全胜六十四，余则均解，辟土四面，拓地千里。因此，懂得采用适当的激励之法使士兵“无所顾，有所恃”，方可称为“善用兵者”。

在战争中鼓舞士气的方法很多，如宋时狄青曾巧借它物鼓士气。公元1052年，广源州（今越南高平县文渊）侬智高起兵反宋，攻破邕州（今广西南宁），继而建立大南国。宋王朝任命狄青为宣抚使，率领大军平叛。狄青率领征南大军一路行至桂林南面，经历了几千里路的跋涉后，士兵疲惫不堪。面对即将到来的战斗，以自己的军队这种状态狄青心知很难对付叛军，心中十分焦虑。正在这时，他发现路旁边有一座神庙，传说这座神庙里供奉的神异常灵验，狄青心生一计，马上令部队停止前进，自己率领众将官前往神庙而去。狄青来到神庙前祷告说：“此番出兵，胜负无以证明。”他边祷告边拿出一只装满钱币的装子，接着说：“如果能够大获胜，我撒出去的钱，钱面都是朝上。”众将听他如此说，不禁大惊失色，因为这种祷告冒险大，那么多撒出去，要使钱面全部朝上几乎没有可能，这样做不是明摆着会长他人志气，灭自己威风吗！于是一齐上前劝阻。狄青哪里肯听，挥手一掷，百枚铜钱纷纷落地。众将提心吊胆往地上一瞧，不禁喜出望外，齐声叫绝，原来地上的铜钱的面全部朝上！消息传开，全军欢呼，军心也为之大振。狄青见此情景，也喜形于色，连忙命人取来百枚大钉，将地上铜钱钉在地上，并对将士们说：“等到凯旋之日，再来取钱谢神。”这之后狄青率领军队攻破昆仑关，战败侬智高，扫平南疆，所向无敌，势如破竹。当狄青凯旋班师路经神庙，再次率众将进庙，拔掉铁钉，取钱与众将看时，他们才恍然大悟。原来狄青抛出的钱两面都是一样的，只有面，没有背。当然，这种激励士气的方法只有在迫不得已的情况下偶一为之。

美国著名将领乔治·巴顿在鼓舞部队士气方面很有一套。他的一些言论和做法，显示了相当高的鼓动艺术。他也曾巧借头盔激励战士。二战时美国参战较晚。刚参战时，一些新入伍的士兵缺乏作战经验，加之当时德军在北非取得了一些胜利且被渲染得神乎其神，因此美军的士气比较低落，普遍存在畏敌怯战心理。在这种情况下，巴顿将军搞了一次奇特的阅兵式。当他出现在检阅台上的时候，士兵们惊奇地发现，深受他们爱戴的巴顿将军头上竟戴着一顶德国将军的头盔。阅

乔治·巴顿

(1885年11月11日—1945年12月21日)，美国陆军四星上将，第二次世界大战中著名的美国军事统帅。

兵场上顿时沸腾起来。巴顿对士兵们说："我头上戴的头盔，是刚从德国将军那里缴获来的。这足以说明，德国军队根本不是不可战胜的！"阅兵场上一片欢呼。巴顿将军接着说："我要戴着这个头盔，一直打到柏林！"

此外，巴顿很注意从激发将士的荣誉感、自豪感入手，振奋起他们昂扬向上、奋力杀敌的精神。在诺曼底战役前的参谋会议上，巴顿将军说："先生们，你们已完成了杰出的工作，对此我要感谢你们，我为你们感到自豪。但是，你们业已完成的毕竟只是在无所作为时的表现。从现在起，我要你们有所作为。"在盟国军队即将在意大利的西西里岛登陆前夕，巴顿激励士兵们说："下一次，你们将参加有史以来最激烈的竞争，你们要与盟国中的其他美军竞争，并赢得最伟大的荣誉！"巴顿传记作者法拉戈曾说："他决心让手下的每个人都充满一种特殊精神，并使（巴顿统率的）第三集团军的战士成为整个远征军中'最翘尾巴'的小伙子。"

军队的士气，往往决定战争的胜负。因此，古往今来凡用兵者采用各种方法激励士气，以达到"上下同欲"的目的。正如苏洵所言："故善用兵者以形固，夫能以形固，则力有余矣。"

第二章 法制

1. 审敌将之贤愚，相机而动

【原典】

将战必审知其将之贤愚[①]；与贤将战，则持之[②]；与愚将战，则乘之[③]。持之，则容有所伺而为之谋[④]；乘之，则一举而夺其气[⑤]。虽然[⑥]，非愚将勿乘。乘之不动，其祸在我[⑦]。分兵而迭进[⑧]，所以持之也；并力而一战，所以乘之也。

【注释】

①本句中的第一个“将”（读jiāng）是“将要”的意思。第二个“将”（读jiàng）指对方的将领。贤：有才能，能力出众。

②持之：与敌人相持，对峙，即沉重持稳、稳扎稳打的意思。持：相持，对峙。

③乘之：战胜、制服敌人。乘：寻找机会，相机而动。

④伺（sì）：等待时机。这句话的意思是：与他相持，是为了等待有利时机，然后再进行下一步谋划。

⑤气：士气，斗志。

⑥虽然：虽然如此，但是……。

⑦其祸在我：我方就会有灾祸。

⑧分兵而迭（dié）进：把兵力分散开，轮流交替进攻。迭：分别，依次。

【译文】

一个优秀的将领在进行战争之前，一定要确实了解敌军将领的贤愚：如果同才能出众的敌将作战，要善于和他相持，以便稳住他；如果同平庸蠢笨的敌将作战，要善于寻找时机，乘势压服他。与高明的对手相持不下，就可以有机会窥测到敌人将帅的疏漏，然后运用智谋战胜他；与愚笨的将领作战而乘势压制，就可以一举打掉敌军的士气。虽然如此，敌人的将领如果不是平庸蠢笨的人，就不可对他用压服的办法。因为乘着时机攻击他而没有成功，就会势必造成我军的灾难。把军队分为几个部分轮流进攻，这就是同敌人相持时所用的战术；集中优势兵力打一场歼灭性战争，这就是抓住时机进攻压服所用的战术。

【精解】

先察敌主将之贤愚而后战

战争是敌我双方力量的尖锐对抗，双方统帅都是能动的人，都在斗智斗勇，这是战争的基本特征。如何在这种对抗中取得胜利？孙子提出了“知彼知己，百战不殆”的论断。而了解对方主将则是知己知彼的首要任务。因为主将性格、才能不同，治军与作战的方略也会不同。如果主将才能出众，那么其军阵容一定严整，万不可贸然与其决战，应当坚守壁垒以待有利时机，等到敌人列阵过久而士气衰落之时，再出兵攻击它。

唐高祖武德四年（公元621年）五月，秦王李世民率军围攻洛阳的王世充，窦建德应王世充之请而率领全部兵马自河北而来援救。李世民率军东进扼守虎牢关以阻截窦建德军。窦建德于汜水以东布阵，绵延横亘数里，唐军将领望见此情都面生惧色。李世民亲率数名骑兵登上高冈观察敌阵，回头对将领们说："窦建德自山东（指太行山以东地区）起兵至今，尚未遇到过强大对手。如今他们越过险要地带而喧闹不止，这说明其军队没有严格的号令；迫近我们城前而布列营阵，这说明其有轻视我军的心理。对此，我们要按兵不与其交战，以等待其士气衰落之时；他们列阵过久而士卒饥疲，必将自行退走，乘其后退而出兵追击，一定能够取胜！我与诸位约定，一定要在中午刚过之时打败它。"窦建德的军队从清晨摆开阵势，直到中午时分也不见唐军出战，士卒们饥疲不堪，个个都无精打采地坐在队列里，以致有互相争夺饮水的。李世民见此情景，便命令宇文士及率领三百骑兵，经敌阵之西向南急驰，并告诫他说："如果此举仍不见敌军有后退行动，你应引兵退回；如果发觉敌军行动了，就应率兵向东出击。"宇文士及刚过敌阵，敌军果然行动了。李世民这时对部将说："现在可以出击了。"于是，命令骑兵将领树旗列阵，从虎牢关上以高屋建瓴之势直插南山，沿着山谷向东，袭击敌军背后。窦建德急忙率领其军向后撤退，刚刚退到东山坡处，还未来得及整顿好队伍，李世民已率领轻骑兵冲杀过来。唐军所向之处，敌军无不瓦解溃散。大将程咬金等所率骑兵卷起军旗冲进敌阵，径直突击敌军阵后，内外奋击，大败敌军，活捉了窦建德。

唐太宗李世民

(599—649年)，陇西成纪人，祖籍赵郡隆庆(今邢台市隆尧县)，唐代杰出的政治家、军事家、书法家、诗人。

李世民之所以能在敌强我弱的情况下扭转全局，大获全胜，就在于他对敌将窦建德及其军队的洞察秋毫，抓住了敌将傲慢轻敌的弱点，运用谋略果断出击而大获全胜。又如，在兵力对比势均力敌的情况下，如果敌将有勇无谋，可以派遣轻装骑兵前往敌营挑战，同时设伏兵待敌人来攻而突袭的战略，定能取胜。

十六国时期，后秦将领姚襄率军进占黄落镇，前秦帝苻生派遣苻黄眉、邓羌等将率领步骑兵讨伐姚襄。姚襄凭据深沟高垒而坚守不战。邓羌向苻黄眉建议说：“姚襄性格倔强自负，容易被挑动。我们如果长驱疾进，直迫其营垒，姚襄必定愤怒而出战，这样便可一战而活捉他。”苻黄眉听后采纳了这个建议。于是，派遣邓羌率领三千骑兵直迫于姚襄军营门前。姚襄为此大怒，率领其全部精锐部队出营交战。邓羌伪装战败而引军后退，姚襄挥军追到三原，这时邓羌突然回军拒战，苻黄眉率领大军也恰好赶到，与姚襄军展开激战，一举击斩了姚襄，全部俘获了他的部队。苻黄眉等将整顿队伍，凯旋而归。

知彼知己的知兵论，是《孙子兵法》中最精彩的部分。孙子提出的“知彼知己，百战不殆”的论断，说明知彼知己和战争胜负的关系，揭示了战争的普遍规律，已成为数千年来人们所公认的军事格言。苏洵进一步提出，将战之前“必审知其将之贤愚”，然后采取相应的谋略应对，唯有如此方能克敌制胜。

2. 刑赏相济，恩威并施

【原典】

古之善军[①]者，以刑使[②]人，以赏使人，以怒使人。而其中必有以义附者焉[③]。不以战，不以掠，而以备急难[④]，故越有君子六千人[⑤]。韩之战[⑥]，秦之斗士倍于晋，而出穆公于淖者[⑦]，赦食马者也。

【注释】

①善军：善于治理军队的人。

②使：使用、支使。

③以义附：因道义而归附，这里指因为将领以信义治军而归附。

④急难：突如其来的灾难。

⑤越：指越王勾践。《史记·越王勾践世家》载，公元前482年，勾践“发习流二千人，教士四万人，君子六千人，诸御千人”伐吴，大败吴师，杀吴太子。这里所谓“君子”，是指国君养之如子，特加恩惠，因而对国君忠心耿耿拼死报效的人。

⑥韩：地名。在今山西省河津、万泉两县之间。韩之战：春秋时鲁僖公十五年（公元前645年），秦穆公率师讨伐晋惠公，战于韩，俘获惠公而归，史称秦晋韩之战。

⑦淖：泥沼，泥潭。《史记·秦本纪》载，秦穆公曾亡善马，被岐下三百野人共得而食之。官吏欲惩处他们，穆公听说吃了马肉不饮酒会伤身体，“乃皆赐酒而赦之”。后来在韩之战中，穆公被晋军所围，幸亏这三百野人拼死解围，才救出穆公而反生俘晋君。

【译文】

古时候善于治军的人，用处罚、赏赐、激发起对敌人愤怒的方法使士兵效命。然而军中肯定有感于将军信义而诚心归附的士兵。将军不是要用他们去参与一般作战战争，也不是要用他们去进行掠夺，而是要用他们应付危急的情况，因此越国依靠六千名志士，战败了强大的吴国。在韩原大战中，秦国的勇士数倍于晋国，可是最终把秦穆公从泥沼中解救出来的却是当年吃他的马肉而被赦免的三百野人。

【精解】

治军者当恩威并施

古人治军，讲究把恩与威结合起来，《尉缭子》说："爱在下顺，威在上立，爱固不二，威故不犯。故善将者，爱与威而已。"就是说为将爱护士兵，使之心悦诚服，有威信使部下不敢抗，二者结合得好，就是好将领。

《唐李问对》中对爱与威的关系作了阐述："凡将先有爱结于士，然后可以严刑也。若爱未加而独用峻法，鲜克济焉。""爱设于先，威设于后，不可反是也。若威加于先，爱救于后，无益于事矣"。这里强调爱是基础，是种道德力量，是施威的前提条件，没有爱，只用威不行；只有爱，不用威也不行，爱威并施，相得益彰，才能治理好军队。比如岳飞爱兵如子："卒病，飞亲为调药。诸将远戍，飞遣妻问劳其家，死事者，哭之而育其孤。凡有颁犒，均给军吏，秋毫不私"。他从严治军，规定士卒不准拿众一缕麻，一束马草，违者立即斩首示众，于是形成了"冻死不拆屋，饿死不掳掠"的良好军纪。岳飞治军有方，连敌人也不得不感叹："撼山易，撼岳家军难"。

吴起治军亦是如此。《吴子》中记载的，吴起以五万军队大败秦军五十万。吴起之所以取得这些辉煌战绩就在于他懂得"刑赏相济，恩威并施"的治军之道，从而创造了一支被称为"武卒"的劲旅。最令后世传诵的也正是他的一些治军故事。他十分爱护士卒，能与士卒同衣食、共甘苦。睡觉不铺席，行军不骑马，还亲自背干粮等。特别是有个士卒生了毒疮，他竟然用嘴为他吸脓血。这个士卒的母亲听到这事后大哭道："以前我的丈夫生了毒疮，吴将军给他吮出脓血。他为了感恩，不久就战死沙场。现在吴将军又亲自为我儿子吮毒疮，我儿子又将以死相报，不知会战死何方。"吴起重视以法治军，严明军纪。他言出必行，信赏明罚。

吴起既重视赏又重视罚，对于违反命令者的处罚十分严格。一次吴起率军与秦国作战，还没等交锋，一位勇士擅自闯入敌营，斩了敌人两个首级回来。他正想提着敌人首级去请功，没想到吴起却下令将他斩首。这时旁边的人都上前讲情，说这勇士如何勇敢，人才难得。吴起说这个人是很勇敢，是个勇士，但他不遵守军纪，擅自行动，不听从军中的号令，虽然斩了敌人首级，也要受到军法的处罚。

吴起

(约公元前440—公元前381年)，战国初期著名的政治改革家，卓越的军事家。汉族，卫国左氏(今山东省定陶，一说曹县东北)人，著有《吴子》。

爱威并施、赏罚严明是古代治军一条重要原则，历来为兵家所重视。恩威并施强调的是：既要施之以恩、施之以德，感化影响，说服指导，从而赢得部属的信赖；又要施之以威、施之以权，查验所为，奖优罚劣，使部属有敬畏之感。要做到恩威并施，则必须以赏罚严明为基础。管子说："赏不从则民不劝勉，罚不及则民不听。"商鞅说："明君之使其臣也，用必出于其劳，责必加于其功。功赏明，则民竞于功。"这些正说明了赏罚的重要性。

那么如何才能做到赏罚严明呢？首先，要罚必信，韩非子说："信赏必罚，其足以战。"管子告诫："赏罚不信，五年而破。"第二，赏要及时，《司马法》提出"赏不逾时，罚不迁列"。"迁列"是指要在当场，不离开队列。第三，赏罚要当，做到"赏必行，罚必当"，"杀一人而三军震，赏一人而万人悦。"第四，赏罚要公正，"赏不遗远，罚不阿近"，"赏无私功，刑无私罪"，"赏不遗贱，罚不避贵"，该赏则赏，该罚就罚。第五，重赏重罚，吴子说："进有重赏，退有重刑。"商鞅说："赏则必多，威则必严。"这样可以做到"重赏之下，必有勇夫"。第六，赏罚结合，"以赏为表，以罚为里"。这些都应该是善治军者应做到的，唯有如此，才可以"使人"。

在本节中，苏洵还着重强调了"义附者"的重要性，"不以战，不以掠，而以备急难。"是以，明君有其腹心之臣，良将有其子弟之兵。

3. 治众者法欲繁，治寡者法欲简

【原典】

兵或寡而易危[①]，或众而易叛，莫难于用众，莫危于用寡。治众者法欲繁[②]，繁则士难以动[③]；治寡者法欲简，简则士易以察[④]。不然，则士不任战矣[⑤]。惟众而繁，虽劳不害为强[⑥]。

【注释】

①寡而易危：战士人数少，很容易遭受到危险。

②法欲繁：使法网变得更加繁密，以便进行管理。

③士难以动：战士很难胡作非为。

④士易以察：很容易了解到士兵的真实情况。

⑤任：胜任。不然：不这样的话。

⑥虽劳不害为强：虽然士兵感到很疲劳，但却没有大的损害，能做到这样，是非常好的。

【译文】

人数太少的军队容易遇到危险，人数太多的军队容易发生叛乱；指挥人数多的军队最困难，指挥人数少的军队最危险。所以治理人数众多的军队，规范约束要详细繁密，这样士兵就难以随便行动。治理人数较少的军队，规范约束要简明，这样就能很容易了解到士兵的真实情况。不这样的话，士兵就难以承担起作战的任务。只有做到了人数众多而规范约束详尽，让士兵虽感平日任务繁重，却又没有受到损害，这样才不失为一支强大的军队。

【精解】

治军当先明法

兵贵精，不贵多，是历代兵家惯常的思想。兵精在于治，《吴子》提出："兵不在众，以治为胜。"《续资治通鉴》中说："兵贵精不贵多，多而不精，反以为累。"把军队治理好，必须有明法，如果法令不明，赏罚不严，锣不收兵，擂鼓不冲锋，虽有大军百万，也无用处的。因此，治军应先明法，令行禁止。这是治军的一条重要原则，为历代兵家遵循。管子说："求必欲得，禁必欲止，令必欲行"。刘向在《说苑》中也指出："令行禁止，王者之师也"。历史记载的孙武吴宫演练斩美姬可见治军明法的重要性。此外，西汉周亚夫驻军细柳，治军严明，令行禁止，连皇帝来了都一样，成为千古治军的佳话。

孙武

字长卿，春秋时期齐国乐安（今山东省广饶县）人，具体的生卒年月不可考。画像出自明万历《三才图绘》（刻本）。

大约公元前512年，从楚国逃到吴国的伍员帮助公子光（即后来的吴王阖闾）取得王位。吴国从此日益强大，企图争霸诸侯，急需军事人才。伍员深知孙武是个奇才，曾先后7次向吴王推荐。吴王开始还半信半疑。后来看到了伍员送的孙子兵法十三篇，大为惊异，认为孙武是文可安邦、武可定国的主将人选，立即召见，并要他进行一次练兵试验。吴王于是挑选了180名宫女，交给孙武当场训练。孙武将这些宫女编为两队，任命吴王宠爱的两位妃子为队长，宣布了军法和训练方法。但宫女们不听号令，哈哈大笑。孙武又数次检讨自己"约法不明，申明不熟"，宫女们仍在两位队长带头下大笑不止。于是孙武下令将带头违犯军令的两位队长斩首。吴王从高台上看到要斩其宠妃，忙派人制止。孙武说："将在军，君命有所不受"，然后立即将两人斩首示众，重新操练。这样一来，众宫女无不惊惧，依令而作，左右、前后、跪起全符合要求。孙武整顿好队形向吴王报告说这两队女兵让她们赴汤蹈火也能在所不辞了。吴王虽然因为美姬被斩十分恼怒，但又欣赏孙武的胆识和韬略，为了争霸大业，就任命他为将军，训练军队。在孙武的严格训练下，吴军很快成为一支纪律严明、训练有素的劲旅。

西汉时期的周亚夫出身将门，从事军事活动多年，担任防御匈奴、戍卫京师的重任，并指挥了平定吴楚七国之乱，为国家的安定统一，及汉王朝的巩固作出了重大贡献。周亚夫尤以治军严整著称，细柳治军的故事千百年来一直被人们传为美谈，使不少军事家受到启迪。

公元前166年，匈奴铁骑14万人塞犯边，长驱入彭阳（今甘肃镇原东），直接威胁京师长安。朝廷为之震动，汉文帝刘恒一面遣使与匈奴和亲，一面调遣军队，积极做好抵御匈奴进攻的准备，调周亚夫至关中，担任戍卫京师的任务。公元前158年，匈奴再犯边境，周亚夫屯兵细柳（今陕西咸阳西南），以拱卫京师。部署已定，汉文帝仍不放心，亲自去军营劳军省察。汉文帝趋驾至细柳，军中将士个个严阵以待，人人身披铠甲，控弦张弓，杀气腾腾，戒备森严。汉文帝的先驱将入，遭到阻止，不得进。先驱说："天子将至"。守营卫兵仍不放行，回答将军有令："军中闻将军令，不闻天子诏"。不一会皇帝驾到，同样不得进人。于是，汉文帝派使臣带着符节诏告周亚夫：要人军营慰劳将士。这时周亚夫方传令开营门，随后军吏对驾官说："将军约，军中不得驱驰。"汉文帝于是"按辔徐行"。及至营内，周亚夫身穿戎装持械长揖向汉文帝禀告说："臣甲胄在身，不能下拜，请求以军礼相见。"汉文帝深为周亚夫这种治军严整精神所感动，俯身抚着车轼，肃然起敬。汉文帝劳军完毕，起驾出军门时，感慨道："嗟乎，此真将军矣！曩者霸上、棘门军，若儿戏耳，其将固可袭而虏也。至于亚夫，可得而犯邪！"

由此可见，善治军者当先明法。唯有明法方能使军队如父子之兵。所谓父子之兵应当：平居则上下有礼，动作则奋发有威。向前进发敌人不敢挡其勇，退回时敌人不敢截追其后。前进或后退皆有节制，或左或右皆能应麾而动。虽前后断绝而能成阵，虽散乱而能成行。可与之同处于安，可与之同处于危。其众可合而不可离，可用而不可疲。投之所往，天下莫当。

治军除严明军纪外，苏洵认为还应当根据部队的数量采取不同的治理方法：

"治众者法欲繁，治寡者法欲简。"西汉时边郡的李广和程不识俱为名将，李广治军简易，战士得自便，军中文书约省，然远斥候，军队未尝遭受巨大损失；程不识治军严谨，行伍整肃，击刁斗，幕府中文书繁复，然而也未尝大败。李广和程不识二人的不同治军方法，近于苏洵所论。

4. 心疑以谋应，目疑以静应

【原典】

以众入险阻，必分军而疏行[①]。夫险阻必有伏，伏必有约[②]。军分则伏不知所击，而其约携[③]矣。险阻惧蹙[④]，疏行以纾[⑤]士气。

兵莫危于攻，莫难于守，客主[⑥]之势然也。故地有二不可守：兵少不足以实城[⑦]，城小不足以容兵。夫惟贤将能以寡为众，以小为大。当敌之冲，人莫不守，我以疑兵，彼愕[⑧]不进；虽告之曰此无人，彼不信也。度[⑨]彼所袭，潜[⑩]兵以备，彼不我测[⑪]，谓我有余，夫何患兵少？偃旗仆鼓[⑫]，寂若无气，严戢[⑬]兵士，敢哗[⑭]者斩，时令老弱登埤[⑮]示怯，乘懈[⑯]突击，其众可走矣，何患城小？

背城而战，阵欲方，欲踞，欲密，欲缓[⑰]。夫方而踞，密而缓，则士心固，固而不慑[⑱]。背城而战，欲其不慑。面城而战，阵欲直，欲锐，欲疏，欲速[⑲]。夫直而锐，疏而速，则士心危，危则致死[⑳]。面城而战，欲其致死。

夫能静而自观者，可以用人矣[㉑]。吾何为而怒，何为则喜；吾何为则勇，吾何为则怯？夫人岂异于我？天下之人，孰不能自观其一身？是以知此理者，涂之人[22]皆可以将。

平居与人言，一语不循故，犹在愕而忌[23]。敌以形形我[24]，恬[25]而不怪，亦已固矣。是故，智者视敌有无故之形，必谨察之，勿动。疑形二[26]：可疑于心，则疑而为之谋，心固得其实也；可疑于目，勿疑，彼敌疑我也[27]。是故，心疑以谋应，目疑以静应。彼诚欲有所为邪，不使吾得之目矣。

【注释】

①疏行：疏散开前进。疏：分散。

②伏：埋伏。约：约定，事先预谋。

③携：分离，解散，这里是“失效”的意思。

④蹙：紧迫不安，这里意思为因局促、狭小而不能施展兵力。

⑤纾（shū）：缓解、放松。

⑥客主：指战争中对立的双方，攻方为客，守方为主。

⑦实城：充实城防。

⑧愕：惊讶，怀疑。

⑨度（duó）：预测，揣测。

⑩潜：偷偷地，暗地里。

⑪彼不我测：对方不了解我方的虚实。

⑫偃旗仆鼓：收起军旗，停止击鼓，使军中肃然无声。偃、仆：放倒不用。

⑬戢（jí）：收敛、禁止。

⑭哗：喧哗，喧闹。

⑮埤（pì）：城上的矮墙。

⑯懈：疲倦、懈怠。

⑰方、踞、密、缓：《孙膑兵法》中四种阵式，方阵中间兵力多，踞阵是在后

面不轻易使用的后备队，密阵队列之间距离很近，缓阵指行进缓慢。

⑱慑（shè）：恐惧，害怕。

⑲直、锐、疏、速：亦出自《孙膑兵法》，与前文中“方、踞、密、缓”四个词相互对应。

⑳危：胆怯，害怕。致死：舍命，拼命，即将生死置之度外。

㉑夫：发语词。人：指别的人。

㉒涂之人：道路上的人，指很普通的一个人。涂：同“途”。

㉓平居：平时。循故：合乎情理。愕：吃惊的样子。

㉔以形形我：把虚实之形暴露给我。第一个“形”为名词，第二个“形”为动词。

㉕恬：安然、自在的样子。

㉖疑形：可疑的情形。

㉗疑我：使我产生迷惑。

【译文】

率领人数众多的军队进入艰险阻塞的环境，一定要分兵并缓慢行进。因为艰险阻塞之地敌人必会设有的伏兵，敌人在埋伏之前肯定已经约定好了向我们发动进攻的联络方式。我军分兵前进，那么敌人的伏兵就不知道怎样才能发动进攻，这样敌人事先约定好的行动计划也就被瓦解了。在艰险阻塞的环境中行军，士兵容易产生恐惧急促心理，这时主帅要把军队分散开缓慢行进，便可以使士兵的精神安定，消除恐惧。

军事上，没有比进攻更危险的，没有比防守更困难的。因为在别人土地上的进攻者与在自己土地上的防守者的态势本来就是这样。城池有两种情况是不便防守：一种是士兵太少不足以充实城防，另一种是城池太小容纳不下太多防守的士兵。只有贤能的将领才能做到以寡为众，以小为大。当敌人进兵时，一般人都会竭力去防守，但我们若运用疑兵，敌人肯定会感到惊讶而不敢前进，即使明白地告诉他们说“这里没有人防守”，他们也不会相信。预先猜测到敌人将要袭击我军的地点，提前暗中在那里集中兵力进行防范，敌人不了解我军的虚实，就会以为我军兵力众多，那么即使我军兵力不及对方，又有何值得忧虑呢？偃旗息鼓，就好像没有人一样，把士兵严密地隐藏起来，严令约束士兵，有敢大声喧哗者斩首，不时让一些老人和儿童登上城墙，故意表示胆怯，然后乘敌人斗志松懈之时突然发起袭击，敌人势必会大败而逃，那么即使城小，又有什么可忧虑呢？

背靠城墙打防御战时，军队适合用方的阵形、横列展开的阵形、密集的阵形和利于缓慢前进的阵形。这样的阵式可以使士兵觉得军阵牢不可破，从而就不会产生恐惧心理。背城而战的时候，要的就是让士兵的内心稳定。面向城池打进攻战时，军队要用直的阵形、前尖后宽的阵形、稀疏的阵形和利于迅速前进的阵形。这样的阵式可以使士兵觉得面临危境，从而就会拼死作战。面对城池而战的时候，必须要让士兵拼死作战。

只有那些能够冷静地分析自己的人，才能统兵驭将。我为什么会怒，为什么会喜，为什么有时会勇敢，而有时却又怯懦呢？别人和我难道有什么不同吗？天下的人有谁不会观察自己呢？所以只要懂得这个道理，即使普通的老百姓也可以做将军。

平时同别人聊天，有一句话不符合情理，就会引起惊愕，进而会猜忌别人。倘若敌人把虚实之情暴露出来迷惑我们，诱我进攻，我却安然处之不觉得奇怪，这就能坚定自我的信念。所以，聪明的将领看到敌人有不合常理的可疑表现，一定谨慎分析、对待，切勿轻举妄动。可疑的表现大致有两种：一种是未见具体行动而使我们在心里产生疑惑，这种情况下就应针对敌人的表现而进行谋划分析，因为内心发现的是真实情况；另一种是眼中看到的可疑情况，这是敌人故意用虚假的行动使我们看到从而使我们产生疑惑，这时切不可被敌人的假象所迷惑，要知道那正是敌人迷惑我们的诡计。因此，心里有疑惑，要用分析谋划的方法来应对；而眼睛所看到的敌军的可疑情况，要以冷静观察的态度对待它。敌人如果真要有所行动，是不会让我们看到的。

【精解】

心疑以谋应，目疑以静应，因敌制变

战场形势变化无穷，没有固定形式。各种谋略都必须机动灵活，因敌制变。只有敌变我亦变，因敌制变，才能达到“魔高一尺，道高一丈”并战胜敌人的境界。因敌制变，当然不是被动地跟着敌人屁股后面跑，而是在了解敌情变化的同时，提出主动制敌谋略。正如孙子所说：“水因地而制流，兵因敌而制胜”，“能因敌变化而取胜者，谓之神”。洮城之战中邓艾辨疑兵、拒姜维就是一例。

三国魏嘉平元年（公元249年）秋，蜀汉大将军姜维率蜀军数万伐魏，并联络羌族部落攻打雍州（今陕西西安西北）。姜维在麴山（今甘肃民县东南）被魏将郭淮、邓艾、陈泰打败，损失数千人，部将李歆投降，于是不得已向南退走。郭淮见姜维退走，召集陈泰、邓艾等诸将商议：“羌部屡助蜀犯我，今蜀军败走，我欲乘胜西去征讨，以绝后患。诸位以为如何？”邓艾言道：“蜀军损失不大而退，姜维必不甘心，现维并未走远，若我大军西去，维若返回何如？当留一支人马驻守，以防不测。”郭淮遂命邓艾率本部人马驻守，自己亲率主力西征。邓艾领军驻扎在了白水北岸，命令营中多备弓箭以防蜀军杀回。姜维退兵五十里不见魏军来追，就传令就地扎营，并派出几路探马打探魏军动静。第二日探马来报：魏军主力西去，邓艾于白水北扎营，洮城内魏军兵力不足。姜维大喜，命廖化率领本部兵马返回白水南岸扎营，以作疑兵之计，自己率大军绕道突袭洮城。

邓艾见蜀军并未渡河，心中生疑，召来部将商议：“我军人少，蜀军既回，当渡河来攻，现廖化却安营扎寨，与我隔河对峙，可见姜维必另有所图。此番廖化前来当是疑兵之计，姜维必知我洮城势弱，偷袭洮城。”诸将纷纷称是。于是邓艾留下一支人马守寨，自己率一支精兵沿白水北岸急行军六十里，悄悄进入洮城。第二天姜维率军到达洮水南岸，见对岸洮城没什么动静，以为魏军没有防备，便传令渡河攻城。蜀军刚至江中，邓艾一声令下，魏军突然出现在城头，万箭齐发，蜀军纷纷落水。蜀军损失惨重，姜维见邓艾识破自己的计策，如再强攻损失会更大，

司马懿

司马懿（179—251年），字仲达，河内郡温县孝敬里（今属河南温县）人。三国时期魏国杰出的政治家、军事家，曾任职过曹魏的大都督、太尉、太傅。死后谥号舞阳文宣侯。司马炎称帝后，追尊司马懿为宣皇帝。

急忙撤兵。蜀军在麴山、洮城之战中接连受挫，只得退兵回蜀地休养生息以图再战。邓艾因防守洮城有功，被封为讨寇将军，赐爵关内侯。

示形欺敌之法千变万化，目的是为了使敌产生错误的判断。因此“智者视敌有无故之形，必谨察之，勿动”。然而用兵双方都求诡道，一方的诱敌成功必以另一方的判断失误为前提，关键看谁更棋高一着。高明的指挥员总能在深入了解敌情我情的基础上，用示形之法诱敌生疑，使敌判断失误，从而实现自己的战略目标。

诸葛亮四出祁山正值形势大好之时，司马懿用反间计，后主刘禅相信谗言，下诏命令孔明班师。诸葛亮接到诏书以后仰天长叹道：“主上年幼，身边必有奸臣。我正要建立大功，为什么让我还朝？我如果不回，便是轻视幼主；若是奉命退兵，日后再也难以得到这样的好机会了。”无奈中不得不决定班师回朝。此时姜维问：“如果大军撤退，司马懿乘势追杀上来，该怎么办才好？”孔明挥扇而答：“我们这次撤军，可分五路而退。今日先退这座大营。假设说营内只有一千士兵，却要掘两千人的灶；今天要是掘了三千人的灶，明日就掘四千人的。每天退军，都要添灶之后再出发。”众将仍是不解，诸葛亮于是解释说：“司马懿善于用兵，他知道我们撤退必然追赶，可他又必然会怀疑我们有埋伏，一定会在旧的军营内数一数灶的多少，看到咱们每天增灶，又不知道兵到底是退还是没退，便存有疑惧，不敢追赶，我们便不会因退兵而遭受损失了。”于是蜀军开始退兵。

司马懿估计到他的反间计已经奏效，只等蜀兵撤退时便要追杀。正当他踌躇满志时忽然得到报告，说蜀军大营已经空虚，人马都已撤去。司马懿因为知道诸葛亮足智多谋，不敢轻易追赶，亲自率了百余名骑卫前来蜀军营地察看，教军士细数灶的数目，便回到自己的营寨中去了。第二天又教士兵赶到那个营内再一次查点灶数，士卒回来报告说："这营内灶的数目，比原来又多了一分。"司马懿对众位将领说："我猜到孔明足智多谋，现在果然添兵增灶，我若追赶他们，必然中了他们的计；不如暂且退军，再作更好的打算。"于是他回师不再追赶。后来当地居民前来报告司马懿说，诸葛亮退兵之时并没见添兵，只见增灶。司马懿仰天长叹道："孔明仿效虞诩的办法瞒过我了。我的谋略还是不如他呀！"司马懿也只得率领大军返回洛阳。

当年孙膑用添兵减灶的办法擒庞涓，而诸葛亮反其道而行之，用增灶法巧设疑兵，蒙骗了司马懿，没有损失一兵一卒，从容回师成都。高明的将领总是因时因地因敌而变，已之示形让敌人生疑；而面对敌之示形之时，也应"心疑以谋应，目疑以静应"，要知道"彼诚欲有所为邪，不使吾得之目矣"。

第三章 强弱

1. 兵有三权，以一致三

【原典】

知有所甚爱[①]，知有所不足爱，可以用兵矣。故夫善将者[②]，以其所不足爱者，养其所甚爱者。士之不能皆锐[③]，马之不能皆良，器械之不能皆利[④]，固也[⑤]，处之而已矣[⑥]。兵之有上、中、下也，是兵之有三权也[⑦]。孙膑有言曰："以君下驷与彼上驷，取君上驷与彼中驷，取君中驷与彼下驷。"[⑧]此兵说也，非马说也[⑨]。下之不足以与其上也[⑩]，吾既知之矣[⑪]，吾既弃之矣。中之不足以与吾上，下之不足以与吾中，吾既不能再胜矣乎？得之多于弃也，吾斯从之矣[⑫]。彼其上之不得其中、下之援也，乃能独完耶[⑬]？故曰："兵之有上、中、下也，是兵之有三权也。"三权也者，以一致三者也。

【注释】

①甚爱：非常喜欢，特别珍惜。

②善将：善于指挥作战的将领。

③锐：勇猛，善于作战。

④利：锋利。

⑤固也：本来如此。

⑥处之而已矣：如何处理对待而已。

⑦权：权变、权谋。

⑧孙膑：战国时著名军事家，齐国阿（今山东阳谷东北）人，为孙武后世子孙。曾与庞涓一起随鬼谷子学习兵法，后来庞涓为魏国的将军，忌其才能，诳他到魏，借故施以膑刑（去膝盖骨），故称孙膑。孙膑为了保住性命，不得不假装发疯，以瞒过庞涓。后来在齐国使者的帮助下，孙膑逃到齐国，受到齐将田忌的优待。田忌觉得孙膑是个人才，于是把他推荐给齐王，齐王以孙膑为军师。十几年后，孙膑设计在马陵道杀死庞涓，以此名震天下，其所著《孙膑兵法》流传于世。驷：古代四匹马拉一驾车为驷，也常指单匹的马。

⑨说：学说、理论。

⑩与其：与他的……相比。

⑪既知：已经知道、全然了解。

⑫斯：乃、就。

⑬援：帮助、救助。独完：即独自存在的意思。

【译文】

一个人只有知道哪些东西是应当十分爱惜的，哪些是不值得爱惜的，然后才可以带兵打仗。所以那些善于指挥的将帅，应当懂得用他认为不值得爱惜的东西，来养护他认为值得珍爱的东西。一支军队中，士兵不可能都骁勇善战，马匹不可能都宝马良驹，兵刃器械不可能都坚固锋利，这是事物的本然之理，只看使用它的人如何处置了。士兵有上、中、下三等，因此用兵也就有三种权变。孙膑曾经说过："用您的下等马与对方的上等马比赛，用您的上等马与对方的中等马比赛，再用您的中等马与对方的下等马比赛。"这实质上讲的是如何用兵打仗的学说，并非关于如何赛马取胜的学说。下等马不能够赛过对方的上等马，这是我们早已知晓的道理，所以我故意放弃这次取胜的机会。但是对方的中等马不能赛过我们的上等马，对方的下等马不能赛过我们的中等马，这样不就可以取得两次胜利吗？从总体上看，得胜的次数要多于失败的次数，所以我选择这种比赛办法。对方的上等马得不到他的中等马和下等马的援助，虽然胜了一次，岂不是无济于事吗？最后还是以失败而告终。所以我说：士兵有上、中、下三等，那么用兵之道也相应有三种权变。三种权变，就是以放弃一次小的胜利为代价，来达到三次交锋最终的胜利目标。

【精解】

知有所甚爱，知有所不足爱

田忌赛马按照当代军事视角来分析，也可叫非对称战争。在战争中，对手之间总有各自的优势和劣势，总是存在一定的差异。在某些情况下，这种差异有可能使一方处于有利态势，使另一方处于不利态势，从而构成一种不对称态势，我们就说这样的战争是非对称战争。正如文中所说"士之不能皆锐，马之不能皆良，器械之不能皆利，固也，处之而已矣"。

13 世纪，蒙古军队开始了一次史无前例的西征，这应该是东西方第一次真正意义上的军事对抗，也是古代非对称战争的范例。从战争背景而论，蒙古人远道而来，欧洲人以逸待劳。从单兵装备而论，蒙古是个游牧民族，冶金技术落后，金属资源稀缺，所以普通士兵只有皮革做保护，手上拿的是马刀或狼牙棒，蒙古马虽吃苦耐劳，却比较矮小；欧洲重骑兵的锁子甲防护性能优越，长矛重剑一击致命，欧洲骑兵的马也远比蒙古马高大。但是，战争中吃亏的却是欧洲人。在欧洲，

元太祖

成吉思汗（1162—1227年），名铁木真，蒙古族乞颜（起延）部人。蒙古帝国奠基者、政治家，中华民族乃至世界历史上杰出的军事统帅。

直到中世纪弓箭都是被教会列为禁止使用的“邪恶武器”。因为欧洲骑士通常要经过十几年的训练才能投入战场。但一个未经任何训练的兵士却完全可以用弓箭轻松地射杀这样一名骑士。由于东西方的文化和思维方式的差别，西方军队采用严密的队形，特别强调突出正面作战的攻击力和防护力；而东方军队作战时队形不严整，讲究部队作战的机动性和战术的灵活性，讲究“诡道”、“奇兵”。当两军交锋时，这些蒙古骑兵的骑射技巧和灵活多变的战术是欧洲人从未接触过的。以远距离的包抄迂回、分进合击为主要战术特征的蒙古骑兵只派少数轻骑兵以稀疏的横队接近敌军，当敌军迎战时，骑兵回撤，边跑边射箭，由于没有盔甲等负担，所以蒙古骑兵跑得比欧洲骑士快，欧洲人在追击时还要保持严密队形，时间一长，人死了一大片不说，活着的也累得半死。这时候，躲在一旁的蒙古军主力再对敌人进行迂回包抄，穿插分割。当遇到欧洲城堡时，快速推进中的蒙古骑兵并不攻打，而是继续前进，把这些硬点子留给后面装备投石机和火器的工兵部队对付。

绍约河战役就是蒙古军西征中最为精彩的一场战役。1241年，蒙古速不台和拔都分率大军进攻东欧，强行越过喀尔巴阡山脉，准备于匈牙利平原会师，在两支部队的侧翼还有两支小规模的骑兵部队，沿途横扫波兰、西里西亚和东普鲁士，掩护主力部队的战略意图。匈牙利国王贝拉在蒙古军队进抵佩斯城前，判明蒙古军的意图，立即组织了十万人的军队寻求与蒙古军队决战，蒙古近六万人的主力则避开匈军的攻击稍稍后撤。四月，双方最终则在绍约河畔对峙。匈牙利判明对岸是蒙古主力后，迅速地抢占了一个巨大的桥头堡，又在河西岸用大量的马车连成坚固的兵营，等待蒙古军队的攻击。蒙古军在后续的工兵到达后，立即在黎明时用威力巨大的抛石车和火箭向守卫桥头堡的匈牙利军队射击，守备部队在前所未见的攻击下瞬间溃败，蒙古骑兵迅速穿桥而过，向刚刚醒来的匈牙利军队主力发起攻击。当匈牙利人满怀信心地列队杀向数量处于绝对劣势的蒙古军时，很快发现这并不是主力！蒙古军约三万人的主力在近百里远的南方早已乘夜渡过冰冷的河水。蒙古主力从背后杀向匈牙利军队，队形混乱的匈牙利军队立即撤回坚固的兵营死守。蒙古人的工兵遂向兵营里发射了密集的巨石、火箭、毒箭（史料记载蒙古人的毒箭含砒霜巴豆并产生强烈的毒烟）、燃烧油。这些攻击武器大多为西方军队首次见到，其内心恐慌可以想见。蒙古人采用了“围城必阙”的战术，匈牙利人的防守迅速崩溃，士兵从缺口逃亡。但是，身着轻装铠甲的蒙古军队速度和耐力远远高于逃跑者，可以不停顿地换马四处截杀。绍约河战役，匈牙利军队阵亡七万余人。蒙古军迅速攻克佩斯城，杀死十万余人。

蒙古军队靠着部队的高度机动性，在欧洲消灭了大量装甲坚固但行动笨拙的欧洲军队。因为欧洲军队在速度上的劣势，使得在战场上逃回来的人极少，很久以来欧洲人始终认为蒙古军队的数量极为庞大。另外，因为欧洲军队主要依赖近距离的格斗杀伤，使得蒙古军队在运用机动作战时只有少量的伤亡。

在战争中，对阵的两军一般各有优势，双方的差距也是有的。如果用非常规手段、超常规手段或非对称战法去解决战争问题的话，其结果虽未必百战百胜，但也可最大限度地实现战场上的大捷！这也是田忌赛马留给我们的启示。故苏洵说：“知有所甚爱，知有所不足爱，可以用兵矣”。

2. 视敌强弱，避实击虚

【原典】

管仲曰：“攻坚则瑕者坚，攻瑕则坚者瑕[①]。”呜呼！不从其瑕而攻之，天下皆强敌也。汉高帝之忧项籍耳[②]，虽然，亲以其兵而与之角[③]者，盖无几[④]也。随何取九江，韩信取

魏、取代、取赵、取齐，然后高帝起而取项籍[5]。夫不汲汲[6]于其忧之所在，而彷徨乎其不足恤之地[7]，彼盖所以孤[8]项氏也。秦之忧在六国，蜀最僻、最小，最先取[9]；楚最强，最后取，非其忧在蜀也。诸葛孔明一出其兵，乃与魏氏角，其亡宜也[10]。取天下，取一国，取一阵，皆如是也。

范蠡曰："凡阵之道，设右以为牝，益左以为牡。"[11]春秋时，楚伐随，季梁曰："楚人上左，君必左，无与王遇，且攻其右，右无良焉，必败。偏败，众乃携。"[12]盖一阵之间，必有牝牡左右，要当以吾强攻其弱耳。唐太宗[13]曰："吾自兴兵[14]，习观行阵[15]形势，每战视敌强其左，吾亦强吾左；弱其右，吾亦弱吾右。使弱常遇强，强常遇弱。敌犯吾弱，追奔不过数十百步。吾击敌弱，常突出自背反攻之，以是必胜。"后之庸将，既不能处其强弱[16]以败，而又曰："吾兵有老弱杂其间，非举军精锐，以故不能胜。"不知老弱之兵，兵家固亦不可无。无之，是无以耗敌之强兵，而全[17]吾之锐锋，败可俟[18]矣。

故智者轻弃[19]吾弱，而使敌轻用其强；忘其小丧[20]，而志于大得，夫固要其终而已矣[21]。

【注释】

①"管仲曰"句：见《管子·制分》，原文"攻瑕"作"乘瑕"。管仲：春秋时颍上（即今河南省登封县）人，名夷吾，字仲，死后谥敬，又称管敬仲。齐桓公时在朝为相，辅佐桓公成就霸业。瑕：谓空隙、虚脆，即薄弱环节。

②汉高祖：即汉高祖刘邦，西汉王朝建立者（公元前202—公元前195年在位）。字季，沛（今江苏沛县）人。他本来只是秦国的一个很低级的小官吏，后来

陈胜、吴广起义时，他借机而起，最后打败了众多的对手，脱颖而出，统一了天下，建立了汉朝。项籍：(公元前232—公元前202年)，字羽，下相（今江苏宿迁西南）人，战国时楚国名将项燕的后代。秦二世元年（公元前209年）起兵反秦。秦亡后自立为西楚霸王，与刘邦争天下。但由于他为人刚愎自用、过于残暴，最后被刘邦打败，自觉无颜见江东父老，自杀。

③角：对决、较量。

④无几：没有几次。

⑤随何：刘邦下属，曾任谒者。楚汉战争中，奉刘邦命赴淮南，说九江王英布归汉，后为护军中尉。韩信：(?—公元前196年)，淮阴（今江苏淮阴县）人。初属项羽，后归刘邦，被任为大将。楚汉战争中屡建大功。公元前204年，虏魏王豹，定魏地。接着北击赵、代，擒代相，取赵。又用蒯通计，奔破齐，被刘邦封为齐王。前202年，率军与刘邦会合，击灭项羽于垓下。汉朝建立，改封楚王。后被告谋反，降为淮阴侯。公元前196年为吕后所杀。

⑥汲汲（jí jí）：心情非常急切的样子。

⑦彷徨：徘徊，在一个地方来回走动。恤：担忧，忧虑。

⑧孤：孤立。

⑨蜀：古地名，大致相当于现在的四川省及重庆市。秦灭蜀在公元前316年。僻：偏僻、荒凉。六国：指齐、燕、韩、赵、魏、楚六国。

⑩诸葛孔明：(181—234年)，即诸葛亮，字孔明。辅佐刘备建立蜀汉政权。曹丕代汉，他说刘备称帝，任丞相。曾五次出兵攻魏，争夺中原。建兴十二年（234年），与魏司马懿在渭南相拒，病死于五丈原军中。魏氏：即曹魏。曹操之子曹丕于公元220年代汉称帝，国号魏，建都洛阳。

⑪范蠡：字少伯，春秋末楚国宛（今河南南阳）人，越大夫。他辅佐越王勾践刻苦图强灭吴雪耻，之后，他认为兔死狗烹，鸟尽弓藏，劝文种一起离开越国。文种舍不得到手的荣华富贵，于是范蠡只身到了齐国，后来又到了陶，以经商为业，称陶朱公，富甲天下，而文种最后被迫自杀。牡、牝（pìn）：在阴为牝，在

阳为牡，这里指“八阵”中的两种阵法。“设右以为牝，益左以为牡”：意思为右方比较弱，左方的兵力要加强。

⑫季梁：隋（春秋时的小国，在今湖北应山）之贤臣，此语见《左传·恒公八年》。公元前704年，楚王攻打隋国。隋国的大夫季梁向隋君建议：楚人重视左军，他的君主肯定在左军中，这是他的精锐所在，我们不要与他交锋，而应先攻他的右路，因为右路较弱，肯定抵挡不住我们的攻击。右路一败，楚国的军队势必军心涣散，斗志全无了。隋君不听，结果被楚国打得大败，被迫与楚讲和。

⑬唐太宗：（599—649年），唐高祖李渊的次子，即李世民，是唐代第二个皇帝。他在李渊起兵反隋建国的战争中功勋赫赫。唐建立后，他发动玄武门之变，杀死他的哥哥李建成与弟弟李元吉，逼李渊传位给他。

⑭兴兵：起兵。

⑮行（háng）阵：军队的队伍排列、阵式。

⑯处其强弱：准确判断对方的强弱形势。

⑰全：保全，保存。

⑱俟：等待。

⑲轻弃：不吝惜地抛弃。

⑳丧：挫折，失利。

㉑要：关键、要领。终：战争的最后结局。

【译文】

管仲曾经说：“攻击对方坚固的部分，那对方薄弱的部分也就变成坚固的了；攻击对方薄弱的部分，那对方坚固的部分也就变成薄弱的了。”这话说得好极了！如果你不选择敌人薄弱的地方来攻击，那么天下的敌人都变成你的强敌了。汉高祖最大的忧虑是项籍，但他很少亲自率领军队正面同项籍交战，而是等到随何取了九江，韩信击破魏国、消灭代国、攻取赵国、破了齐国，然后汉高祖才大举进攻项籍并一举歼灭了他。汉高祖之所以不急于去对付他所忧虑的项籍，而是先攻下那些不值得担忧的地方，其目的就是要用这种策略使项籍陷入孤立无援的境地。秦国的主要忧虑是山东六国，而蜀国地处偏僻，领土弱小，秦国却最先攻灭了它；楚国最为强盛，却几乎是最后被攻取；这并不是说秦国的主要忧虑在蜀国呀！诸葛亮每次出兵都是同强大的魏国相较量，所以他的失败就是情理之中的了。无论是夺取天下，还是攻取一个侯国、赢得一场战争，都是如此。

范蠡曾经说："大凡部署阵地的常规是：使左翼充实，成为坚强难破的雄军，设立较弱的右翼为配合作战的雌军。"春秋时期，楚国讨伐隋国，季梁对隋君献计："楚国人以左为上，他的国君一定在左翼军中，这是他的精锐所在，我们不要与之正面交锋，而是要攻击他的右翼，右翼军中没有良将精兵，我们一定能够取胜。偏师一旦战败，它的整个军队也就军心涣散、斗志全无了。"一般军阵之中，必定会有势力不均的雄雌左右两翼，关键是应当用我军的优势兵力去攻击敌人薄弱的一翼。唐太宗说："我自从起兵打仗以来，经常仔细观察军队的排兵布阵，每次作战，发现敌人加强他的左翼兵力，我也相应地加强自己的左翼兵力；敌人减弱他的右翼兵力，我也相应地减弱自己的右翼兵力。这样对阵时，我军的弱翼经常对着敌军的强翼，我军的强翼经常对着敌军的弱翼。敌人进犯我军的弱翼，追击也就不过数百步；可是我军劲旅攻击敌人的弱翼，经常突破敌人的阵线，然后再掉转头来从背后夹击他的强翼，使他措手不及，因此必胜无疑。"后世许多平庸无能的将领，因为不能准确判断敌人强弱之势而打了败仗，却借口说："我的军队中掺杂着老弱的士兵，而不都是精锐之师，因此才打了败仗。"他们不懂得老弱的士兵也是部队不可或缺的部分。如果没有老弱的士兵，就无法引诱消耗敌人的精锐之师并保全我军的精锐，这样等待我军的定是失败的结局。

所以，聪明的统帅会舍弃自己的弱旅以吸引敌人主力，使其轻易地拼掉他的强兵；不计较小的损失，而用心于取得大的胜利，军事作战本来就是以追求最后胜利为目标罢了。

【精解】

避实击虚，攻其无备

孙子主张“避实而击虚”、“避其锐气，击其惰归”。亦即抓敌人的弱点进行打击。而要做到避实击虚，就必须先摸清敌人的虚实，隐蔽自己的实力，采用隐真示弱等方法欺骗和调动敌人，做到“形人而我无形”。如“能而示之不能，用而示之不用，近而示之远，远而示之近”等。这样做才能迷惑调动敌人，使敌发生错误，从而取得战争的胜利。

公元前206年二月，项羽自封西楚霸王。要想巩固自己的霸业，就必须铲除有一定实力的劲敌刘邦。因此项羽以自己的权势分封刘邦为汉王，置都南郑，让其统辖巴、蜀、汉中偏僻之壤，意在调虎离山，以去忧患。刘邦听从张良之谋，不但顺从项羽之令，进军汉中、巴、蜀，而且烧毁所过栈道，以示无东还之意。项羽仍不放心，为了阻止王刘邦东来，又将章邯等秦将封为三秦王（即雍王章邯、塞王司马欣、翟王董翳），三分关中，以牵镇刘邦。

在项羽忙于安定西方之时，关东各诸侯王之间爆发了争斗。田荣因未被封王，领兵赶走齐王田都，击杀胶东王田市，又除掉济北王田安，自称齐王。陈余又联合田荣，赶走常山王张耳，拥兵自雄。项羽中张良之计，自以为西患已去，暂疏戒备，东下平定在关东作乱的各诸侯王。刘邦又听取韩信的计谋，在外示无东还之意的掩护下，积极准备东征。而刘邦东征的第一障碍就是关中“三秦王”。如果明目张胆地东进势必遭到“三秦王”的拼命抵抗，这样一是损兵折将，二是拖延时间，就会造成项羽弃东援西的局面，其结果不堪设想。刘邦与率兵东征的大将韩信商定，一方面明修栈道，迷惑“三秦王”；另一方面刘邦积极扩充兵源，筹集粮草，做好暗度陈仓的准备。公元前206年八月，刘邦、韩信率兵日夜兼程，直取陈仓（今陕西宝鸡东）。“三秦王”慌了手脚。汉军一举击溃了雍王章邯，又挥师灭掉了塞王司马欣、翟王董翳。迅速平定了三秦地区。正在东方与各诸侯搏战的项羽闻听关中失守，目瞪口呆，心急如焚。这就历史上有名的“明修栈道，暗度陈仓”的典故。

要做到避实击虚，还必须充分发挥自我的主观能动性，形成对敌作战的有利态势。因此，孙子主张先发制人，主动出击，形成“激水之疾，至于漂石”的强大冲击力量。但特定情况下又必须实行“迂直之计”，“以迂为直，以患为利”，要把迂回的弯路看做最近的直路，把不利转化为有利。

卫青墓

（？—公元前106年），字仲卿，河东平阳（今山西临汾市）人，西汉抗击匈奴名将。卫青墓位于茂陵东北1公里处，东紧邻霍去病墓。墓为山形，《汉书·卫青霍去病传》载：“起冢像庐山”。

汉武帝元朔二年（公元前127年）的春天，匈奴兵再次攻入上谷和渔阳地区，杀掠吏民一千多人，骚扰不断。汉武帝马上让卫青和李息重整战袍，发动了第四次反击。以前几次反击都直奔向匈奴骚扰的地区，赶走入侵者。往往在汉军占有优势时，匈奴军队就会迅速撤走，因而总是没有多大的战果。甚至有时汉军小股部队落入匈奴大集团武装的包围之中，反而被匈奴人利用优势兵力杀得大败。这一次卫青吸取了前几次出兵的教训，改变了策略，采取了声东击西的策略。这次入侵的匈奴人集中攻击汉朝东北部的边郡渔阳和上谷，想集中优势兵力给救援的汉军以迎头痛击。卫青就做出伪装，让部队向东北方向推进。到了北部时，兵锋却突然西指，挥兵长驱直入攻击匈奴西部没有防御准备的高阙（今内蒙古阴山西长城口）和陇西。匈奴在东部遇到了汉朝渔阳郡和上谷郡两地军吏的顽强抵抗，匈奴主力都集中攻击这两个地区，而绝对没有料到汉朝会不解渔阳和上谷之围，反而扑向他们西部防御空虚地带，一时匈奴人惊得天旋地转。卫青和李息领兵直捣高阙，以优势的兵力打得匈奴人大败而逃。汉兵又沿黄河南下陇西（今甘肃临洮南），由北向南迂回攻击寄牧于河南地（今内蒙古河套以南）的匈奴。匈奴人没有想到汉军会从北面杀过来，大败溃散。卫青和李息挥兵一顿砍杀，匈奴兵死伤五千余人。在河南地的匈奴楼烦王和白羊王一看形势不妙，只好慌慌张张带着少数心腹士兵弃地而逃，匈奴人畜养的百万多头牛羊全部落到了汉军

手里。

“攻其无备，出其不意”孙子这一名言已成为历代兵家的座右铭。无论是韩信“明修栈道，暗度陈仓”，还是卫青声东击西，收复河南，都采用了相同的策略，在敌人意想不到的地方进行突袭。古代战争，由于没有现代化的交通工具，运动起来困难，因此攻其无备只能在短距离进行。随着科学的发展，攻其无备这一谋略越来越显示出威力。

第四章 攻守

1. 攻敌所不守，守敌所不攻

【原典】

古之善攻者，不尽兵[①]以攻坚城[②]；善守者，不尽兵以守敌冲[③]。夫尽兵以攻坚城，则钝兵[④]费粮而缓于成功；尽兵以守敌冲，则兵不分，而彼间行[⑤]，袭我无备[⑥]。故攻敌所不守，守敌所不攻[⑦]。

【注释】

①尽兵：出动自己的全部兵力。

②坚城：坚固的城池。

③冲：冲要，要害之地。

④钝兵：挫伤士气。

⑤间（jiàn）行：暗地里行动。

⑥无备：没有防备。

⑦守敌所不攻：防守敌人所不攻击的地方。

【译文】

古时候善于进攻的将领，不会出动自己全部兵力去攻打防守坚固的城池；善于防守的将领，也不会用自己全部兵力守备敌人所进攻的地方。如果把全部兵力用来攻打防守坚固的城池，那么就会挫伤士兵的锐气，浪费粮食军需并需要很长一段时间才能取胜；如果倾尽自己全力防守敌人要攻击的要害，那样士兵就不能再分开作战，敌人就会乘机偷袭我们没有设防的地方。因此，一个优秀的将领总是选择敌人不设防的地方发起进攻，而防守敌人所不进攻的地方。

【精解】

兵家交战须攻守兼备

进攻与防守是两种基本作战模式，各种作战谋略都由此表现出来。强攻弱守是一般规律，随着形势的转化，攻守之间也会随之转化。

我们可知攻与守常常是相互渗透，结合在一起的，攻中有守，守中有攻。当然，决定攻守形式的并不仅是实力的强弱，还要根据其他许多条件，只有适时地、灵活地把握好攻守形势，避实就虚，才能取得战争的胜利。正如《何博士备论》中说："兵有攻有守，善为兵者，必知夫攻守之所宜。故以攻则克，以守则固。当攻而守，当守而攻，均败之道也。"

战国时期，赵国派李牧率兵驻守代州、雁门一带抵御匈奴的入侵。李牧筹集到充足的军饷，每天杀几头牛供士兵食用。他率领士兵骑马射箭，对士兵非常好。他特别嘱咐士兵："一旦发现匈奴入侵，你们赶紧退进关里，关上城门。谁胆敢在关外和匈奴交战或者抓匈奴的俘虏，就杀无赦。"这样几年下来，匈奴虽然打不进来，但却认为李牧怯战。这种信息传到赵王那里，赵王也以为李牧胆小，下令他出关迎战匈奴，但李牧还是依然如故。赵王火了，把李牧召来，派人去领兵和匈奴作战。不曾想，打了几仗赵军都败了。赵王冷静下来想到可能李牧有他的道理，又重新任命他回去。李牧推说有病不受命，赵王知道这是托辞，坚持要他赴任。李牧没办法，便借机提出不得赵王干涉他与匈奴作战的条件，赵王只得同意了。

李牧

(?—公元前229年)，嬴姓，李氏，名牧。战国时期赵国柏人(今邢台市隆尧县人)，赵国杰出的军事家、统帅。官至赵国相，大将，受封赵国武安君。军功显赫，生平未尝败北。

李牧回到边关，照样善待士兵，训练士卒，但不许在关外交战或抓俘虏。他更进一步悄悄地招兵买马、囤积粮草。一次匈奴来了一小股部队，李牧下令迎战，而且要求下级不得恋战，佯装败退。匈奴获了小胜，以为赵国李牧部队真是不堪一击，才不敢出关迎战。于是匈奴单于亲自率大部队来侵。李牧早做好准备，匈奴一入关，马上陷入李牧布下的兵阵，十余万骑兵被杀，单于落荒而逃，这才知道了李牧的厉害。此后十余年，匈奴再也不敢入侵。李牧正是巧妙利用攻守之道，采取“强而示之弱”的谋略，让对方轻敌自傲，放松警惕。然后李牧引敌上钩，诱敌深人，最后围歼之。

因此，从上面战例中我们可知：兵家交战，须攻守兼备，攻和守都是有条件的，不可一味地追求进攻或者防守。当己方实力不足时，须以防守为主，加强自身的建设，养精蓄锐；待到兵强马壮、实力强于对手之时，便可由守转为攻。对此，《孙子兵法》中有这样一段精辟论述：“不可胜者，守也；可胜者，攻也。守则不足，攻则有余。善守者，藏于九地之下；善攻者，动于九天之上。故能自保而全胜也”

2. 攻守有三道，一曰正、二曰奇、三曰伏

【原典】

攻者有三道焉，守者有三道焉[①]。三道：一曰正，二曰奇，三曰伏[②]。坦坦[③]之路，车毂击[④]，人肩摩[⑤]，出亦此，入亦此，我所必攻，彼所必守者，曰正道。大兵攻其南，锐兵[⑥]出其北；大兵攻其东，锐兵出其西者，曰奇道。大山峻谷，中盘绝径[⑦]，潜师[⑧]其间，不鸣金[⑨]，不挝鼓[⑩]，突出[⑪]乎平川，以冲敌人心腹者，曰伏道。故兵出于正道，胜败未可知也；出于奇道，十出而五胜矣；出于伏道，十出而十胜矣。何则？正道之城，坚城也；正道之兵，精兵也。奇道之城，不必坚也；奇道之兵，不必精也。伏道，则无城也，无兵也。攻正道而不知奇道与伏道焉者，其将木偶人是也。守正道而不知奇道与伏道焉者，其将亦木偶人是也。

今夫盗之于人[⑫]，抉门斩关[⑬]而入者有焉，他户之不扃键[⑭]而入者有焉，乘坏垣、坎墙趾而入者有焉[⑮]。抉门斩关，而主人不知察，几希矣[⑯]；他户之不扃键，主人不知察，太半矣；乘坏垣，坎墙趾而主人不知察，皆是矣。为主人者，宜无曰门之固，而他户墙隙之不恤[⑰]焉。夫正道之兵，抉门之盗也；奇道之兵，他户之盗也；伏道之兵，乘垣之盗也。

所谓正道者，若秦之函谷[⑱]，吴之长江，蜀之剑阁[⑲]是也。昔者六国尝攻函谷矣，而秦将败之；曹操尝攻长江矣，而周瑜走之[⑳]；钟会尝攻剑阁矣，而姜维拒之[㉑]。何则？其为之守备者素[㉒]也。刘濞[㉓]反，攻大梁，田禄伯请以五万人别循江淮，收淮南、长沙，以与濞会武关。岑彭攻公孙述，自

江州溯都江，破侯丹兵，径拔武阳[24]，绕出延岑军后，疾以精骑赴广都，距成都不数十里。李愬攻蔡，蔡悉精卒以抗李光颜而不备愬，愬自文成破张柴，疾驰二百里，夜半到蔡，黎明擒元济[25]。此用奇道也。汉武攻南越，唐蒙请发夜郎兵，浮船牂牁江[26]，道番禺城下，以出越人不意。邓艾攻蜀，自阴平由景谷攀木缘磴，鱼贯而进，至江油而降马邈，至绵竹而斩诸葛瞻，遂降刘禅。田令孜守潼关，关之左有谷曰禁，而不之备，林言、尚让[27]入之，夹攻关而关兵溃。此用伏道也。

吾观古之善用兵者，一阵之间，尚犹有正兵、奇兵、伏兵三者以取胜，况守一国、攻一国而社稷之安危系焉者，其可以不知此三道而欲使之将耶？

【注释】

①道：方式、方法。

②正：正常、合乎逻辑。奇：反常而不合乎逻辑。伏：潜伏、暗地。这里分别指：正兵、奇兵、伏兵。

③坦坦：很平坦的样子。

④车毂击：形容车水马龙，非常繁荣。毂（gǔ）：可以插轴的车轮的中心部分，有圆孔。击：碰撞、撞击。

⑤人肩摩：即摩肩接踵，形容人来人往。

⑥锐兵：非常精锐的部队。

⑦中盘绝径：盘曲的道路，荒绝的小径，形容地势非常险要。

⑧潜师：隐蔽地行军。

⑨鸣金：即敲锣。金：军中的打击器，因用金属制成，所以名为“金”。一般

用鸣金表示退兵、收兵的命令。

⑩挝（zhuā）：击、敲打。鼓：与“金”同为军中的打击器，一般用击鼓表示进军的命令，鸣鼓则进，鸣金则退。

⑪突出：这里指突然出现。

⑫盗之于人：偷窃别人东西时。

⑬抉（jué）门：托起、撬开大门。斩关：弄断门闩。关：门闩。

⑭扃（jiōng）键：门户关索。扃：自外关闭门户用的门闩、门环之类，也借指门扇。键：插门用的金属棍子。

⑮乘：翻过、越过。垣（yuán）：墙。坎墙趾：犹言挖墙脚。墙趾：墙根。

⑯几希矣：无几、很少。希：同“稀”。

⑰恤：体恤、关心。

⑱函谷：即函谷关，在今河南灵宝县东北，战国时秦置。因关在谷中，深险如函得名。东自崤山，西至潼津，通名函谷，有天险之称。前241年，楚、赵、魏、韩、卫合纵攻秦，至此败还。

⑲剑阁：剑阁道，在今四川剑阁县东北大剑山、小剑山之间，形势险要，两边高山峻岭，中间为一条交通要道，沟通四川与北方的联系，剑阁就座落在这条交通要道上，因两侧高山如剑，也叫剑门、剑门关。三国时诸葛亮在此主持开凿阁道，自古为戍守要地。

⑳曹操：（155—220年），字孟德，谯（今安徽亳州）人。东汉末年，在镇压黄巾起义中军事力量得以壮大，之后挟天子（汉献帝）以令诸侯。建安十三年（208年）进位丞相，率军南下，被孙权、刘备联军击败于赤壁。封魏王。其子曹丕称帝，追尊他为魏武帝。走之：使之败逃。

㉑钟会：（225—264年），三国颍川长社（今河南长葛东北）人，字士季。司马昭的重要谋士，官至司徒。景元四年（263年）与邓艾分军灭蜀。次年谋叛被杀。姜维（202—264年）：三国天水冀县（今甘肃甘谷东）人，字伯约。初为魏将，后归于蜀，得诸葛亮信重，任为征西将军。亮死后，任大将军，继领其军，屡攻魏

无功。钟会攻剑阁，他坚守拒之。因刘禅出降，而被迫降魏。咸熙元年（264年），钟会谋叛魏，姜维欲乘机恢复蜀汉，遂与之联合，后事败被杀。

㉒素：熟习。

㉓刘濞：（前215—前154年），刘邦之侄，封吴王。公元前154年，刘濞联合楚王刘戊、赵王刘遂、胶西王刘卬、济南王刘辟光、淄（zī）川王刘贤、胶东王刘雄渠六王，以“诛晁错，清君侧”为名，起兵造反，史称“七国之乱”。汉景帝被迫杀了晁错，企图以晁错一人性命来换取天下和平。但吴王刘濞并不退兵，把矛头直接指向皇帝。汉景帝无奈，派周亚夫率兵平定了叛乱。吴王刘濞刚反之时，以田禄伯为大将军。田禄伯认为，如果按照平常的战略战术而不出奇制胜，很难成功，他希望能率领五万人，沿江、淮而上，占领淮南、长沙，进入武关（今西陕西商县东），与吴王会师。但吴王听信儿子的话，没有采纳田禄伯的这个建议，结果兵败。

㉔岑彭：（？—35年），字君然，东汉光武帝刘秀的得力大将，后被公孙述派人刺死。公孙述：字子阳，他在西汉末年的战乱中自立为蜀王，公元36年，为刘秀大将吴汉、臧宫所灭。江州：即今重庆市。都江：今岷江，《后汉书·岑彭列传》李贤等注：“都江，成都江也。”武阳：今四川彭山县东。侯丹、延岑：皆为公孙述的手下将领。

㉕李愬：（773—821年），字元直。时任唐邓节度使。李光颜：时为忠武军节度使。元济：唐沧州（今河北省沧县）人，淮西节度使兼蔡州刺史吴少阳之子。公元814年9月，吴少阳死，吴元济自请代父职，朝廷不许；10月举兵反叛。1817年10月，李愬雪夜袭蔡州，擒吴元济，送京师斩首。

㉖南越：国名，在今广东、广西一带，都番禺（即今广东省广州市）。唐蒙：汉武帝时人，曾以郎中将身份出使南越。夜郎：与西汉接壤的一个小国，在今贵州省西部、北部，云南省东北部及四川省南部一带，公元前111年归汉，置牂牁郡。牂牁（zāng kē）江：古水名，或以为即今之北盘江，一说即今之都江，也有说即今之濛江，已难考定。

㉗田令孜：唐僖宗年间掌权的宦官，他一手遮天，连唐僖宗也呼他为“阿父”。田令孜本姓陈，因随从义父入内侍省为宦官，冒姓为田。后被割据西川的王建所杀。林言、尚让：黄巢的部下。

【译文】

进攻有三种战术，防守也有三种战术。这三种战术一是正兵，二是奇兵，三是伏兵。宽广平坦的道路，战车交错，人肩相摩，是往来的必经之路，是我军一定进攻的地方，也是敌人一定防守的地方，这就叫做正兵战术。用主力进攻敌人的南边，用精锐部队袭击敌人的北边；用主力进攻敌人的东边，用精锐部队袭击敌人的西边，这就是奇兵战术。在高山深谷之中，在盘曲绝险之地，埋伏军队，偃旗息鼓，然后悄然行军，突然出现在平原上，一鼓作气出击敌人的心腹之处，这就叫做伏兵战术。如果用正兵之道来指挥军事行动，那么胜负很难预料；如果用奇兵之道的战术打仗，可能有一半以上的胜算；如果用伏兵的战术打仗，就不会失败。这是为什么呢？因为用正兵所攻击的对象一定是敌人防守坚固的城池，所攻击的军队一定是敌人的精锐。用奇兵所攻击的城池，则不一定是敌人防守坚固的城池，军队也不一定是敌人的精锐。如果用伏兵，那么敌人就无城可守，无兵可用。只会用正兵进攻，而不知道用奇兵和伏兵进攻，这样的将领就和木偶人一样。只知道用正兵防守，而不懂得用奇兵和伏兵防守，这样的将领也和木偶人一样。

现在的盗贼在偷东西时，有毁门撬锁入户行窃的，有利用主人忘记锁门窗入户行窃的，也有从墙缺口或从墙洞入户行窃的。毁门撬锁而主人不觉察的，情况很少；从不上锁的旁门进入而主人不觉察的，有一大半的胜算；翻墙穿洞而入而主人不觉察的，则是很平常的事。作为房屋的主人，千万不要只知道门很严密，而忘记了窗户、墙壁等处却有可乘之机。用正兵的战术，就好比毁门撬锁为盗一样，成功与否不可预料；用奇兵的战术，就好比利用主人疏忽而为盗一样，大半是可以成功的；用伏兵的战术，就好比翻墙而入为盗一样，十有八九可以成功。

所谓正兵战术，像战国时秦国的函谷关，三国时孙吴的长江、蜀国的剑阁，都是其例。战国时代中原六国曾经进攻函谷关，被秦国将军所打败。曹操曾经攻打孙吴，被周瑜在长江击溃而逃。钟会曾经进攻剑阁，被姜维所阻击。这是为什么呢？因为这些要塞之地都是预先就设有重兵守备。吴王刘濞反叛汉朝，北上进攻大梁（即今河南省开封市），部下田禄伯向刘濞要求给他五万人马，沿着长江、淮河从另一路进攻，等收取淮南（诸侯国名，都寿春，即今安徽省寿县）、长沙以后，再与刘濞会合于武关（今陕西省商洛县西南丹江北岸）。岑彭攻打公孙述，从江州沿岷江逆水而上，大破侯丹军队，直接攻取武阳，绕到延岑军队的背后，并派精锐的骑兵急速奔赴广都（今四川省成都市东南），距离成都不过几十里。李愬攻蔡州（今河南省汝州市）时，蔡州守将却正在全力对付李光颜，而没有防备李愬，于是李愬从文城（今河南省遂平县西南）出发，攻破张柴村（今河南省遂平县西南）之后，急速奔驰二百里，半夜抵达蔡州，天亮就生擒了吴元济。这些，都是用奇兵战术的实例。汉武帝攻打南越时，唐蒙请求征发夜郎军队，乘船从牂牁江沿水路而下，直抵番禺（今广州市）城下，突然出现，打南越人一个措手不及。邓艾攻打蜀国时，从阴平县（今甘肃省文县西白龙江北岸）出发，经由景谷（道路名，在今甘肃省文县南沿白水江入四川），攀缘树木，沿着险恶的石径，鱼贯而进，到了江油降服了马邈，到了绵竹县斩其守将诸葛亮之子诸葛瞻，刘禅于是被迫投降。田令孜率军把守潼关时，潼关左侧有个大山谷，名叫禁谷，没有派兵把守。结果被黄巢部下林言、尚让从山谷进入关内，两面夹攻，唐军溃退，潼关最终失守。这些，都是伏兵战术的例子。

我考察古代那些善于用兵的将领，他们在一次次的战役之中，尚且要用正兵、奇兵、伏兵三种战术以取得胜利，何况国家之间这类关系社稷安危的战争，又岂能用那些不懂得这三种用兵战术的人为将帅呢？

【精解】

奇正相生，出奇制胜

奇与正是中国古代兵法的特术语。它具有多种含义。一般说，正兵指用兵的常规战法，奇兵指灵活变化的非常规战法。孙子说："凡战者，以正合，以奇胜。故善出奇者，无穷如天地，不竭如江河。"就是说大凡作战，一般都是以正兵当敌，用奇兵取胜，所以善于出奇制胜的将帅，其战法就像天地那样变化无穷，像江河那样永不枯竭。《尉缭子》也说："正兵贵先，奇兵贵后。或先或后，制敌者也。"即正兵要先声夺人，力争主动，而用奇兵后发制人。

中国历史上出奇制胜的战例很多。例如韩信临晋设疑，巧获魏豹，就是声东击西、出奇制胜的出色战例。公元前205年，刘邦彭城惨败，原投降刘邦的"三秦王"与齐王、赵王、魏王亦反汉投楚。同年6月，魏王豹返归故国，立刻截断黄河西岸临晋关（今陕西大荔县东）的交通，举兵声援项羽，魏占据河东（指山西西部地区），向西可威胁关中，向南可截断汉关中至荥阳（彭城败后刘邦退至荥阳）的补给线，对汉军侧背构成严重威胁。对此情况，刘邦采纳了张良的建议，以韩信为左丞相，率曹参、灌婴等前往击魏。韩信率军进据临晋渡口驻军。魏王豹以为汉军必从临晋渡河，于是派重兵坚守黄河东岸要地蒲坂（今山西永济西蒲州镇），形成黄河东西两岸汉魏两军对垒局面。韩信分析战情，观察魏军云集，知道魏军作战企图是想借助有利地形，居高临下，埋葬汉军于黄河波涛之中。韩信大智大勇，立刻透过魏军的部署看出其中的破绽：魏军重兵在前，薄弱在其侧后，名将必据重地，庸将必留守营。韩信决定避实击虚，声东击西。为了使魏王豹坠入五里雾中，韩信故弄玄虚，在临晋调集兵力，搜罗船只，破木遣筏，准备渡河决战，暗中却调遣部队迂回上游百余里外魏军疏无防备的夏阳（今陕西韩城南），筹集简易的渡河器材——木罂（一种口小腹大的桶），将士人缚一罂泅渡，出其不意突破黄河天险，直捣魏后方军事重镇安邑（今山西夏县西北），一举切断魏都平阳（今山西临汾西南）与蒲坂前线的联系，随即由侧后向魏军主力逼近。韩信此举出乎魏王豹的意料，使其异常惊惧，仓皇迎战，结果被汉军打得大败。魏王豹逃至东垣（今山西垣曲东南），被曹参擒获，魏地遂平。

孙子曰：“兵者，诡道也。”《尉缭子》也高度强调：“治兵者，若秘于地，若邃于天，生于无。”意思是说善于用兵者，用兵如藏于地，隐于天，不露形迹，高深莫测。所谓“出奇制胜”的原则，概括来说有如下要点：一是诡秘。在战争中，我方的真实意图绝不能轻易泄露，从战略目标、行动时机、作战地点、进军路线、粮草兵力等各个方面都需要加以掩饰和伪装。通过我方的藏形隐迹，使敌方处于不明真相、不知底细的状态。二是欺诈。即有意识地制造迷惑敌方的假象，虚虚实实，真真假假，以虚隐实，以假乱真。主动诱导敌方上当受骗，使他们产生错觉，做出错误的判断。三是出奇。利用各种偶然的机遇和意外的巧合，不拘泥于常规常法，不为成见定见所束缚，突破习惯的逻辑思维模式，大胆地采取出人意料的行动，使决策及实施过程神奇莫测。出奇制胜的原则在中国古代的军事战场上运用十分广泛。

曹操

（155—220年），字孟德，汉族，沛国谯（今安徽亳州）人。中国东汉末年著名的军事家、政治家和诗人，三国时代魏国的奠基人和主要缔造者，后为魏王。

当然，无论正兵、奇兵、伏兵，在实际作战中往往并非单一运用，而往往是奇正相生，灵活运用的。东汉末年，群雄并起。有一次曹操率大军讨伐张绣，把张绣军围困在南阳城内。张绣关闭城门，坚守不出。曹操不急于攻城，而是围城观看了三天。第四天，曹操命令士兵在城西北角上，堆放干柴，而且召集诸将，扬言在那里攻城。张绣的谋士贾诩在城上见了这种情景，便对张绣说：“我已经知道曹操的用意了，咱们可以将计就计。我在城上看见曹操绕城观察了三天。他看城东南角砖土的颜色有新有旧，参差不齐，设置的障碍物也多半毁坏，就想从这里进攻，于是假装向西北角堆积干柴，故意制造声势，想蒙骗我们调兵去守西北角。他们一定会乘夜色从东南角进攻。”张绣问道：“那怎么办？”贾诩说：“这事很简单。明天可以让身强力壮的兵士吃饱饭，全部轻装，隐藏在城东南角的房屋内。然后让大批百姓扮成士兵，防守西北角。我们尽管让曹军从东南角登城，等他们进得城来，一声炮响，伏兵齐出，曹操定可活捉。”张绣听了贾诩的意见，觉得非常有道理，就完全采纳了。第二日早有暗探报告曹操，说张绣把全部主力都撤回西北角去了，而东南角却十分空虚。曹操听了十分得意，说道：“他们中计了！”于是，曹操命令士兵暗中准备好铁锹、铁钩和其他爬城器具。曹军白天只进攻西北角，到了深夜二更时分，却从城东南爬上城墙。大批曹军入城后，只听一声炮响，伏兵四起，曹操赶紧率军撤退。张绣军队奋力追杀，曹军大败。

孙子说：“战势不过奇正，奇正之变不可胜穷也；奇正相生，如循环之无端”。奇兵与正兵既相互对立、又相互渗透、相互转化。正兵阵营严整，有利于发挥军队的整体优势；奇兵出敌人的意料，往往在关键的时候使用。出奇制胜的威力就在于它所造成的军事行动的突然性，通过诡秘、欺诈、出奇的手段，可以达到“攻其不备、出其不意”的效果，在敌方意想不到和毫无准备的情况下，实施迅雷不及掩耳的突然打击。古代兵法上的出奇制胜的原则，既是战争实践的经验总结，又是指导战争实践的韬略权谋。

第五章 用间

1. 兵虽诡道，而本于正

【原典】

孙武既言五间[①]，则又有曰："商[②]之兴也，伊挚在夏[③]；周[④]之兴也，吕牙[⑤]在商。故明君贤将能以上智为间者，必成大功。此兵之要，三军[⑥]所恃而动也。"按《书》："伊尹适夏，丑夏归亳。"[⑦]《史》："太公尝事纣，去之归周。"[⑧]所谓在夏在商诚[⑨]矣，然以为间，何也？汤、文王固使人间夏、商邪？伊、吕固与人为间邪？桀、纣固待间而后可伐邪？是虽甚庸[⑩]，亦知不然矣。然则吾意天下存亡寄于一人。伊尹之在夏也，汤必曰："桀虽暴，一旦用伊尹，则民心复安，吾何病[⑪]焉。"及其归亳也，汤必曰："桀得伊尹不能用，必亡矣，吾不可以安视民病。"遂与天下共亡之。吕牙之在商也，文王必曰："纣虽虐，一旦用吕牙，则天禄[⑫]必复，吾何忧焉。"及其归周也，文王必曰："纣得吕牙不能用，必亡矣，吾不可以久遏[⑬]天命。"遂命武王与天下共亡之。然则夏、商之存亡，待伊、吕用否而决。

今夫问将之贤者，必曰能逆知[14]敌国之胜败。问其所以知之之道，必曰不爱千金[15]，故能使人为之出万死[16]以间敌国，或曰能因敌国之使而探其阴计[17]。呜呼！其亦劳矣。伊、吕一归，而夏、商之国为决亡。使汤、武无用间之名与用间之劳，而得用间之实。此非上智，其谁能之？

夫兵虽诡道[18]，而本于正者终亦必胜。今五间之用，其归于诈，成则为利，败则为祸。且与人为诈，人亦将且诈我。故能以间胜者，亦或以间败。吾间不忠，反为敌用，一败也；不得敌之实，而得敌之所伪示者以为信，二败也；受吾财而不能得敌之阴计，惧而以伪告我，三败也。夫用心于正，一振而群纲[19]举；用心于诈，百补而千穴败[20]。智于此，不足恃也。

故五间者，非明君贤将之所上。

【注释】

①五间：《孙子兵法·用间篇》所说“五间”分别为：“因间”即用敌国人刺探敌国情报；“内间”即用敌方被罢官的人刺探情报；“反间”即敌人的间谍为我所用；“死间”即用假情况欺骗敌人，敌人中计后肯定会杀掉提供假情况的间谍；“生间”即选择有才能的人去窥探敌情，能够胜利完成任务回来汇报情况。

②商：即商代，时间大约是公元前17世纪初至公元前11世纪初。

③伊挚：即伊尹，名挚，尹是官名。传说出身奴隶，原为有莘氏陪嫁之臣，为汤所举用，任以国政。后辅佐汤攻灭夏。夏：夏代，约公元前21世纪至公元前17世纪，为商汤所灭。

④周：周代，从公元前11世纪至公元前256年，被秦所灭。

⑤吕牙：即吕尚、姜子牙。他姓姜，名望，字子牙。他的祖先封在吕，因此也有把“吕”作为他的姓。

⑥三军：古人常把军队分为三部分，或称上军、中军、下军，或称左军、中军、右军，所以后来就以“三军”作为军队的代称。

⑦《书》：指《尚书》中的《胤征》。《胤征》中说：“伊尹去亳适夏。既丑有夏，复归于亳。”适：到……去。丑：憎恶，以……为丑。亳（bó）：地名，商汤时都城，在今河南商丘县东南。

⑧《史》：指《史记·齐太公世家》。该书中说：“或曰，太公博闻，尝事纣。纣无道，去之。游说诸侯，无所遇，而卒西归周西伯。”尝：通“常”。事：侍奉，服侍。去：离开。

⑨诚：果真如此。

⑩庸：平庸，不高明。这里指很平常的人。

⑪病：忧患、忧虑。

⑫天禄：天赐的福禄，这里暗指国家。

⑬遏：阻止，阻挡。

⑭逆知：预先知道。

⑮爱：吝惜，舍不得。千金：喻很高的奖赏。

⑯出万死：不惜多次冒着生命危险。

⑰阴计：阴谋诡计。

⑱诡道：诡诈之道。《孙子·计篇》：“兵者，诡道也。”

⑲纲：原指鱼网上提网用的总绳，后喻事物最关键、最主要的部分。

⑳败：破败不堪。“百补而千穴败”指枉费心力，无力问天。

【译文】

著名军事家、军事理论家孙武说“间谍有五种”，又说：“商朝所以能兴盛起来，是因为伊挚曾经在夏朝待过，了解夏朝的情况；周朝所以能兴盛起来，也是因为姜子牙曾经在殷商为官，了解殷商的情况。因此，贤明的君主、将帅，如果能用具有极高智慧的人做间谍，就一定能够建功立业。这在军事上非常重要，是整个军队行动所依赖的保证。”考察《尚书》的记载，伊尹确实到过夏朝，因为夏朝政治丑恶，就往毫京归顺商汤。根据《史记》记载，姜太公原来服侍过纣王，因为纣王无道，才离开殷朝，投奔了周朝。所以孙武所说伊尹曾在夏朝待过、吕牙曾服侍过殷朝确实是事实，但他们在夏、商是从事间谍活动吗？难道是商汤、周文王命他们在夏朝、商朝做间谍的吗？难道是伊尹、吕尚本来就是为人做间谍的吗？或者是夏桀、殷纣的暴虐只有依靠间谍获得可靠情报后才能讨伐吗？就是智慧再平庸的人，也懂得事情并非如此。不过，我的意思是：天下的存亡都寄托在一个人身上。当伊尹在夏朝的时候，商汤肯定会说：“夏桀虽然暴虐，但他一旦任用伊尹，那么民心就会重新安定，我还有什么可忧虑的呢？”等到伊尹来到毫的时候，商汤肯定又说：“夏桀拥有伊尹这样的贤士而不能任用，夏朝一定要灭亡了。我不能看着人民生活在水深火热之中而坐视不问。”于是就联合天下诸侯一起来讨灭夏桀。当姜子牙在商朝的时候，周文王肯定会说：“纣王虽然暴虐，可是一旦他任用姜子牙，那么国家就会继续存在下去，我又有什么值得担忧的呢？”等到姜子牙来到周朝之后，周文王肯定又说：“纣王有姜子牙这样的贤人而不能任用，商朝一定要灭亡了。我不能违背上天的意志。”于是文王就命令武王联合天下诸侯，共同来讨灭商朝。这就是说，夏朝、商朝的存亡是由伊尹、吕牙的是否被任用而决定的。

现在，你如果要问贤能的将帅，他肯定会回答说能预料敌国作战的胜败。你再进一步问他用什么办法可以预先知道敌国作战胜败，他一定会说重赏募人冒着生命的危险去为他刺探敌国的情况，或者说能根据敌国来使的言行探听他们的虚实。唉，这不是过于麻烦了吗！像伊尹、吕牙这样，一来归顺就决定了夏朝、殷朝灭亡的命运，使得商汤、周武王没有用间谍的名声和用间谍的辛劳，却得到了用间谍的实效。这除非是有高明智慧的人，谁还能够做到呢？

用兵打仗虽然属于诡诈之道，但是以坚持正义为根本的人最后一定会取得胜利。现在人运用“五间”，是完完全全的谋诈，成功了会得到好处，失败了就会后患无穷。况且我对别人使用诡诈，别人也会对我使用诡诈。因此能以间谍取胜的人，有时也会因间谍而遭到失败。我的间谍不忠诚，反而会被敌人利用，我们就会吃亏，这是其一。间谍水平不高，没有得到敌人的真实情况，却给我们带来敌人故意泄露的虚假情报，我们也会上当，此其二。间谍接受了我们的钱财，不能探得敌人的秘密计划，却因为惧怕惩罚而编造一些假情报告诉我们，我方当然会因之而失败，此其三。如果是在正义上尽心力的人，那么就会一呼百应，行动非常容易；如果在诡诈上用心计的人，即使做一百件补救的事，却会有一千件繁杂的事情发生，终归还是失败。因此把聪明用在诡诈上的人，是不能够依靠的。

所以，孙武所说的五种用间谍的办法，并不是圣明的君主、将帅所崇尚的。

【精解】

巧妙用间，以义为本

孙子曾总结出五种间谍的方法，其中包括利用敌方乡里百姓做间谍的“因间”，收买敌方官吏做间谍的“内间”，诱使敌方间谍为己方效力的“反间”，派遣己方间谍故意给敌方泄露虚假情报的“死间”，派往敌方侦察并返回报告情况的“生间”。在军事史上“用间”的战例比比皆是。如三国时期，赤壁大战前夕，周瑜巧用反间计杀了精通水战的荆州降将蔡瑁、张允就是个著名例子。

曹操率领号称的八十三万大军，准备渡过长江，占据南方。当时，孙刘联合抗曹，但兵力比曹军要少得多。曹操的队伍大多都由北方骑兵组成，善于陆战而不善于水战。正好有两个精通水战的荆州降将蔡瑁、张允可以为曹操训练水军。曹操把这两个人当作宝贝，优待有加。一次东吴主帅周瑜见对岸曹军水寨，井井有条，十分在行，心中大惊。他想一定要除掉蔡瑁、张允这两个心腹大患。曹操一贯爱才，他知道周瑜年轻有为，是个军事奇才，很想拉拢他。曹营谋士蒋干自称与周瑜曾是同窗好友，愿意过江劝降。曹操当即让蒋干过江说服周瑜。周瑜见蒋干过江，一个反间计很快就酝酿成熟了。他热情款待蒋干，酒席筵上，周瑜让众将作陪，炫耀武力，并规定只叙友情，不谈军事，堵住了蒋干的嘴巴。周瑜佯装大醉，约蒋干同床共眠。蒋干见周瑜不让他提及劝降之事，心中不安，哪里能够入睡。他偷偷下床，见周瑜案上有一封信。他偷看信中内容，原来是蔡瑁、张允写来约定与周瑜里应外合，击败曹操。这时，周瑜说着梦话，翻了翻身子，吓得蒋干连忙上床。过了一会儿，忽然有人要见周瑜，周瑜起身和来人谈话，还装作故意看看蒋干是否睡熟。蒋干装作沉睡的样子，只听周瑜他们小声谈话，却听不太清楚，只隐约听见提到蔡瑁、张允二人。于是蒋干对蔡瑁、张允二人串通周瑜想里应外合的计划确认无疑。他连夜赶回曹营，让曹操看了周瑜的信件，曹操顿时火起，下令杀了蔡瑁、张允。等曹操冷静下来，才知中了周瑜的反间之计，但也无可奈何了。

公元778年，吐蕃兴兵10万侵扰大唐川西地区，川西守将韦皋发兵抵抗。两军对垒，互有胜负。吐蕃王见急切不能胜，便写信给云南王，让他出兵相助。云南王接到吐蕃王的信，感觉左右为难，出兵援助吧，自己已向大唐王朝表示愿归附，而今出尔反尔，得罪了大唐，恐怕给日后埋下灾祸；不出兵援助吧，自己过去一直与吐蕃结盟，而今吐蕃有事不去相助，说不定吐蕃马上会兴师问罪，立时就有刀兵之患。正在左右为难之时，大臣中一人出主意，可效仿战国年间五国围攻秦国时齐国采取的办法，答应派兵，但驻扎观望，等待胜负有定时再作打算。云南王一听大喜，马上答应吐蕃，即刻便发兵去救助。吐蕃王接到云南王回信，更增长了勇气，向唐军发动更猛烈的攻击。韦皋正在全力对付吐蕃时，却听说背后云南兵正向自己接近，大吃一惊，忙从川内调兵阻挡。哪知云南兵进到泸水（今四川雅砻江下游）时，却停兵扎营，等待观望起来。韦皋闻报，顿时松了一口气，但又一想，危机仍没过去。云南兵在驻扎观望，等自己和吐蕃决出胜负后再作打算。若一旦自己失利，那么云南兵从背后杀过来，仍摆脱不了腹背受敌的局面。韦皋觉得要变被动为主动，必须争取云南兵倒向自己这一边。要争取云南兵倒向自己，必须设法破坏云南王与吐蕃王的关系。韦

《步辇图》

现藏故宫博物院，中国十大传世名画之一。绢本，设色，纵38.5厘米，横129.6厘米，唐代著名画家阎立本所绘。题材为描绘唐太宗接见来迎娶文成公主的吐蕃使臣禄东赞的情景。

皋苦思一夜，终于有了办法。

第二天他写了一封给云南王的信，信上说云南王已决定归附大唐，这是明智之举；今番来兵名义上助吐蕃而实际上帮唐军夹击吐蕃，此举甚好。若一举灭了吐蕃，愿把吐蕃的牛羊马群分给云南王。他又将信用以前给云南王送信用的银匣装好，封上封印，揣在怀中前去出战吐蕃。对阵时，佯作不支，仓促后退，从怀中掉出银信匣。吐蕃战将见有银器落地，忙拍马来抢。韦皋大叫声：“那是机密！”便令手下去抢。可那银匣离吐蕃军近，早被吐蕃抢入大营。韦皋装作迫不得已退兵回营。吐蕃王拿到这封信一看，气得胡子直抖，马上拨出两万人马，扼住云南王来战场的要道，以防云南兵来助韦皋。云南王听说吐蕃无缘无故地派兵阻击自己，十分生气，马上下令班师。韦皋解除了后顾之忧，全力对付前边的吐蕃兵，终于将吐蕃兵打得大败而逃。

由此可见，无论是军事战争还是政治斗争，“用间”是双方权谋较量中不可忽略的部分。但是对双方而言，“用间”都存在着风险，“成则为利，败则为祸”。决定战争胜利的根本也并非全系于间谍一人之身，而是取决于战争本身的性质，坚持正义为根本的一方最后一定会取得胜利。因此，治国治军必以正治之，而辅以权变之术，这正是苏洵所谓“兵虽诡道，而本于正者，终亦必胜”的含义。

2. 以上智为间者，必成大功

【原典】

明君贤将之所上者，上智之间也。是以淮阴、曲逆[①]，义不事楚[②]，而高祖擒籍[③]之计定；左车、周叔不用于赵、魏[④]，而淮阴进兵之谋决。呜呼，是亦间也。

【注释】

①淮阴：即淮阴侯韩信（？—公元前196年），淮阴人。曲逆：即曲逆侯陈平（？—公元前178年），阳武（今河南原阳东南）人，原事项羽，任都尉，后归刘邦，任护军中尉，屡出奇计，为刘邦所采纳，汉兴，封曲逆侯。

②义不事楚：坚持正义而不为楚效力。

③籍：即项羽，名籍，字羽。

④左车：即李左车，秦汉之际谋士。初在赵，封广武君。汉使韩信、张耳率兵击赵，他向赵军主将成安君陈余献策，未被采纳。韩信终破赵，斩陈余，擒赵王歇。周叔：魏之贤将。《汉书·韩信传》载：刘邦派遣韩信攻打魏国，韩信向刚从魏国回来的使者郦生（郦食其，刘邦策士）探听魏国的虚实，得知魏没有用周叔做大将非常高兴，很快韩信就灭掉了魏，活捉了魏王豹。

【译文】

圣明的君主、贤德的将帅所崇尚的，应该是商汤、文王那些“上智”采用的间术。韩信、陈平坚持正义而不为楚王效力，就注定了项羽最终要为刘邦所灭；李左军、周叔不被赵王和魏王信任，因而韩信才敢大胆进兵赵、魏。这些也都是使用间谍的一种办法啊！

【精解】

以上智为间者，必成大功

早在春秋末期，中国古代伟大的军事学家孙子就曾以简洁的语言指出："知彼知己者，百战不殆"，"不知彼、不知己，每战必殆"，指明了战争指挥者对敌我双方情况的了解与认识同战争胜负之间的关系，揭示了指导战争的普遍规律。知己知彼就是要充分了解和清楚认识敌我双方的情况，克服战争中的盲目性和被动状态。要了解己方情况一般来说并不困难，然而要了解敌方情况难度相对较大，敌人的意图、实力等重要情况往往处在高度隐秘的状况并借用种种假象加以掩饰，使人难识真相。因此"知彼"更需要使用各种诡诈的权谋手段，而"用间"即是其中的重要途径。孙子总结了"五间"之术，但"与人为诈，人亦将且诈我。""故能以间胜者，亦或以间败。"故此，苏洵提出了"以上智为间"的用间之道。

"上智"即大智慧的人，"以上智为间"其实早在《孙子兵法·用间》篇中即以提出："明君贤将，能以上智为间者，必成大功。此兵之要，三军所恃而动也。"那么我们如何将敌国的这些"上智之人"转化为"上智之间"呢？俗话说"道不同，不相为谋"，明君贤将应善于在敌国受排斥受压制的人中寻找"上智之间"与己同谋。郑成功攻取台湾之时，就曾以何斌在荷兰为"上智之间"，掌握了荷军在台湾沿海的军事布防及军事地图等资料，明若洞火，为部队顺利登滩取台起了关键性的作用，可说是"上智之间"的鲜活例证。

早在顺治十一年（1654年），荷军就在海上任意截捕搜查郑军的海上船只，以破坏郑成功士兵军饷赖以维持的商业活动。郑成功对此十分愤怒，于顺治十二年（1655年）下令对台湾实行武装封锁禁运，罢掉互市，使荷兰在台的商业损失惨重，其驻台总督揆一不得不于顺治十四年（1657年）派华裔商人翻译官何斌到厦门与郑成功谈判。何斌原为郑成功之父郑芝龙的同乡和部下，后居留台湾，荷兰占领台湾后被聘为通司（即翻译官）。何斌是个有民族气节、爱国心强、颇有心机并机敏过人的知识分子，他对荷兰殖民者在顺治九年（1652年）血腥镇压了台湾郭怀

郑成功

(1624年—1662年)，明末清初军事家，民族英雄，福建省南安市石井镇人，一生抗清驱荷，以赶走荷兰殖民主义者、收复祖国领土台湾的业绩，被载入史册。

一起义及对台湾人民的种种罪行早就痛恨在心，曾两次私下密见郑成功，报告了自己平日留心搜取的荷军在台湾的主要布防情报，衷心盼望郑军能早日攻取台湾，收复故土，并甘愿在台湾充当郑军的间谍，以便明了台湾内部实况，为收复台湾做准备。郑成功对他充分信任，并派专门人员与他随时联络，便宜行事。

何斌返台后，按郑成功布置的任务，利用通司职务之便，千方百计秘密搜集荷军兵力部署、航道情况及台湾军事地图等情报，并想方设法密报给郑成功。顺治十六年（1659年）何斌逃出台湾，将其侦察到的台湾及荷兰殖民者的详细情况向郑成功作了全面的汇报，献上了自己绘制以及搜集来的各种军事地图，并在金门郑军营地制造了台湾地理模型及赤嵌城堡与港道沙盘，充分表现了他的爱国之心。郑成功率诸将领对沙盘模型悉心观摩，并要求将领们要悉记在心。沙盘制作得相当精密详尽，使将士们对荷军情况一目了然并很快熟悉掌握。征台前，郑成功依据该沙盘模型给诸将分配战斗任务，有力地保证了作战的顺利实施，并最终取得了胜利。

第二篇

史鉴方略

第六章 孙武

1. 武号为兵家之师，而名不符实

【原典】

求之而不穷者[①]，天下奇才也。天下之士，与之言兵，而曰我不能者几人？求之于言而不穷者几人？言不穷矣，求之于用而不穷者几人？呜呼！至于用而不穷者，吾未之见也。

孙武十三篇，兵家举以为师[②]。然以吾评之，其言兵之雄乎！今其书论奇权密机，出入神鬼[③]，自古以兵著书者罕所及[④]。以是而揣其为人[⑤]，必谓有应敌无穷之才。不知武用兵乃不能必克，与书所言远甚。吴王阖庐之入郢[⑥]也，武为将军。及秦、楚交败其兵，越王入践其国，外祸内患，一旦迭发，吴王奔走，自救不暇，武殊无一谋以弭斯乱[⑦]。

【注释】

①穷：穷尽，竭尽。

②兵家举以为师：军事家都把它当作自己的老师。举：推崇，认为。

③出入神鬼：出神入化，形容深不可测。

④以兵著书者罕所及：写军事著作的人很难达到孙武的水平。

⑤以是而揣：以此来猜测，由此推断。揣：推测、猜测。

⑥郢：古都邑名，在今湖北江陵西北，春秋时楚文王定都于此。吴王阖庐九年亦即楚昭王十年（前506年），阖庐听从伍子胥、孙武之计，兴师联合唐、蔡二诸侯国共伐楚，五战楚五败，遂攻入楚都郢。

⑦弭：消除，平定。

【译文】

天下奇才求之不穷。同天下的士人谈论用兵作战，而说“我不懂用兵”的人又有几个呢？在这些人中，向他连续提出问题发难，而始终难不倒他的又能有几个？在言辞上永不匮乏，但用他来领兵打仗而能够做到随机应变又能有几个？唉！至于说有理论又能临敌应变而始终不遭到失败的人，我还从来没有见过！

孙武所著《孙子兵法》十三篇，受到后世所有的军事家的推崇。依照我的看法，孙武谈论兵法确实超乎寻常。今天我们看他的书论述正奇、权变、秘密、机智这些用兵的技巧，真是出神入化，妙不可言，自古以来那些谈论用兵的著作极少能比得上它的。如果你从这本书猜测孙武其人，肯定以为他一定具有应付敌人的无穷才能。其实，孙武领兵打仗也不是每战必胜，他的所作所为与书中所言相距甚远。当吴王阖庐攻打郢都的时候，以孙武为统帅，秦国和楚国联合打败了吴国的军队，越王勾践又率大军践踏了他的国家，内忧外患接踵而来，吴王（指夫差）仓皇奔走而不及自救之时，孙武却没有一个奇计良谋平定吴国的战乱。

【精解】

“言”与“用”

本篇以孙武为题，借题发挥，以论述“言”与“用”，即理论与实践的关系。苏洵从“施于今”出发，反对纸上谈兵，空谈理论，而主张实践。这突出地反映了苏洵军事思想贵用的特点，较之当时纸上谈兵的“天下之士”，实不可同日而语。那么如何把丰富的知识转化为作战指挥的能力？古语所云：“得其书而化之，虽旧亦新；执其书而泥之，虽新亦旧。”也就是说为将者唯有经过用心揣摩，把所学的知识真正变为驾驭战争的能力时，他才能笑傲风云。蜀汉的马谡正是这种反面的典型，空谈理论而又刚愎自用，不听忠言，最终兵败身死。

马谡少时素有才名，自幼“饱读兵书，颇知兵法”，他们兄弟五人并称为“马氏五常”。在诸葛亮率军平定西南时，马谡曾向诸葛亮提出富有战略远见的正确建议：“攻心为上”。可是当他身为街亭之战的主将时，面对复杂的战争环境，这位知识渊博的参军竟然闹出了一场因机械照搬兵法原则而损兵折将的大笑话。

蜀后主建兴六年（228 年），诸葛亮为实现统一大业发动了一场北伐曹魏的战争。他命令赵云、邓芝为疑军，占据箕谷（今陕西汉中市北），亲自率 10 万大军，突袭魏军据守的祁山（今甘肃），任命参军马谡为前锋，王平为副将，镇守战略要地街亭（今甘肃秦安县东北）。临行前，诸葛亮再三嘱咐马谡：“街亭虽小，干系重大。它是通往汉中的咽喉。如果失掉街亭，我军必败。”并具体指示他“靠山近水当道安营扎寨，谨慎小心，不得有误”。马谡到达街亭后，不按诸葛亮的指令依山傍水当道部署兵力，却骄傲轻敌，自作主张地要将大军部署在远离水源的街亭山上。他对王平说：“这一带地形险要，街亭旁边有座山，正好在山上扎营，布置埋伏。”王平则认为街亭一无水源，二无粮道，若魏军围困街亭，切断水源，断绝粮道，蜀军则不战自溃。提出应遵丞相叮嘱，依山傍水当道扎营，巧布精兵。而马谡却辩解说：“居高临下，势如破竹，置死地而后生，这是兵家常识，我将大军布于山上，使之绝无反顾，这正是制胜之秘诀！”王平一再劝说，但马谡自以为

武侯墓

武侯墓，即诸葛亮墓，在勉县定军山脚下。

熟读兵书，根本不听王平的话，反而嗤笑王平出身戎旅，手不能书，不懂兵法。王平无奈，只好央求马谡拨给他一千人马，让他在山下临近的地方驻扎。

魏主曹睿得知蜀将马谡占领街亭，立即派骁勇善战，曾多次与蜀军交锋的名将张郃领兵抗击。张郃进军街亭，侦察到马谡舍水上山，心中大喜，立即挥兵切断水源，掐断粮道，将马谡部围困于山上，然后纵火烧山。蜀军饥渴难忍，军心涣散，不战自乱。王平带领一千人马，稳守营盘。他得知马谡失败，就叫兵士拼命打鼓，装出进攻的样子。张郃怀疑蜀军有埋伏，不敢逼近他们。王平整理好队伍，不慌不忙地向后撤退，一千人马不但一个也没损失，还收容了不少马谡手下的散兵。马谡失守街亭，战局骤变，迫使诸葛亮退回汉中。退回汉中后，诸葛亮为了严肃军纪，挥泪斩马谡，并对力主良谋，英勇善战的副将王平加以褒奖，破格擢升为讨寇将军。

马谡兵败的根源是他缺乏实战经验，只会死搬教条，不考虑具体形势。古人说死读书不如无书，马谡虽饱读兵书，却错在死读兵书上，当他站在场外观察问题时，引古论今，头头是道，有时表现得见解高深；可一旦自己成为局内人，就被复杂的客观现象所迷惑，只知照搬历史经验。《孙子兵法》上讲过："投之亡地然后存，陷之死地然后生。"所谓的亡地、死地按照孙子的解释是"疾战则存，不疾战则亡"。陷之死地本来是大患，但却能因为"疾战则存，不疾战则亡"的客观形势唤起万众一心，奋力死战，从而转败为胜。所以，韩信在井径口背水而阵破赵军。然而马谡照搬韩信的经验，违背诸葛亮依山近水当道安营的命令，扎寨于山顶，结果被魏军张郃击溃。这是因为张郃利用马谡山顶扎寨的错误，采取了以因势制敌而不以疾战取胜的策略，把蜀军围困于山顶。与马谡形成鲜明对比的是他的副将王平，他依照孔明要求对马谡的军事部署进行据理力争，足见赤胆忠诚；在紧急关头，沉着冷静，并且设法弥补损失，可见他的老练和沉着。

克劳塞维茨在《战争论》中说：“理论应该培养未来的指挥官的智力，而不应该陪着他们上战场。”事实证明，要将知识转化为能力，就必须以创新的精神，在实践中对所学知识进行消化，使之成为滋长智能的营养。

按武之书以责武，则武有三失

【原典】

若按武之书以责武之失，凡有三焉。《九地》曰：“威加于敌，则交不得合。”[①]而武使秦得听包胥之言[②]，出兵救楚，无忌吴之心，斯不威之甚。其失一也。《作战》曰：“久暴师则钝兵挫锐，屈力殚货，则诸侯乘其弊而起。”[③]且武以九年冬伐楚，至十年秋始还[④]，可谓久暴矣。越人能无乘间入国乎！其失二也。又曰：“杀敌者，怒也。”今武纵子胥、伯嚭鞭平王尸[⑤]，复一夫之私忿，以激怒敌，此司马戌、子西、子期所以必死仇吴也[⑥]。勾践不颓旧冢而吴服[⑦]，田单谲燕掘墓而齐奋[⑧]，知谋与武远矣。武不达此，其失三也。然始吴能以入郢，及因胥、嚭、唐、蔡之怒，及乘楚瓦之不仁[⑨]，武之功盖亦鲜耳。夫以武自为书，尚不能自用，以取败北[⑩]，况区区祖其故智余论者而能将乎？[⑪]

且吴起与武[⑫]，一体之人也[⑬]，皆著书言兵，世称之曰孙、吴。然而吴起之言兵也，轻法制，草略无所统纪[⑭]，不若武之书词约而意尽[⑮]，天下之兵说皆归其中。然吴起始用于鲁，破齐；及入魏，又能制秦兵；入楚，楚复霸。而武之所为反如是，书之不足信也固矣。

【注释】

①《九地》：《孙子兵法》中的一篇。这句话的意思是：向敌人施加足够的压力，那么他就无法与别人联合。

②包胥：即申包胥，又称王孙包胥，楚君蚡冒的后代。楚昭王十年（公元前506年），吴攻楚入郢后，他到秦求救，起初秦国不肯出兵，他就在秦国宫廷痛哭七日夜，终于感动秦王发兵救楚。

③《作战》：《孙子兵法》中的一篇。暴师：指军队在外，蒙受风霜雨露。钝兵挫锐：使士兵锐气受到挫折。屈力殚货：竭尽人力、物力。屈、殚：竭，尽。

④九年、十年：吴王阖闾的年号，分别指公元前506年和公元前505年。

⑤纵：放任，纵容。子胥：伍子胥（？—公元前484年），名员，楚太子太傅伍奢的儿子。楚平王听信谗言，要杀伍奢及他的两个儿子，伍子胥设法逃脱。吴王僚五年（公元前522年），伍子胥逃到吴国，投到公子光（即之后吴王阖闾）门下，协助公子光派勇士刺杀王僚，夺取王位，因功受宠得以辅佐国政。吴王夫差即位后，听信谗言，逼伍子胥自杀。伯嚭：楚人伯州犁的孙子，楚王杀伯州犁，伯嚭于阖闾元年逃亡到吴国，任大夫，吴王夫差即位后，以他为太宰。平王：即楚平王，公元前528—公元前516年在位。《史记·吴太伯世家》载吴兵攻入楚郢都后，“子婿、伯嚭鞭平王之尸，以报父仇”。

⑥司马戌：即沈尹戌，楚庄王曾孙叶公诸梁之父，又称左司马戌。子西：楚平王之长庶公子申。子期：楚昭王之兄公子结。三人竭力辅佐楚昭王赶走吴军，恢复楚国。

⑦不頮旧冢：指不毁吴王坟墓。頮：毁灭。史载越灭吴后，勾践“乃葬吴王而诛太宰嚭”。

⑧田单：战国时齐将，临淄（今山东淄博）人。燕将乐毅破齐时，他坚守即墨（今山东平度东南），用反间计诈称最怕燕人掘墓辱先人。燕将果真中其计，尽掘城外冢墓。齐人从城上望见，齐人“皆涕泣，俱欲出战，怒自十倍”（《史记·田单列传》）。后田单用火牛阵击败燕军，一举收复七十余城，被齐襄王任为相国，封安平君。谲(jué)：欺诈。

⑨楚瓦：楚国公子子贞之孙，名瓦，字子常，为楚国令尹，为人贪得无厌，致使楚国的附属国唐、蔡背楚归吴。

⑩败北：战败而逃。北：意思为打了败仗往回跑。

⑪区区：浅薄狭小的样子。祖：效法、模仿。故智余论：指孙武的军事思想。

⑫吴起：（？—公元前378年），春秋战国时卫国人，曾就学于孔子的弟子曾参。最初为鲁国将领，大破齐兵；后来到了魏国，帮助魏文侯打败秦国；到了楚国后，协助楚悼王南平百越，北并陈、蔡，楚国声势大震。楚悼王死后，吴起被反对他变法的人乱箭射死。

⑬一体之人：一类人。

⑭草略：粗率简略。统纪：统一的思想、谋划，即纲领准则。

⑮词约：言词简单明了。意尽：意思表达的清楚准确。

【译文】

如果依据孙武自己的书来责求他的过失，大概有如下三条：《九地篇》说：“向敌人施加足够的压力，就能使他不能同别国联合起来进行反击。”然而孙武却使秦国能够听到申包胥的苦苦哀求，出兵救援楚国，对吴国没有忌惧之心，说明吴军远没有对它施加强大的压力。这是孙武所犯的第一条过失。孙武在《作战篇》中说：“长久出兵在外，就会使军队疲惫，挫伤锐气，力量耗尽，物资枯竭，那样别国就会乘机起兵进攻你。”而孙武在吴王阖庐九年冬季开始攻打楚国，到十年秋季才返回，可以说是“长久出兵在外”了，越国人能不乘虚而入吗？这是孙武所犯的第二条过失。《作战篇》中又说：“战士奋勇杀敌，是由于愤怒。”孙武纵容伍子胥、伯嚭掘楚平王墓，鞭打他的尸体，发泄一两个人的私忿，却激怒了楚军；因此楚将司马戌、子西、子期等人才同仇敌忾，抱着誓死的决心来向吴国报仇。勾践攻占吴国后不去毁坏吴人的坟墓而使吴人臣服，田单欺诈燕军掘齐人祖墓而激起齐人奋发的斗争精神，他们的智谋远在孙武之上。孙武没有做到这一点，这是他的第三条过失。更何况吴军开始讨伐楚国时，能够很快就攻入郢都是靠着伍子胥和伯嚭等人的私愤、唐和蔡等国的背楚向吴以及楚国令尹子常的贪婪不仁，孙武本人的功绩恐怕微乎其微。孙武自己写的书，自己尚且不能在战场上熟练运用，从而遭到这样的失败，更何况那种只知道愚蠢地效法《孙子兵法》理论的将领呢？怎么可以让他们来领兵打仗呢？

吴起与孙武都是著书谈论兵法的一类人，世人将他们并称为“孙吴”。然而吴起书中谈论用兵时不注重法制，文字粗糙简略，没有统领全书的纲纪，不如孙武的书语言精练而意思详尽。因此，天下凡是谈论军事的学说都可在《孙子兵法》中找到本源。但是，吴起开始被鲁国任用，就大破齐军；后来到了魏国，又能战胜秦国军队；到了楚国后，使楚国再次称霸诸侯。孙武的所作所为反倒远不如吴起，可见原来我们非常崇拜的书上的理论也不能够完全信赖。

【精解】

吴国破楚之战

此篇中苏洵认为在理论上《孙子兵法》十三篇堪称“言兵之雄”，“兵家举以为师”；但“用兵”实践上，孙武却背离了自己的军事理论，并以吴、楚之战为例指出孙武作战的三大过失。

孙武到了吴国后被伍子胥引荐给吴王阖闾，通过斩姬练兵，取得了吴王的赏识。在伍子胥、孙武的治理下，吴国的内政和军事都大有起色。吴王极为倚重二人，把他们视为左臂右膀。公元前512年(吴王阖闾三年)，吴军攻克了楚的属国钟吾国(今江苏宿迁东北)、舒国(今安徽庐江县西)，吴王准备攻楚，孙武认为国力尚不充足，建议养精蓄锐。伍子胥则提出扰楚、疲楚的战略，建议把部队分为三军，每次用一军去袭击楚国的边境，“彼出则归，彼归则出”，以此来达到疲惫楚军、消耗楚国实力的目的。吴王阖闾采纳了这个意见，反复袭扰楚国达六年之久，使楚军疲于奔命，为大举攻楚创造了条件。而此时，楚国令尹子常为政，致使内政腐败，对外又欺凌小国，使楚国陷于孤立被动。公元前506年，子常因索贿得不到满足而拘留蔡、唐国君，蔡、唐两国对楚极其怨恨。孙武和伍子胥抓住有利时机，献联合唐、蔡以袭楚之计。蔡、唐虽是小国，但居于楚国的侧背，这就为吴军避开楚军正面，从其侧背进行战略迂回、攻击楚国腹心之地提供了有利条件。吴王遂命孙武与伍子胥为将大举攻楚，直捣郢都(今湖北江陵西北)。孙武等人协助阖闾制定了一条出乎楚国意料的进军路线，即是从淮河逆流西上，然后在河南潢川西北舍舟登陆，乘楚军北部边境守备薄弱的空隙，从著名的义阳三关（武阳关、九里关、平靖关）直插汉水。吴军按照这一进军路线，顺利到达汉水，进抵楚国腹地。楚军沿汉水组织防御，同吴军隔水对阵。由于楚军主帅令尹子常为了争功，擅自改变预定的夹击吴军的作战计划，单独率军渡过汉水进攻吴军，结果在柏举（今湖北汉川北）战败。吴军乘胜追击，五战五胜，占领了楚的国都郢。吴军进入郢都后，大肆抢掠。《淮南子》载：“阖闾伐楚，五战入郢，烧高府之粟，破九龙之钟，鞭荆平王之墓，舍昭王之宫。”《谷梁传 · 定公四年》亦载：“君居其君之寝，而妻其君之妻；大夫居其大夫之寝，而妻其大夫之妻。盖有欲妻楚王之母者。”可见，吴军进入郢都后为非作歹，给楚国人民带来了巨大的灾难。而伍子胥在郢都为了泄愤对已故楚平王“鞭尸”。此时，逃亡山中的楚国贤臣申包胥派人劝诫伍子胥，一方面表示了对伍子胥报仇行为的理解，但是

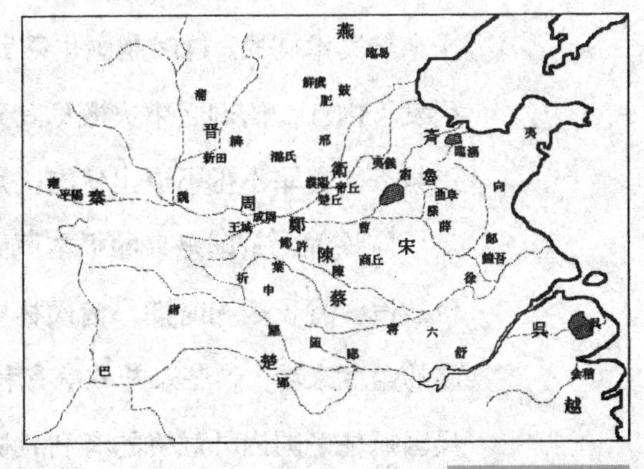

春秋图

对这种出于泄愤的过激行为表示不满，只能引起楚国人民更大的仇视，但是伍子胥却仍然一意孤行。

申包胥对伍子胥劝诫不成，决定求助于秦国以“兴楚”。当时只有秦国与晋国有实力帮助楚国击败吴国。而晋国与楚国长期争霸，吴国也是晋国为削弱楚国而扶植起来的；而楚昭王是秦国公主所生，也就是秦哀公的外孙，秦国与楚国有着紧密亲缘关系，而且在春秋时期因为与晋国的敌对关系楚国和秦国长期保持联盟关系，因此也就只有秦国有实力也有可能帮助楚国复兴。《左传》载：申包胥跋涉谷行，七日七夜，至于秦庭，于是“依于庭墙而哭，日夜不绝声，勺饮不入口七日”。申包胥的忠诚与坚毅终于打动了秦哀公，他惊叹道：“楚有贤臣如是，吴犹欲灭之。寡人无臣若斯者，其亡无日矣。”于是遣车五百乘救楚击吴，申包胥身先士卒与吴军交战。这时越国也乘吴国空虚从其后方袭击吴国，吴军连续遭遇失败，引发了内讧，阖闾之弟夫概见其兄久留楚国不归，于是乘机自立为吴王。在如此形势下，吴军不得不退出楚国，楚国成功复国。

应该说，楚国复兴的根本原因是吴军的侵略行为与暴行激起了楚国上下的同仇敌忾。春秋战国时期，诸侯林立，诸侯国之间的攻伐是很平常的事。从历史发展的角度来看，这些兼并战争有利于国家的统一，有利于长远的社会经济的发展。吴国抓住楚国内外危机的有利时机，一举攻下楚都，如果吴王能“攻其国，爱其民”的话，那就不会有楚国的死灰复燃。但遗憾的是吴王却以更残暴的方式对待楚国君民，最终落得个狼狈败归的局面。可见苏洵所论吴军失败的原因是比较中肯的，但是将之全归于“武之三失”却有不妥，也并非作者本意，更多的是行文的需要。在封建专制社会，一个国家的兴衰在很大程度上取决于君主的贤明与否。吴王阖闾退兵之后，又开始了伐越的战争，在一次战争中不幸受伤病逝。其子夫差继位后，在孙武、伍子胥的辅佐下终于大败越王勾践于夫椒（今江苏吴县西南太湖边），但是却不顾孙、伍的劝阻把越王放虎归山。之后随着吴国的强盛，夫差逐渐疏远了孙武和伍子胥，重用奸臣，最后竟逼死伍子胥。孙武深知“飞鸟尽，良弓藏；狡兔死，走狗烹”的道理，于是便悄然归隐，息影深山。

善将兵者，其心常若有余

【原典】

今夫外御一隶[①]，内治一妾[②]，是贱丈夫[③]亦能，夫岂必有人而教之？及夫御三军之众，阖营[④]而自固，或且有乱，然则是三军之众惑之也。故善将者，视三军之众与视一隶一妾无加焉[⑤]，故其心常若有余。夫以一人之心，当三军之众，而其中恢恢然[⑥]而犹有余地，此韩信之所以多多而益善[⑦]也。故夫用兵，岂有异术哉[⑧]？能勿视[⑨]其众而已矣。

【注释】

①御：驾驭、控制。隶：仆隶。

②妾：小妻。

③贱丈夫：才智平平的男人。

④阖营：关闭营门，不出战。阖：关闭、紧闭。

⑤无加：没有什么区别。

⑥恢恢然：绰绰有余的样子。恢恢：形容宽阔、自在的样子。

⑦多多而益善：犹言越多越好。《史记·淮阴侯列传》记载刘邦与韩信论诸将之能各有差，刘邦问韩信："如我能将几何？"韩信答道："陛下不过能将十万。"又问："于君何如？"答称："臣多多而益善耳。"

⑧异术：不同寻常的战略战术。

⑨视：放在心上。

【译文】

如果让一个人在外面指使一个男仆，在家里管理一个侍女，这是一个才智平平的人也能做到的，难道还一定要别人来教导吗？可是一旦让他率领三军这样众多的人马，不用打仗，只要让他关闭营门以求自固，恐怕有时还会发生骚乱，这是军队人马太多使他思想产生迷乱而摸不清头绪的缘故。因此善于治军的将帅，把三军人马看得与家里的男仆、侍女没什么两样，所以他指挥起来也就游刃有余。以一个人的心胸去统帅三军这样众多士兵还总是感到非常自在、犹有余力的，这就是韩信所说的用兵多多益善的原因。领兵打仗哪有什么特别的道术！只不过是能不为士兵人数众多所困惑罢了。

【精解】

修心治军，其心恢恢然而犹有余

苏洵在论“为将之道”时，把将领的个人修养和心理素质等主观因素提到了主导位置。在首篇《心术》一文中，作者即开门见山地提出：“为将之道，当先治心”，表明了他独特的军事思想。而在这一小节中，作者又一次强调了为将者的心理素养：“善将者，视三军之众与视一隶一妾无加焉，故其心常若有余”。

汉景帝三年（公元前154年），吴、楚等地诸侯王反叛朝廷。危急万分之际，汉景帝刘启脑中立即闪过父亲汉文帝临终前的嘱咐：“我死后，如果国家有什么紧急事故发生，你可派周亚夫统率汉兵，平定乱事。”朝廷正在用兵当口，汉景帝忙命汉初名将周勃的儿子周亚夫为代理太尉，掌握全国大军。周亚夫临行前，汉景帝再三嘱托：“如今七国叛乱，情况紧急，国家安危全望将军独挽狂澜！”周亚夫受命，统领36位将军率浩浩荡荡的汉兵，向东进攻吴、楚等七国。周亚夫察明形势后，亲自向汉景帝呈上一份紧急奏章：“吴、楚的军队轻装简从，行动极其神速，无法跟他们正面交战。希望陛下行欲擒故纵之计，暂时放弃保卫梁地，让叛军占领，然后断绝吴、楚的粮道，才能制服这股叛臣贼子。”汉景帝答应了这个作战战略方针。

周亚夫率兵云集荥阳，吴国叛军正猛攻梁国。梁国吃紧，屡屡向周亚夫求援。周亚夫置之不理，却偏偏亲率军队向东北进驻昌邑城，挖深城池，坚守不出。梁孝王急了，天天派人向周亚夫求救。每次周亚夫耐心地听完，便嘿嘿笑笑，却仍按兵不动。梁孝王恼了，直接上书汉景帝。他派人将一纸告急文书星夜送到京城，汉景帝仔细摊开展读："陛下，梁国危在旦夕，周太尉拒不救援！"汉景帝也有点着急："周爱卿太过分了，怎能见死不救呢？得马上派遣使者令太尉发兵救梁。"京城使者到达荥阳军营，宣读汉景帝诏书才毕，周亚夫凛然一声发话："将在外，君命有所不受。若不能铲除叛贼，周某一人承担罪责！"他仍固守壁垒，不出兵救梁，那宣读诏书的使者只好干瞪眼。几乎在同时，周亚夫却已派遣精干的轻骑兵，长驱直入，悄悄断绝了吴、楚军队的粮道。吴国军中缺粮，饥饿阴影笼罩，只好强忍着屡屡向汉军挑战，汉军却仍纹丝不动。有一天晚上，汉朝军队内为出兵不出兵的事吵闹不停，直至嚷嚷到周亚夫帐下。但是，帐内鼾声正浓，周亚夫连床也不起。周亚夫旷日持久的不应战，把吴国军队拖累了，他们急着要寻找突破口。吴王刘濞调兵遣将，围住了昌邑城。一天，叛军如蚁般袭击城的东南角。听完军情汇报，周亚夫笑道："刘濞，你瞒得了我？你在声东击西。你佯攻东南，实欲攻西北！"周亚夫调动汉营士兵悄悄加强西北角的防备。不久，吴国精锐部队果真猛攻西北角。周亚夫手下兵将刹时涌现在城头，矢石如雨而下，吴军哪里攻得进去！刘濞手下将士腹内空空，饥饿难当，士气一落千丈，刘濞只得引兵败走。周亚夫于是派遣精锐劲旅追击吴兵。吴王刘濞见势不妙，马上抛弃大队人马，只率数千壮士仓皇逃窜。他们一直逃到丹徒县，建筑工事，龟缩自保。汉兵乘胜追击，俘虏了他们。刘濞逃入越国，一个多月后被越国人斩下了脑袋。仅仅历时三个月，

周亚夫

(前199—前143年)，西汉时期的著名将军，沛县（今江苏沛县）人，汉初绛侯周勃的次子。曾三个月平定"七国之乱"，后死于狱中。

吴、楚等七国叛乱就被迅速平定。汉景帝对周亚夫刮目相看，朝廷文武百官更啧啧称赞周太尉神机妙算。

周亚夫作为将门之后完全继承了其父周勃的风范，自幼习读兵书，谙熟韬略，素以治军严谨、刚正不阿闻名于世。汉朝初期深受匈奴的威胁，周亚夫临危受命，屯兵细柳（今陕西咸阳西南），以“无日不战”的思想严整军备，连皇帝入营亦不得违军规。而在平叛“七国之乱”中，周亚夫统领三军，采取后发制人的策略，即先置梁国于不顾，疲敌困敌，断敌粮道，而后伺机破敌。周亚夫在整个治军、制敌的过程中始终表现得游刃有余。能够做到“以一人之心，当三军之众，而其中恢恢然而犹有余地”者，方为真将军也。

第七章 子贡

1. 信所以正其智，智所以通其信

【原典】

君子之道，智信难[1]。信者，所以正其智也[2]，而智常至于[3]不正。智者，所以通[4]其信也，而信常至于不通。是故，君子慎[5]之也。

【注释】

①智：智慧、应变能力。信：诚实守信。

②所以：所用来。正：纠正，端正。

③至于：到……地步。于：同“于”。

④通：通达，使……通顺。

⑤慎：谨慎对待。

【译文】

君子立身处世的原则中，机智和诚信是最难同时做到的。诚实守信是用来端正机智的，不使他走上邪路，但却常常发生把聪明才智用于歪门邪道的情况；聪明才智是用来通达诚信的，但一个人过于聪明，他就常常不能做到诚实守信了。所以，超出常人的君子对此应当非常谨慎。

【精解】

无信则不立，徒信而无智，信亦不能持

苏洵曰："君子之道，智信难""是故，君子慎之也"，这里苏洵同时强调了智与信的重要，警惕人们在面对智与信的抉择时要谨慎。古人云：人无信则不立，国无信则衰。可见诚信乃立人之本、立国之本，也是我们引以为豪的传统美德。但是徒信而无智，信亦不能持久。所以信之上要有智！春秋时期，著名的城濮之战中晋文公便很巧妙的做到信与智的双得，即实现了自己对楚成王先前的承诺，退避三舍；同时又巧设计谋，打击了来犯的敌方，保卫了自己。而战国时期，信陵君窃符救赵也做到了信与智兼得的事例。

魏安王二十年，秦昭王已经击破了赵国长平的军队，又进兵包围邯郸。魏公子信陵君的姐姐是赵惠文王弟弟平原君的夫人，多次送信给魏王和公子，向魏国求救。魏王派将军晋鄙率领十万部队援救赵国。秦王派使者警告魏王若敢出兵援救，一定调动军队先去攻打他。魏王恐惧，于是派人制止晋鄙，使军队留在邺城筑垒，名义上是援救赵国，实际上是观望双方的形势。平原君的使者车马相连的驶往魏国求援，并责备信陵君无信无义。信陵君自知终究不能说服魏王，决计不能失信于赵而独活，于是约请宾客，准备车骑百余辆，想带着宾客前往抗击秦军，与赵国共存亡。门客侯生却认为此去"譬若以肉投馁虎"，于是屏退众人说："我听说晋鄙的兵符常放在魏王的卧室里，而如姬最受魏王的宠幸，每天出入魏王的卧室，以她的条件能将这东西偷出来。我又听说公子有恩于她，如姬想为公子去死，在所不辞，只

是没有机会罢了。只要公子请求如姬相助，如姬必定允诺，那么就可以得到虎符，夺过晋鄙的军权，北边援救赵国，西边打退秦军，这是五霸的功勋！”公子听从了他的计策，请求如姬相助。如姬果然盗得晋鄙的兵符给了公子。公子启程时，侯生深知“将在外，主令有所不受”，于是请其友大力士朱亥与信陵君同行，并叮嘱晋鄙如果不听从，应击杀他夺取兵权。临别前侯生对信陵君说：“我应当跟随公子前往，但年老而不能同行。所以请让我计算公子的行期，在到达晋鄙军营的那一天，我将面朝北而自杀，以送公子。”信陵君到了晋鄙的军营，侯生果然面朝北方自杀了。

虎符

古代皇帝调兵遣将用的兵符，用青铜或者黄金做成伏虎形状的令牌，劈为两半，一半交给将帅，一半由皇帝保存，虎符合二为一方能调兵遣将。

信陵君到了邺城，假传魏王的命令取代晋鄙。晋鄙虽合上兵符，但仍疑心重重。朱亥见状，取出袖中铁锥，打死了晋鄙。信陵君于是掌管了晋鄙的军队，他下令说：“父子俱在军中，父归。兄弟俱在军中，兄归。独子无兄弟，归养（回去赡养父母）。”最后得精兵八万，进兵攻击秦军。秦兵解围而去，终于解救了邯郸，保全了赵国。赵王和平原君亲自到边境迎接公子，平原君背着箭筒和弓箭为公子作向导，赵王拜了又拜说：“自古贤人未有及公子者！”

魏王对公子盗走他的兵符，假传命令杀了晋鄙，很恼怒，公子自己也知道这一点。他击退秦军保全赵国之后，派将领统帅军队回到魏国，他自己却与门客留在赵国。赵孝成王感激公子假托君命夺取晋鄙军权从而保住了赵国这一义举，就与平原君商量，把五座城邑封赏给公子。公子听到这个消息后，于是露出了居功自满的神色。门客中有个人劝说公子道：“物有不可忘，或有不可不忘。人有德于公子，公子不可忘。公子有德于人，愿公子忘之。”信陵君听后，深感自责。赵国召开盛大欢迎宴会，赵王打扫了殿堂台阶，亲自到门口迎接贵客，并执行主人的礼节，领着信陵君走进殿堂的西边台阶。公子则侧着身子走一再推辞谦让，并主动从东边的台阶升堂。宴会上，公子称说自己有罪，对不起魏国，于赵国也无功劳可言。赵王陪着公子饮酒直到傍晚，因为公子总是在谦让自责，因此始终不好意思开口谈封献五座城邑的事。公子终于留在了赵国。赵王把鄗（hào）邑封赏给公子，这时魏王也把信陵邑又奉还给公子。公子仍留在赵国。由此可见，正因为信陵君之“信”、候生之“智”、朱亥之“勇”，才成全了信陵君的美名，有了“窃符救赵”这一流传千古的历史典故。

中国是个有悠久历史、拥有灿烂文化的文明古国，诚信一向是中国人引以为豪的美德。老子曰：“信不足焉，有不信焉。”意思是说：自己的诚信不足，才不会被信任。千百年来，人们讲求诚信，推崇诚信，诚信之风质朴淳厚。而仅有信，可能是不智的。人言当信，人无信不立，但是，如若没有了智，则信是难以坚持的。所以，人之信，也要有智来维护。

2. 徒智可以成，而不可继

【原典】

世之儒者曰：“徒智可以成也[①]。”人见乎[②]徒智之可以成也，则举而弃乎信。吾则曰：“徒智可以成也，而不可以继[③]也。”

【注释】

①徒：只，单单。可以：可以依靠、凭借。成：成功。

②乎：语助词，无意义。

③继：长久、持续。

【译文】

世俗的儒者们都说："只用聪明才智就可以成事。"他们一看到只依靠机智就可以取得成功，于是就全都抛弃信义。我却认为："虽然只用机智确实也能成功，但如果不讲诚信，机智用一次之后，就再也不能继续使用了。"

【精解】

立木为信与烽火戏诸侯的对比

《狼来了》是我们从小就熟知的寓言故事，文中的那个孩子每天都喊"狼来了"以寻求刺激、开心，自以为聪明，小诡计得逞，而当狼真的来时，他只有一个人独立去面对狼，他再怎么求救也无济于事。这就告诫我们，信是立人之本，致信方为大智慧！

公元前361年，秦孝公即位，此时的秦国，地处西方，在七雄中最弱小、最落后。秦孝公感到"诸侯卑秦，丑莫大焉"，立志要使秦国富国强兵。商鞅入秦后，向秦孝公提出了新的变法主张，得到秦孝公的赏识与支持。当时社会战争频繁、人心惶惶，商鞅意识到颁布的新法如果没有老百姓的信任和支持，贯彻执行起来势必困难重重。于是他为了树立威信，推进改革，下令在都城南门外立一根三丈长的木头，并当众许下诺言：谁能把这根木头搬到北门，赏金十两。围观的人不相信如此轻而易举的事能得到如此高的赏赐，结果没人肯出手一试。于是，商鞅将赏金提高到50金。重赏之下，必有勇夫，终于有人站起将木头扛到了北门。商鞅立即赏了他五十金。商鞅这一举动，在百姓心中树立起了威信，而他接下来的变法很快就在秦国推广开了。新的制度和规定，使秦国上下形成了崇尚耕战的风气，促进了封建经济的发展，加强了军队的战斗力，秦国很快成为国富民强的封建国家，实现了中国古代社会划时代的大变革，从此以后为统一六国奠定了坚实的基础。

"立木建信"成为商鞅变法的突破点，而在"立木为信"的地方，在早它400年以前，却曾发生过一场令人啼笑皆非的"烽火戏诸侯"的闹剧。

公元前781年周幽王继位。当时连年天灾，致使百姓饥寒交迫、四处流亡，社会动荡不安，国力衰竭。而周幽王不思挽救周朝于危亡，奋发图强，反而重用佞臣虢石父，盘剥百姓。这时，有个大臣名褒珦，劝谏幽王，周幽王非但不听，反而把褒珦关押起来。褒响在监狱里被关了三年。褒国族人千方百计要把褒珦救出来。他们听说周幽王好美色，正下令广征天下美女入宫，于是就借此机会寻访美女献于周幽王替褒珦赎罪，这个美女就是褒姒。幽王见了褒姒，惊为天人，非常喜爱，马上立她为妃，同时也把褒珦释放了。《东周列国志》中有这样一段话来形容褒姒："目秀眉清，唇红齿白，发挽乌云，指排削玉，有如花如月之容，倾国倾城之貌。"褒妃虽然很美，但是从未开颜一笑。幽王为了博得褒姒的开心一笑，不惜想尽一切办法，可是褒姒终日不笑。为此，幽王竟然悬赏求计，谁能引得褒姒一笑，赏金千两。这时佞臣虢石父，替周幽王想了一个主意，提议用烽火戏诸侯博美人一笑。昏庸的周幽王采纳了虢石父的建议，马上带着褒姒，由虢石父陪同登上了骊山烽火台，命令守兵点燃烽火。一时间，狼烟四起，烽火冲天，各地诸侯一见警报，以为犬戎打过来了，果然带领本部兵马急速赶来救驾。到了骊山脚下，连一个犬戎兵的影儿也没有，只听到山上一阵阵奏乐和唱歌的声音，一看是周幽王和褒姒高坐台上饮酒作乐。周幽王派人告诉他们说，辛苦了大家，这儿没什么事，不过是大王和王妃放烟火取乐，诸侯们始知被戏弄，怀怨而回。褒姒见千军万马召之即来，挥之即去，如同儿戏一般，觉得十分好玩，禁不住嫣然一笑。周幽王大喜，立刻赏虢石父千金。但事隔不久，西戎果真来犯，虽然点起了烽火，但各诸侯以为周幽王又是故伎重演，一路援兵也未赶到。结果都城被西戎攻下，周幽王也被杀死了，从此西周灭亡了。

烽火戏诸侯

一个“立木取信”，一诺千金；一个帝王无信，戏玩“狼来了”的游戏。结果前者变法成功，国强势壮；后者自取其辱，身死国亡。可见，“信”对一个国家的兴衰存亡都起着非常重要的作用。西方有位哲人曾经说过：这个世界上只有两样东西能引起人内心深深的震动：一个是我们头顶上灿烂的星空，一个就是我们心中崇高的道德准则——诚信。

3. 一时之功，不可为继

【原典】

子贡之以乱齐、灭吴、存鲁也，吾悲之①。彼子贡者，游说②之士，苟以邀一时之功③，而不以可继为事④，故不见其祸。使夫王公大人而计出于此⑤，则吾未见其不旋踵⑥而败也。吾闻之：王者之兵⑦，计万世而动；霸者之兵⑧，计子孙而举；强国之兵，计终身而发⑨，求可继也。子贡之兵，是明日不可用也。

故子贡之出也，吾以为鲁可存也，而齐可无乱，吴可无灭。何也？田常之将篡也，惮高、国、鲍、晏，故使移兵伐鲁⑩。为赐计者⑪，莫若抵高、国、鲍、晏吊之⑫，彼必愕而问焉，则对曰：“田常遣子之兵伐鲁，吾窃哀子之将亡也⑬。”彼必诘其故，则对曰：“齐之有田氏，犹人之养虎也。子之于齐，犹肘股之于身也。田氏之欲肉齐⑭久矣，然未敢逞志⑮者，惧肘股之捍⑯也。今子出伐鲁，肘股去矣，田氏孰惧⑰哉？吾见身将磔⑱裂，而肘股随之，所以吊也。”彼必惧而咨⑲计于我，因教之曰：“子悉甲趋鲁，压境而止⑳。吾

请为子潜约鲁侯，以待田氏之变，帅其兵从子入讨之。”彼惧田氏之祸，其势不得不听；归以约鲁侯，鲁侯惧齐伐，其势亦不得不听。因使练兵搜乘以俟齐衅[21]，诛乱臣[22]而定新主，齐必德[23]鲁，数世之利也。吾观仲尼以为齐人不与田常者半[24]，故请哀公讨之。今诚以鲁之众，从高、国、鲍、晏之师，加齐之半，可以轘[25]田常于都市，其势甚便，其成功甚大。惜乎！赐之不出于此也。

齐哀王举兵诛吕氏[26]，吕氏以灌婴为将拒之[27]。至荥阳[28]，婴使使谕齐及诸侯连和，以待吕氏变，共诛之[29]。今田氏之势，何以异此？有鲁以为齐，有高、国、鲍、晏以为灌婴。惜乎！赐之不出于此也！

【注释】

①子贡：姓端木，名赐，字子贡，春秋卫国人，孔子弟子。他能言善辩，善于经商，家累千金，富比王侯。曾在鲁国、卫国任相。据《史记·仲尼弟子列传》子贡有“乱齐、灭吴、存鲁”之说。齐国大臣田常为从高、国、鲍、晏四大家族手中夺取权力，遂派他们带兵伐鲁以坐收渔翁之利。孔子为鲁人，不愿看到自己的国家灭亡，就要求子贡游说齐国，希望齐停止伐鲁，改为伐吴。田常认为伐吴师出无名，于是子贡就暗中鼓动吴王夫差伐齐，然后又到了越国与晋国献削弱吴国的计策。公元前484年，吴王在子贡的游说下，为称霸中原带兵北上，打败了齐兵，后来又与晋国争锋而败。这时，越王勾践乘势伐吴，最终灭掉了吴国。最初，夫差援鲁伐齐时，伍子胥认为越国才是吴的心腹大患，劝吴王先灭越再伐齐，但夫差不听，最终被越国所灭。悲：以……为可悲。

②说（shuì）：劝说，即用话语打动别人，使之听从自己的意见。

③苟：苟且，得过且过。邀：求得、获得。

④为事：当回事，把……放在心上。

⑤使：假如。王公大人：代指王公贵族及掌权的官僚阶级。

⑥旋踵：移动一下后脚跟，转足之间。形容非常迅速。旋：转、移动。踵：后脚跟。

⑦王者之兵：即“仁义之兵”。古代人认为“王”以天下为己任，专行仁义之事。所以他的军队也就是“仁义之兵”、“扶义之师”，常常有征无战，也就是《权书·叙》中的“无术而自胜”。

⑧霸者之兵：不顾及道义，恃强凌弱，单凭武力解决问题的军队。

⑨计终身而发：为了终生之计而采取行动。

⑩田常：本名田恒，谥号成子。汉代人因避汉文帝刘恒讳，改为田常。他的祖先本来是陈国公子完，因陈国发生内乱公子完逃到了齐国，改为田氏。田常任齐相期间，以大斗贷出、小斗收债的方法收买人心。公元前484年，田常为进一步夺取齐之大权，削弱高、国、鲍、晏四大家族的势力，遂发动了对鲁、吴两国的战争，结果都以失败告终。公元前481年，田常杀了齐简公，立平公，独掌大权，为田氏最后夺取齐国（即“田氏代齐”）奠定了基础。高：即高昭子，名张，齐景公之相。国：即国惠子，名夏，齐景公之相。鲍：即鲍牧，齐国大夫。晏：即晏围，晏婴之子，齐国大夫。

⑪为赐计者：替子贡打算的话。赐：子贡名。

⑫抵：到达。吊：哀吊，悼念。

⑬窃：自称的谦词。子：对别人的敬称。

⑭欲肉齐：因喻田氏为虎，所以说田氏欲篡夺齐政权犹如虎食肉似的想把齐吞掉。肉：用作动词，以……为肉。

⑮逞志：放开胆子，随心所欲。

⑯肘：上下臂相接、可以弯曲的部分。股：大腿。肘股：比喻辅佐君主的得力大臣。捍：保卫。

⑰孰惧：即惧孰，害怕谁。孰：谁。

⑱磔（zhé）裂：肢体分裂。磔：古代一种分解肢体的酷刑。

⑲咨：商议、请教。

⑳悉：全部。甲：指披甲的士兵。趋：奔向。压境：逼近边境。

㉑搜：检阅。乘（shèng）：古代把四马拉的车叫乘，借指军队。搜乘：即检阅军队。俟：等待。衅：缝隙，破绽，这里是时机的意思。

㉒乱臣：指田常。

㉓德：感恩戴德。

㉔仲尼：即孔子（公元前551—公元前479年），名丘，字仲尼，鲁国（今山东曲阜东南）人，春秋末期思想家、政治家、教育家、儒家的创始人。《左传·哀公十四年》载，齐陈恒（即田常）弑其君简公，孔丘三日斋而请鲁哀公伐齐，并说："陈恒弑其君，民之不与者半。以鲁之众，加齐之半，可克也。"与：追随。

㉕轘：车裂人的酷刑。

㉖齐哀王：汉高祖刘邦之孙，齐悼惠王刘肥之子，名襄。诛吕氏：刘邦死后，其子刘盈继立，即汉惠帝，惠帝仁弱，其母吕后专权。公元前188年惠帝死，吕后临朝称制，立诸吕为王，吕氏权倾天下。前180年，吕后死，赵王吕禄为上将军，吕王产为相国，"聚兵以威大臣"。于是齐哀王举兵伐吕氏。

㉗灌婴：（？—公元前176年），睢阳（今河南商丘南）人。初以贩卖丝绸为业，后随刘邦征战天下。汉初，任车骑将军，封颖阴侯。后与陈平、周勃共同平定吕氏的叛乱，迎立文帝，任太尉，不久又任丞相。

㉘荥（xíng）阳：汉时县名，属河南郡，在今河南荥阳县西。

㉙使使：派遣使者，第一个"使"为动词，即命令、派遣；第二个"使"为名词，即使者。谕：通报、使告诉。《史记·吕太后本纪》作："（灌婴）乃留屯荥阳，使使谕齐王及诸侯，与连和，以待吕氏变，共诛之。"

【译文】

春秋末年，子贡凭借机智使齐国生乱、吴国灭亡、鲁国保全，我对他这种做

法感到可悲。子贡不过是游说之士罢了，急功近利，只是贪图眼前之利，而不考虑这件事将来会怎样，所以他想不到这种做法将带来的灾祸。假使那些王公贵族们也这样做的话，那么他们马上就会失败。我曾听说：“称王天下的人，只有在考虑到万代的利害时他的军队才会采取行动；称霸天下的人，只有在考虑到子孙的利害时他的军队才会采取行动；强国的君主，只有在考虑到自己终身的利害时他的军队才会采取行动。”这几种方式的军事行动之所以如此谨慎，就是为长远谋划。而像子贡那样用兵，用一次之后就再也不能够使用了。

子贡的那次出使，我认为有一个办法既可达到保存鲁的目的，又可以使齐国不发生内乱，也可以避免吴国灭亡的厄运。为什么呢？因为当时田常正准备篡夺齐国政权，而又慑于高氏、国氏、鲍氏、晏氏四大家族的强大势力，所以派他们带领各自的军队去讨伐鲁国。子贡这时不如到高氏、国氏、鲍氏、晏氏那里去故意表示哀悼。他们一定会感到惊讶并问其中缘由。子贡就可以这样回答说：“田常派你们的军队去攻打鲁国，我看到你们快灭亡了，所以来表示哀悼。”他们肯定还会继续追问原因。那子贡就可以回答说：“齐国以田氏为臣，就像有人在自己家里养只恶虎一般。而你们对于齐国，就好像人的四肢一样重要。田氏想要吞掉齐国的野心由来已久了，之所以一直不敢付诸实施，正是因为惧怕遭到你们强有力的反抗。现在你们去攻打鲁国，齐国就像是失去了四肢，田氏还有什么可惧怕的呢？我看到一个人的身体将要被割裂，而他的四肢却无动于衷，所以我才来表示哀悼。”他们听了一定会感到惊惧并且询问对付的计策。这时子贡便可以乘机给他们谋划一下：“你们可以把军队全部开向鲁国，但到齐鲁边境后就停止前进。然后我秘密地替你们与鲁侯联络，约定共同等待机会，等到田氏在国内发动叛变时，就让鲁国军队与你们合兵一处，共赴齐国讨伐田氏。”站在齐国立场上来考虑，这四人惧怕田氏加害他们，势必不能不听从子贡的安排。然后子贡再返回鲁国和鲁君商定协约。鲁君因为害怕齐军的攻伐，势必也不能不接受子贡的建议。鲁侯既做出决定，就立即开始训练士兵、检阅车马，等到齐国发生内乱，便派军队去诛杀乱臣，另立新主。这样齐国一定会感激鲁国的恩德，鲁国以后几代人都可以由此获得好处。孔子曾认为齐国人中有一半是不会追随田常的，所以他请求鲁哀公讨伐齐国。如果子贡真的做到上述这些的话，以鲁国军队联合高氏、国氏、鲍氏、晏氏的军队，再加上齐国反对田常篡权的那一半人来共同讨伐，就可以攻入齐国的国都，俘虏田氏，将他在街市上车裂处死。在当时的形势下，这是很容易办到的而且可以成就很大的功绩。只可惜子贡没有采用这种策略。

西汉时，齐哀王发兵讨伐吕氏，吕氏命令灌婴率军前去抵抗。灌婴到了荥阳，立即派使者去说服齐哀王和其他诸侯联合起来，等待吕氏发动叛变，然后共同讨灭吕氏。田常所处的形势和吕氏没有什么不同，当时的鲁国好比汉朝时的齐国，当时的高氏、国氏、鲍氏、晏氏则好比灌婴等人。只可惜子贡并没有采取这样的策略！

【精解】

风物长宜放眼量

子贡，姓端木，名赐，春秋末卫国人，孔子著名弟子之一。长期随侍孔子，能言善辩，长于社交，被孔子誉为“瑚琏”之器（宗庙之贵器），曾仕卫、鲁。当时齐国田常（即田成子，名恒，一作常）欲篡齐，国内大臣阻挠，故移兵欲以伐鲁。子贡于是游说齐、吴、越、晋等国，利用矛盾，使之互为牵制。因此，有了“子贡出，存鲁、乱齐、破吴、强晋而霸越”之说（《史记·仲尼子列传》）。本篇苏洵对此独持异议，认为子贡不过“游说之士”，“苟以邀一时之功”而已。作者从“凡兵尚义”观点出发，批评任智弃信的作为，并提出与子贡截然不同的策略。我们姑不论其评议是否允当，但苏洵主张鄙弃一时之功、当谋数世之利的思想就值得我们学习称赏。

古代宋国有一个急性子的农夫。他总是盼着禾苗长高，每天都去丈量。可是一天天过去了，他总感到禾苗好像一点儿也未见长，心中十分着急。有一天他脑子突然终于冒出一个想法。于是兴奋的跑步到田地里，头顶着炎炎的烈日把禾苗一棵一棵地往上拔高，整整忙了一天，累得精疲力竭。他看着高出一大截的禾苗得意地笑了，以为这个办法非常高明。他拖着疲惫的双腿回了家。第二日，他再去田里时，结果让他目瞪口呆，田里的禾苗全都枯萎死了。这个寓言告诫我们，无论做什么事情都应当认清事物的规律，循序渐进，把眼光放远，切勿只顾眼前；如果不顾事物的规律，仅凭自己的愿望做事，急于求成，反倒会把事情办糟。汉初，刘邦白登山受困正是他急功近利的结果，也正是此次受挫的教训，他在以后才采取了对匈奴和亲拉拢，对内则崇尚黄老之术、休养生息的政策。

自从在秦始皇统治时期打败匈奴以后，中国北方平静了十几年。到秦灭亡之后，中原发生了楚汉相争，匈奴就趁机一步一步向南进犯。汉朝刚刚建立的时候，匈奴的冒顿单于带领了四十万人马包围了韩王信的封地马邑（今山西朔县）。韩王信抵挡不了，投降了匈奴。冒顿占领了马邑，又继续向南进攻，围住晋阳。为了巩固刚刚建立起来的汉王朝，公元前200年冬，汉高祖刘邦亲率32万大军出征匈奴，同时镇压韩王信的叛乱。汉军进入太原郡后，韩王信军队无力抵抗，连连惨败，韩王信逃奔匈奴。但其部下曼丘臣、王黄等拥立战国时赵国后代赵利为王，聚集韩王信的残兵败将，再次与匈奴合谋攻汉。冒顿单于派左、右贤王各带兵一万多骑兵与王黄等屯兵广武（山西省代县西南阳明堡镇）以南至晋阳一带，企图阻挡汉军北进。汉军士气正盛，乘胜追击，两次击败韩王信与匈奴的联军。之后，匈奴再次在楼烦西北集结兵力，结果又被汉朝骑兵部队击溃。汉军节节胜利，使刘邦产生了麻痹轻敌的思想。

刘邦到达晋阳后，听说匈奴驻兵于代谷（今山西省繁峙县至原平市一代），即派十余批使臣出使匈奴，匈奴故意将精锐部队隐藏，将老弱病残列于阵前。派去的十余批使臣回来都说匈奴可以攻击。刘邦派刘敬（娄敬）再去出使匈奴，他回来报告说："两国作战，都是各自显露所长。而臣去却只见羸瘠、老弱，匈奴这样有意暴露自己的弱点，一定有伏兵。"因此，刘敬劝阻刘邦不可贸然与匈奴交战。但刘邦不听劝告，大骂刘敬为"齐虏"，并将他囚禁在广武城，准备凯旋后进行处罚。之后，刘邦率骑兵先到达平城（今山西省陵川县以北），此时汉军步兵还未完全赶到。冒顿单于见汉兵蜂拥赶来，在白登山设下埋伏。刘邦带领兵马一进入包围圈，冒顿单于马上指挥40万匈奴大军截住汉军步兵，将刘邦的兵马围困在白登山，使汉军内无粮草、外无援兵，不能相救。刘邦发现被包围后组织突围，经过几次激烈战斗也没有突围出去。而冒顿率领骑兵从四面进行围攻，企图将汉军冲散，结果也未成功，双方损失很大。就这样匈奴围困了汉军七天七夜，也没有占领白登，双方一直相持不下。当时正值隆冬季节，气候严寒，汉军士兵不习惯北方生活，冻伤了很多人，甚至很多士兵被冻掉了手指。刘邦心想如此相持下去，久困必乏，不战自溃，无奈采用陈平之计，派使者带着黄金、珠宝贿赂匈奴阏氏（皇后）。当晚阏氏对冒顿单于说："我们占领了汉朝地方，没法长期住下来。再说汉朝皇帝也有人会来救他。不如早点撤兵。"此时，恰恰王黄和赵利未按与冒顿单于相约的日期会师。冒顿单于开始怀疑他们同汉军有勾结，于是就采纳了阏氏的建议，打开包围圈的一角，让汉军撤出。当天正值天气出现大雾，汉军乘机撤离。回国后刘邦尽斩先前言匈奴可击的十几名使臣，并赦免刘敬，封为关内侯，食禄两千户，号为建信侯。

西汉时期铠甲

以后，匈奴一直侵犯汉朝北方，汉高祖为此大伤脑筋，欲反击匈奴，但连年征战，国困民乏，已无力抗击匈奴，而且有了"白登之围"的教训。因此，他听从了刘敬的意见，与匈奴和亲。这样就暂时解除了北方边境之忧，为国内的休养生息赢得了宝贵的时间。后经"文景之治"，到汉武帝时期，国力强盛，于是组织了几次对匈奴的反击战，最终解除了匈奴对大汉边境的忧患。

因此，万事切不可急功近利，而应从长远的利益出发，审时度势后再采取行动，正如苏洵所谓"王者之兵，计万世而动；霸者之兵，计子孙而举；强国之兵，计终身而发，求可继也。"

第八章 六国

1. 六国破灭，弊在赂秦

【原典】

六国破灭[①]，非兵不利[②]，战不善[③]，弊在赂秦[④]。赂秦而力亏[⑤]，破灭之道[⑥]也。

【注释】

①六国：指战国时与秦国并立的齐、楚、燕、韩、赵、魏六国。六国加秦，称战国七雄。春秋末战国初，各国为了顺应历史的潮流，纷纷实行不同程度的改革，但由于秦的商鞅变法最为彻底，因此秦由先前一个地处偏僻的弱国逐渐壮大起来，对其他国家造成威胁。到了战国末年，这种形势更为明显，公元前246年，秦始皇继位，公元前237年亲自执政，遂开始了大规模的统一天下的行动。公元前230年，秦灭韩。公元前229年，破燕。次年，秦决黄河水灌魏之大梁，灭魏。公元前223年，王翦伐楚，掳楚王。次年，秦灭齐，统一天下。破灭：被击破、消灭。

②兵不利：兵不精良。兵：武器、战士等与军事或战争有关事物的统称。

③战不善：不善于用兵作战。

④赂秦：指当时六国因怕灭亡而各自为计，纷纷用割地等办法讨好秦国。赂：贿赂，奉送财物。

⑤力亏：实力受到损害。亏：缺损，损害。

⑥道：原因。

【译文】

六国的灭亡，不是因为兵不精将不足，也不是因为不善于打仗，而是因为他们采取了以土地来贿赂秦国的方针。这种以地贿赂秦国的方法，使六国实力逐渐削弱，这才是他们亡国的根本原因。

【精解】

苟且偷安，破灭之道

战国时期，七雄并争，秦灭六国而一统天下。六国之亡的根本原因何在？这一深刻的历史教训引人深思。苏洵在本篇中开门见山地指出："赂秦"实为六国"破灭之道"。在作者所处的北宋时代，统治者面对辽和西夏的威胁屡屡退让，苟且偷安。苏洵也正是针对这样的现实，借古讽今。以辽为例，就大势而言，澶渊之盟后岁币绢银合计三十万匹两，仁宗时增加到五十万匹两，每年定期缴纳。而金崛起之后，宋金和战次数更多，"赂金"有增无减。

公元1004年，辽朝萧太后、辽圣宗亲自率领二十万大军南下，前锋已经到了澶州（今河南濮阳）。告急文书像雪片一样飞到宋朝廷。寇准劝宋真宗带兵亲征；副宰相王钦若和另一个大臣陈尧叟各怀私心，暗地劝宋真宗逃跑。王钦若是江南人，主张迁都金陵，陈尧叟是蜀人，劝宋真宗逃到成都。宋真宗听了这些意见，犹豫不决，最后召见新任宰相寇准。宋真宗听了寇准一番话，决定亲自率兵出征，由寇准随同指挥。这时辽军已经三面围住了澶州。宋军在要害的地方设下弩箭。辽军主将萧达兰带了几个骑兵视察地形，正好进入宋军伏弩阵地，弩箭齐发，萧达兰中箭丧了命。萧太后痛失主将，又听说宋真宗亲自率兵抵抗，辽军士气大减。澶州城横跨黄河两岸。在寇准、高琼等文武大臣的护卫下，宋真宗渡过黄河，到了澶州北城。此时，各路宋军已经集中到澶州，将士们看到宋真宗的黄龙大旗士气高涨，欢声雷动。萧太后见此情景，于是有心议和，便派使者到了宋朝行营和谈，要宋朝割让土地。宋真宗听到辽朝肯议和，正合他的心意便找寇准商量说："割让土地是不行的。如果辽人要点金银财帛，我看可以答应他们。"寇准根本反对议和，说："他们要和就要他们归还燕云失地，哪能再给他们钱财。"但是，宋真宗不顾寇准的反对，一心要和，派使者曹利用到辽营谈判议和条件。曹利用临走的时候，宋真宗叮嘱他说："如果他们要赔款，迫不得已，就是每年一百万也答应算了。"寇准在旁边听得痛心，可又无法说服皇帝。曹利用离开行营，寇准紧随其后。一出门寇准一把抓住曹利用的手说："赔款数目不能超过三十万；否则回来后我要你的脑袋！"曹利用知道寇准的厉害，到了辽营，经过一番讨价还价最后定下来，宋朝每年给辽朝银绢三十万。曹利回来详细汇报。当宋真宗听到辽国答应的银绢数目是三十万的时候，兴奋不已，直称赞曹利用办事能干。随后宋真宗听信近臣的谗言，罢免了寇准。紧接着宋、辽双方正式达成和议，宋朝每年给辽朝绢二十万匹，银十万两。这次议和就是历史上有名的"澶渊之盟"。后来到了公元1045年，辽国要求宋朝增加岁币。宋辽两国重新商定了岁币，宋国每年要给辽国绢三十万匹，银二十万两。这笔巨额赔款，长期成为北宋人民额外的沉重负担。

辽国的土地面积当时超过宋朝，是个大国；而与党项人建立的西夏相比只是个弹丸小国。但就对宋朝的危害而言，西夏绝对超过辽国。早在党项人建国之前，就不停地骚扰宋朝边境。宋真宗不但没有派兵征讨，反而每年都用赏赐大批的银绢的办法来安抚党项人。党项人反复无常，每每在国力衰弱时接受宋朝"赏赐"，而在国力强盛的时候会悍然入侵宋国，以取得更大收获。公元1034年，党项人首领李元昊叛乱，正式建立西夏国并率军大举侵宋。宋军连连失利，最后范仲淹和狄青领军挽回了颓势。公元1044年，李元昊见势不妙，重新归顺宋朝，宋朝与西夏商定由宋朝每年给西夏银绢25万5千，并同意西夏占有前已占领的宋朝领土。

公元1120年，辽国已渐渐衰弱。有人向宋徽宗提议，乘辽朝衰败之机收复北方燕云失地。于是宋徽宗派人从山东渡海会见金太祖，表示愿意夹攻辽朝。双方约定灭掉辽朝之后，北宋收回后晋时期割让给辽朝的燕云十六州失地，而将每年送给辽朝的银、绢如数转送给金朝，史称“海上之盟”。但是，后来宋军在对辽军作战中失利，金军乘机一举拿下了燕京，不肯还给北宋。宋朝再次妥协，以燕京每年租税的一百万贯钱献给金朝为条件，才赎回了燕京。这样一来，金朝看穿了北宋王朝的软弱无能。公元1125年，金太祖的弟弟金太宗完颜晟灭辽，紧接着就发兵南下侵宋。公元1127年，靖康事变发生，北宋灭亡。公元1139年，金国由于人口太少，无力占据更大地盘，遂与南宋重新议和，两国东面以淮河，西面以大散关为界，宋朝向金国称臣，宋朝每年给金国的岁币为银25万两，绢25万匹。公元1206年，宰相韩侂胄发动了南宋历史上最后一次北伐，但由于准备不足连连失利。两年后，南宋杀掉韩侂胄向金国求和，此后南宋每年给金国的岁币增加到银30万两，绢30万匹。

《契丹人引马图》为内蒙古昭乌达盟白塔子辽墓壁画。画面上的契丹人身穿圆领窄袖长袍，束腰带，腰间配一把精致的腰刀。脚穿黑色长筒高靴，这是典型的契丹人形象和装束。

苏洵的这篇史论，并非就事论事，而是借题发挥、借古讽今。从历史上看，六国灭亡的根本原因并不是“赂秦”，六国的失败主要是因为政治上保守，因循守旧，不重视改革，不能坚持“合纵”政策，另一方面，秦国自商鞅变法后国力大增，具备了统一中国的实力；加上战国长期的战乱，民不聊生，由分裂到统一符合人们的愿望。秦国统一中国，是历史发展的必然趋势。苏洵这篇史论的目的不在于总结六国灭亡的教训，而在于警告宋朝统治者勿蹈六国灭亡的覆辙；不要用贿赂的方法对待契丹和西夏，而要用武力积极抵抗。正如明代何仲默所说：“老泉论六国赂秦，其实借论宋赂契丹之事。而卒以此亡，可谓深谋先见之识矣。”

积极抵抗，才能御外侮

【原典】

或曰：“六国互丧，率赂秦耶[①]？”曰：“不赂者以[②]赂者丧。盖[③]失强援，不能独完[④]，故曰弊在赂秦也。”秦以攻取之外，小则获邑[⑤]，大则得城。较秦之所得，与战胜而得者，其实百倍[⑥]。诸侯之所亡，与战败而亡者，其实亦百倍。则秦之所大欲[⑦]，诸侯之所大患，固不在战矣。思厥先祖父[⑧]，暴[⑨]霜露、斩荆棘，以有尺寸之地。子孙视之不甚惜，举以予[⑩]人，如弃草芥，今日割五城，明日割十城，然后得一夕安寝。起视四境，而秦兵又至矣。然则诸侯之地有限，暴秦之欲无厌[⑪]；奉之弥[⑫]繁，侵之愈急，故不战而强弱胜负已判矣。至于颠覆[⑬]，理固宜然。古人云：“以地事秦，犹抱薪救火，薪不尽，火不灭[⑭]。”此言得之[⑮]。

齐人未尝赂秦，终继五国迁灭，何哉？与嬴而不助五国也[⑯]。五国既丧[⑰]，齐亦不免矣。燕、赵之君，始有远略，能守其土，义不赂秦。是故，燕虽小国而后亡，斯用兵之效也。至丹以荆卿为计[⑱]，始速祸焉。赵尝五战于秦，二败而三胜[⑲]。后秦击赵者再，李牧连却之[⑳]。洎牧以谗诛[㉑]，邯郸为郡[㉒]。惜其用武而不终也。且燕、赵处秦革灭殆尽之际[23]，可谓智力孤危，战败而亡，诚不得已。向使三国[24]各爱其地，齐人勿附于秦，刺客不行，良将犹在，则胜负之数，存亡之理，当与秦相较，或未易量。

呜呼！以赂秦之地封天下之谋臣，以事秦之心礼天下之奇才，并力西向，则吾恐秦人食之不得下咽也[25]。悲夫！有如此之势，而为秦人积威之所劫[26]，日削月割，以趋于亡。为国者[27]无使为积威之所劫哉！

夫六国与秦皆诸侯，其势弱于秦，而犹有可以不赂而胜之之势。苟以天下之大[28]，下而从六国破亡之故事[29]，是又在六国下矣。

【注释】

①互丧：相继灭亡。率：一律，一概。

②以：因为。

③盖：发语词，无意义。

④独完：独自完整的存在。

⑤邑：城池，小城。

⑥其实：它的实际结果。百倍：形容相差很多。

⑦大欲：最想要的。

⑧厥：他的。先祖父：泛指祖先。

⑨暴：暴露、显露。

⑩予：给予。

⑪厌：满足、知足。

⑫弥：越、更加。

⑬至于：最后等到。颠覆：指国家灭亡。

⑭“古人云”句：据《史记》，这句话为苏代对魏王所说，《战国策》认为是孙臣对魏王所说。薪（xīn）：柴火。

⑮得之：得到了真理，也就是非常正确。

⑯与嬴而不助五国也：秦为了拆散关东六国之间的联系，采取了远交近攻的策略。秦以重金收买齐相后胜和一些重臣。于是他们异口同声地劝齐王与秦国交好，也不必加强武备，更不要帮助其它他国抵抗秦国。待秦灭五国后，发兵攻打齐，齐人由于一直没有斗志，无人起来反抗，于是齐灭，天下一统于秦。嬴：秦人的祖先伯翳（yì），帮助舜训练鸟兽，舜赐姓嬴氏。

⑰既丧：随即灭亡。

⑱丹：指燕太子丹（？—公元前226年），战国末年燕王喜太子，曾在秦为人质，后逃回燕国。公元前227年，他派荆轲、秦舞阳刺秦未遂。秦王怒，发兵攻燕。燕王为取悦于秦，斩杀了太子丹。荆卿：即荆轲（？—公元前227年）。祖先为齐人，后到卫，称庆卿，卫亡后，又迁至燕，与燕太子丹交好。燕太子丹试图以刺杀秦王来解除秦对燕的威胁，遂派荆轲等以樊于期人头与燕督亢地区地图入秦，在易水河畔分手时，慷慨而歌：“风萧萧兮易水寒，壮士一去兮不复还！”但由于燕太子丹的催促而准备不充分，行刺未成，荆轲被秦王所杀。见《战国策·燕策三》和《史记·刺客列传》。

⑲五战：概言之辞，并非实指。《战国策·燕策一》所记苏秦北说燕文侯：“秦、赵五战，秦再胜而赵三胜。”《史记·苏秦列传》亦载此语。实则秦、赵不止五战，赵也不止二败。

⑳李牧：（？—公元前229年），赵国大将，曾为赵防守北疆，匈奴不敢犯，后又屡次打败秦军。《史记·赵世家》记载：赵王迁三年（公元前233年），李牧率军反攻秦，在肥（今河北晋县西）大败秦军，因功封为武安君。次年秦攻番吾（今河北平山县南），“李牧与之战，却之”。却：打退。

㉑洎（jī）：及至。牧以谗诛：赵王迁七年（公元前229年），秦使王翦攻赵，赵以李牧为将抗击秦军，相持不决，秦将就使用反间计，以金贿赂赵王宠臣郭开，

诬蔑李牧谋反，赵王信谗，暗中捕杀李牧。以：因为。谗：谗言。

㉒邯郸：赵国都城，在今河北邯郸市西南。前228年，秦破赵，虏赵王迁。赵国灭亡后，秦国在此设郡，即邯郸郡。

㉓革灭：消灭。殆尽：几乎将尽。

㉔三国：指韩、魏、楚三国。这三个国家与秦为邻，在秦武力威胁下，多次割地赂秦。

㉕食之不得下咽：形容秦王心存畏惧，吃不下饭。食：吃饭。

㉖积威：逐渐积累起来的威严。劫：慑于，威胁。

㉗为国者：治理国家的人，即统治者。

㉘苟：如果、假如。天下：这里指北宋统治的疆域。

㉙下而从：降而蹈袭。故事：老路，指六国赂秦而亡的旧事。

【译文】

有人会问："六国先后灭亡了，都是因为贿赂秦国吗？"我回答说："当然不是，但是没有贿赂秦国的国家，却由于得不到那些贿赂秦国的国家强有力的援助，也就没办法独自支撑下去了。所以我说根本的原因在于贿赂秦国。"秦国除了通过战争夺取土地之外，还得到了别的国家赠送的土地，小者得到田邑，大者得到城池。如果比较一下秦国所得的土地，那么由别的国家贿赂而得到的，要比由于战胜而得到的多得多呀；其他国家送给秦国的土地，要比战败而失去的土地也要多出百倍。这就可以看出，秦国的最大希望，与其他六国的最大忧患，自然就不在于战争。想当初六国君主的历代祖先，冒着霜露，披荆斩棘，才获得了这点宝贵的土地。但这些不知创业艰难的子孙却对这些土地不甚爱惜，随随便便的送给别人，就像抛弃草芥一样。今天割给人家五个城邑，明天割给人家十个城邑，然后求得一时的安宁。但是早上一觉醒来后查看四方边境，发现秦国的军队又来了。可是六国的土地毕竟是有限的，而暴秦的贪欲却永远没有满足的时候，奉送给他的土地越多，他的胃口也就越大，对你的侵略就越厉害。所以用不着交战，双方的强弱胜负就已经清清楚楚了，而六国都落得个灭亡的下场，自然也是情理之中的事情。古人曾说："拿土地来向秦国换和平，就像抱着干柴去救火，你的柴烧不完，火就不会熄灭。"这句话真是至理名言啊。

齐国不曾送给秦国土地，最终也跟着其他五个国家一样灭亡了，这又是为什么呢？原因在于他和秦国结盟，而不帮助其他五国。因此五国一旦灭亡，齐国也就逃不掉被秦吞并的命运了。燕、赵两国的君主起初还有考虑深远的谋略，能够守卫自己的国土，坚持大义不贿赂秦国。因此尽管燕国是个小国，却灭亡得较晚，这是他坚持用兵抵抗而不妥协的结果。到了燕太子丹派荆轲赴秦行刺之后，这才招来祸害。赵国曾多次和秦国交战，胜多败少。后来秦国又两度攻击赵国，都被名将李牧所打败。后来赵王因听信谗言杀了李牧，赵国因此而灭亡了，可惜用武力抗秦未能坚持到底。燕、赵两国当时都处在秦国已经把别的国家消灭得差不多的情况下，可以说智谋力量都是孤立无援了，战败而亡也是无可奈何的事。假如韩、楚、魏三国各自爱惜自己的土地，齐国不依附于秦，燕太子丹不施行刺秦的计划，赵国的良将李牧犹在，那么再与秦国较量的话，胜负的命运、存亡的名分就很难断定了。

唉！如果这六国把送给秦国的土地拿来封赏给天下的谋臣，用侍秦的恭敬之心来礼遇天下的奇才，然后合兵一处，同心协力对付西方的秦国，那样我想秦国人恐怕连吃饭的心思都没有了。但可惜的是，六国有这样的形势力量，却被秦国久积的威势所吓倒，把自己的土地一点点分割出去，以至于灭亡，真是太可悲了！可见治理国家的人千万不要被敌人久积的威势所胁迫啊！

六国和秦国本来都是诸侯国家，而且他们的势力比秦国弱小，却还有可以不用割地求和而以武力战胜强秦的形势。假使以全中国这样大的力量，却重蹈六国灭亡的覆辙，这比起当年的六国更加不如了。

【精解】

唯有奋起反抗，方以抵御外辱

此篇苏洵的写作目的是借古讽今，警告宋朝统治者勿蹈六国灭亡的覆辙；不要用贿赂的方法对待契丹和西夏，要用武力，要抵抗。这对于昏然沉迷于赂敌苟安的统治者来说，有如一记当头棒喝。本文切中时弊，鞭辟入里，雄词壮，慷慨淋漓，无愧为历代传诵的名篇。

我们从蒲松龄的一篇寓言故事《狼》说起。一个屠夫傍晚回家，担子里面的肉已经卖完，只有剩下的骨头。路上遇见两只狼，紧跟着走了很远。屠夫害怕了，把骨头扔给狼。一只狼得到骨头停下了。另一只狼仍然跟着他。屠夫又把骨头扔给狼，后面得到骨头的狼停下了，可是前面得到骨头的狼又赶到了。骨头已经扔完了。但是两只狼像原来一样一起追赶屠夫。屠夫非常困窘急迫，恐怕前后一起受到狼的攻击。屠夫看见田野里有一个打麦场，打麦场的主人把柴草堆积在打麦场里，覆盖得像小山似的。屠夫于是跑过去靠在柴草堆的下面，放下担子拿起屠刀。两只狼不敢上前，瞪着眼睛朝着屠夫。一会儿，一只狼径直走开，绕到草堆后打洞试图从后偷袭屠夫，而另一只狼像狗似的蹲坐在屠夫的前面佯睡，以迷惑屠夫。此时，屠夫突然跳起，用刀砍向狼的脑袋，不及狼反应过来即已毙命。屠夫又走到草堆后，举刀把正在草堆里打洞的另一只狼砍死。这则寓言故事恰恰说明了“六国破灭”的道理：屠夫以骨投狼就如同六国以地赂秦，骨不尽狼不止，唯有举刀乘机奋起反击才能最终化解危机！然而，在历史上，总有很多愚者试图“以骨投狼”的方式以求苟且偷安。

1884年6月23日，法军突然到谅山附近的北黎（中国当时称为观音桥）地区“接防”，无理要求清军立即退回中国境内。中国驻军没有接到撤军命令，要求法军稍事等待，法军恃强前进，开枪打死清军代表，炮击清军阵地。清军被迫还击，两日交锋，法军死伤近百人，清军伤亡尤重。这次事件史称“北黎冲突”或“观音桥事变”。法国以此为扩大战争的借口，照会清政府要求通饬驻越军队火速撤退，并赔偿军费两亿五千万法郎（约合白银三千八百万两），并威胁说，法国将占领中国一两个海口当作赔款的抵押。清政府虽然认为这是无理勒索，但仍派两江总督曾国荃于7月下旬在上海与巴德诺谈判，以求解决争端。谈判未有结果，法国重新诉诸武力。8月26日，清廷颁发上谕，谴责法国“横索无名兵费，恣意要求”，“先启兵端”，令陆路各军迅速进兵，沿海各地严防法军侵入。这道上谕实际上是对法国侵略者的宣战书。10月，法舰分头进犯台湾基隆和淡水，刘铭传鉴于兵力不足，放弃基隆，坚守淡水。法军在基隆登陆后，再犯淡水，一度抵滩上陆，但很快被击退。法军占领基隆一隅，无法深入，转而从10月23日起对台湾实行海上封锁。1885年初，法舰骚扰浙江镇海，截击由上海往援福建的五艘中国军舰，在浙江石浦击沉其中两艘。3月底，法军占领澎湖岛及渔翁岛。镇海之战，法舰遭到扼守招宝山炮台的中国军队奋勇还击，孤拔的座舰也被击中，孤拔身受重伤，6月11日死于澎湖岛。

冯子材

(1818年—1903年）晚清抗法名将。字南干，号萃亭，汉族，广西钦州人。中法战争时被起用为广西关外军务帮办，大败法军于镇南关，攻克文渊、谅山，重创法军司令尼格里，授云南提督。治军四十余年，寒素如故。卒谥勇毅。

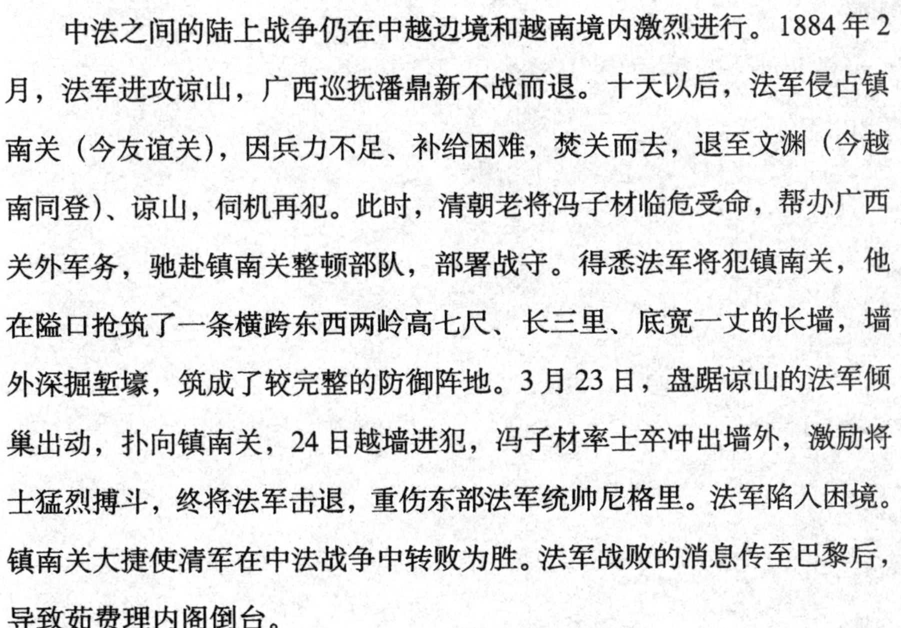

中法之间的陆上战争仍在中越边境和越南境内激烈进行。1884年2月，法军进攻谅山，广西巡抚潘鼎新不战而退。十天以后，法军侵占镇南关（今友谊关），因兵力不足、补给困难，焚关而去，退至文渊（今越南同登）、谅山，伺机再犯。此时，清朝老将冯子材临危受命，帮办广西关外军务，驰赴镇南关整顿部队，部署战守。得悉法军将犯镇南关，他在隘口抢筑了一条横跨东西两岭高七尺、长三里、底宽一丈的长墙，墙外深掘堑壕，筑成了较完整的防御阵地。3月23日，盘踞谅山的法军倾巢出动，扑向镇南关，24日越墙进犯，冯子材率士卒冲出墙外，激励将士猛烈搏斗，终将法军击退，重伤东部法军统帅尼格里。法军陷入困境。镇南关大捷使清军在中法战争中转败为胜。法军战败的消息传至巴黎后，导致茹费理内阁倒台。

此次中法战争，镇南关大捷本来使中国在军事上、外交上都处于有利地位，但清政府在整个中法战争期间，即使在被迫宣战以后，也担心“兵连祸结”会激起“民变”、“兵变”，因此始终或明或暗、直接或间接地向法国侵略者进行求和活动。李鸿章等人主张“乘胜即收”，把镇南关大捷当作寻求妥协的绝好机会，建议清政府立即与法国缔结和约。1885 年 2 月，海关总税务司赫德在清政府同意下，派其僚属英籍中国海关驻伦敦办事处税务司金登干赴巴黎促进中法和议，签订《巴黎协定》。之后，清政府明令批准李福天津《简明条约》。中法战争，中国不败而败。

近代是中华民族不可遗忘的屈辱史，清政府不思进取，面对列强的入侵不断妥协，最终将中国沦为半殖民地；近代也是中华民族的抗争史，1911 年，孙总山发动辛亥革命推翻了清政府的腐朽统治，但中国并没有因此走向独立富强，军阀统治混战，日本帝国主义更企图侵占中国，中国人民奋起反抗，最终驱逐了日本侵略者，取得抗战的胜利。这段沉痛的历史告诫我们：面对外敌入侵，唯有奋起反抗，方能抵御外辱！

第九章 项籍

1. 才、虑、量三者俱足，方可成大事

【原典】

吾尝论项籍有取天下之才[1]，而无取天下之虑[2]；曹操有取天下之虑，而无取天下之量[3]；刘备有取天下之量，而无取天下之才。故三人者，终其身无成焉[4]。且夫不有所弃，不可以得天下之势[5]；不有所忍[6]，不可以尽天下之利[7]。是故，地有所不取[8]，城有所不攻，胜有所不就[9]，败有所不避，其来不喜，其去不怒，肆天下之所为而徐制其后[10]，乃克有济[11]。

【注释】

①项籍：（公元前232—公元前202年），字羽，下相（今江苏宿县西南）人。祖上世代为楚国将领。公元前209年，陈胜、吴广起义后，项羽与因杀人而避罪的叔父项梁在吴地起兵。后来项梁战死，羽代替他成为了统帅。项羽不仅武艺高强，

而且在与秦军的作战中有胆有谋，多次击败秦军主力。秦灭后，他凭借实力自立为西楚霸王，分封其他人为王。后来，在与汉王刘邦的争斗中兵败垓下，自刎而亡。尝：曾经。才：才能，这里主要指军事才能。

②虑：谋略，这里指战略眼光。

③量：心胸，度量。

④无成：一事无成，这里指没有成就大业。

⑤势：形势。

⑥忍：忍耐。

⑦利：有利条件。

⑧地有所不取：有的地方不去攻取。

⑨就：获取。

⑩肆：放纵。徐：缓慢，悄悄地。制其后：后发制人。

⑪克：能够。济：成功。

【译文】

我曾经说过："项籍有夺取天下的才能，却没有夺取天下的谋略；曹操有夺取天下的谋略，却没有夺取天下的度量；刘备有夺取天下的度量，却没有夺取天下的才能。所以这三个人终其一生都未能成就大业。"假使一个人不能舍弃一些东西，就不能得到天下的有利形势；不能忍耐一些常人所不能忍受的东西，就不能完全拥有天下的财利。因此，有些地盘可以不去攻占，有些城池可以不去攻取，有些胜利可以不去获取，有些失败可以不去逃避，有人来归顺不要得意忘形，有人离去也不要恼羞成怒，任凭天下人为所欲为，我从容地后发制人，这样就可以获得成功了。

【精解】

国之大才，需才、虑、量三者俱足

项籍有百战百胜之才，最终却死于垓下。本篇借此发论，提出要成就“取天下”之大功，必须兼备才、虑、量，即不仅要有战胜攻取的军事才能、深谋远虑的战略眼光，还要有博大的胸怀和非凡的器量。作者认为，不只是项籍，就是曹操、刘备也一样有所不足，故“终其身无成焉”。

项羽骁勇善战，在推翻强秦和楚汉纷争中出生入死，战果丰硕。钜鹿之战时，他的头脑冷静，审时度势，破釜沉舟与秦军决一死战，表现出盖世英雄的气概。这不由得我们不钦佩这位乱世豪杰。但这位乱世豪杰却在秦汉之际的政治舞台上只活跃了 8 个年头，32 岁便泪洒乌江，自刎而死，这值得我们去深思其先胜后败的根源。“不谋全局者，不足以谋一域；不谋万世者，不足以谋一时。”项羽最终落得如此悲惨下场的根源在于他缺乏一位领袖人物所应具备的优秀素质，当他面对暴秦被推翻后的局势时却不知如何应对，内心茫然了。

一位杰出的领袖人物应当具有远大的目标，为实现这个远大目标可以隐忍不屈、百折不挠。而项羽恰恰缺乏这点。公元前206年，在鸿门宴上项羽错过了轻易消灭自己最大竞争对手刘邦的最佳时机，究其根源就在于项羽缺乏成就一番帝王伟业的远大抱负。在鸿门宴后没几天，项羽就带领40万大军西向进入咸阳（今西安），项羽当即杀了已经投降的秦王子婴，放纵士兵烧杀抢掠，还放火烧毁了秦朝富丽堂皇的宫殿，大火三月不熄。在搜刮了城中所有金银财宝及妇女后，项羽准备东归彭城。这时，有一名为韩生的人对项羽说：“关中地区依山傍水，周围四面皆有险可守，而且土地肥沃，是定都称霸的好地方。”项羽见秦朝的宫殿已被烧得只剩下残垣断壁，又思念故乡，就说：“一个人富贵了如果不归故乡，就如同穿锦绣衣裳在黑夜里行走，有谁知道呢！”韩生私下里嘲笑项羽是“沐猴而冠”，后来此事传到项羽那里，项羽竟一怒之下活烹了韩生。当年二月，项羽定都彭城（即现在的江苏徐州，战国时期属楚国，秦朝时设置彭城县），自立为西楚霸王。一个

项羽

(公元前232—公元前202年）名籍，字羽，中国古代杰出军事家及著名政治人物，秦下相（今江苏宿迁）人。钜鹿之战中大破秦军主力。秦亡后自立为西楚霸王，后在楚汉战争中为汉王刘邦所败，在乌江（今安徽和县）自刎而死。

国家的首都是政治的中心、军事的城堡、经济的枢纽，因此历代帝王在选址时都十分慎重，要综合考虑是否有险可守；是否物产丰富、人口稠密；是否气候宜人、交通便利等因素。选址的正确与否，关系到这个国家的长治久安。项羽不据形胜之地关中，却凭一己之私念定都彭城，这一极为愚蠢的行为足以证明项羽毫无政治远见，他虽然在武力上是个勇者，但在政治上却完全是个侏儒。当项羽面临失败时，他又不会像越王勾践那样十年生聚，十年教训，卧薪尝胆，东山再起；也不会像韩信那样能忍受胯下之辱，挫而后奋，终成千古名将；更不会像刘邦那样隐忍不屈，暗藏机锋，终成就千秋大业。当他承受不了自己的错误导致的失败时，只能选择自杀死亡。

一位杰出的领袖人物还应当心胸宽广，豁达大度，虚怀若谷，海纳百川。而项羽心浮气躁、刚愎自用，缺乏韧劲，这又是他性格中另一处致命的弱点。钜鹿之战后，随着章邯归顺，秦军主力被彻底摧毁，项羽俨然是雄踞一方的霸主。钜鹿之战的胜利虽然树立了项羽的声威，但同时也膨胀了他个性中的自负、刚愎、不可一世及凶暴残忍的一面。他随后不断坑兵，屠城，到咸阳后更是屠咸阳，杀子婴，烧秦宫。他的所作所为使他大失民心。他一味地以武力强征天下，在他心目中似乎没有什么是武力所不能得到的，他不懂得民心是不可以武力争取的。与项羽相反，刘邦入咸阳后与秦父老约法三章，尽除秦之苛政、关中之民莫不感恩戴德。此外，项羽心胸狭窄，一味自负狂妄，他骨子里的贵族气使他自高自傲，甚至于嫉贤妒能，甚至听不得半点不同意见和反对的声音。正是因为他暴怒的性格、褊狭的心胸，致使像韩信、陈平、黥布这样的人才背楚归汉，转而辅佐刘邦，最终连忠心耿耿、为其殚精竭虑出谋划策的亚父范增，也愤然以“天下事大定矣，君王自为之，愿请骸骨归”为由离去，只剩得他孤家寡人一个。与之相反，刘邦性情豁达大度，从善如流，善于审时度势，招降纳叛、赏善惩恶。对于没落贵族后裔张良、游士陈平、屠夫樊哙、吹箫手周勃、卖布贩子灌婴、车夫娄敬、无业游民韩信、强盗彭越等，刘邦都能根据他们的特长给予适当的职位，充分发挥他们的特长，让他们为自己统一天下的大业出力献智，刘邦真正做到了知人善用。

此篇史论中苏洵以古鉴今，借论项籍而警示当世，显然是针对北宋王朝苟且偷安的政策有感而发，但是他提出的一个人要成就大事必须才、虑、量三者俱足的观点对当代人也很有借鉴意义。

2. 有才无虑者必败

【原典】

呜呼！项籍有百战百胜之才，而死于垓下[①]，无惑也。吾观其战于钜鹿[②]也，见其虑之不长、量之不大，未尝不怪其死于垓下之晚也。方籍之渡河[③]，沛公[④]始整兵向关，籍于此时若急引军趋秦，及其锋而用之[⑤]，可以据咸阳[⑥]，制天下。不知出此，而区区与秦将争一旦之命。既全钜鹿，而犹徘徊河南、新安间[⑦]。至函谷，则沛公入咸阳数月矣。夫秦人既已安沛公而仇籍，则其势不得强而臣。故籍虽迁沛公汉中[⑧]，而卒都彭城[⑨]，使沛公得还定三秦[⑩]，则天下之势在汉不在楚。楚虽百战百胜，尚何益哉！故曰：兆[⑪]垓下之死者，钜鹿之战也。

或曰：籍必能入秦乎？曰：项梁[⑫]死，章邯[⑬]谓楚不足虑，故移兵伐赵，有轻楚心，而良将劲兵尽于钜鹿。籍诚能以必死之士[⑭]，击其轻敌寡弱之师，入之易耳。且亡秦之

守关，与沛公之守，善否[15]可知也。沛公之攻关，与籍之攻，善否又可知也。以秦之守而沛公攻入之，沛公之守而籍攻入之，然则亡秦之守，籍不能入哉？

或曰：秦可入矣，如救赵何[16]？曰：虎方捕鹿，罴[17]据其穴，搏其子，虎安得不置鹿而返？返则碎于罴明矣。军志所谓攻其必救也。使籍入关，王离、涉间必释赵自救[18]。籍据关逆击其前，赵与诸侯救者十余壁蹑其后[19]，覆之必矣。是籍一举解赵之围，而收功于秦也。战国时，魏伐赵，齐救之。田忌[20]引兵疾走大梁，因存赵而破魏。彼宋义号知兵[21]，殊不达此，屯安阳不进[22]，而曰待秦敝。吾恐秦未敝而沛公先据关矣。籍与义俱失焉。

是故，古之取天下者，常先图所守。诸葛孔明弃荆州[23]而就西蜀，吾知其无能为也。且彼未尝见大险也，彼以为剑门[24]者可以不亡也。吾尝观蜀之险，其守不可出，其出不可继，兢兢而自完[25]，犹且不给[26]，而何足以制中原哉！若夫秦汉之故都，沃土千里，洪河[27]大山，真可以控天下，又乌事夫不可以措足如剑门者而后曰险哉[28]！

今夫富人必居四通五达之都，使其财布出于天下[29]，然后可以收天下之利。有小丈夫者[30]，得一金，椟[31]而藏诸家，拒户[32]而守之。呜呼！是求不失也，非求富也。大盗至，劫而取之，又焉知其果[33]不失也？

【注释】

①垓下：在今安徽灵璧县南沱河北岸。公元前202年，项羽败亡于此。

②钜鹿：秦县名，其地即今河北平乡县。项羽在此引军渡河大破秦军，即历

史上著名的钜鹿之战。

③河：指漳水。

④沛公：即刘邦。刘邦为沛县（今属江苏）人，称沛公。关：关隘，这里指函谷关。

⑤及：趁着。锋：锐势，势头，形容士兵的士气旺盛。

⑥咸阳：秦都，在今陕西咸阳市东北。

⑦河南：指漳水之南。《史记·项羽本纪》记项羽当时“军漳南”，与秦将章邯相持未战。新安：在今河南渑池县东。

⑧汉中：秦郡名，郡治南郑（今汉中市），辖今陕西秦岭以南地区。

⑨彭城：秦县名，治所在今江苏徐州市。

⑩三秦：秦国所在关中之地，即今陕西省一带。项羽破秦入关后，三分其地，封秦降将章邯为雍王，领咸阳以西之地；司马欣为塞王，领咸阳以东至黄河之地；董翳为翟王，领上郡之地（今陕西北部），合称为三秦。

⑪兆：预示，征兆，指事前预示的迹象。

⑫项梁：（？—公元前208年），楚将项燕之子，项羽的叔父。秦二世元年（公元前209年）陈胜起义后，他与项羽在吴（今江苏苏州）聚精兵八千，起义反秦。曾率军击败秦将章邯，后因轻敌在定陶（今山东定陶西北）战死。

⑬章邯：（？—公元前205年），秦将，任少府，曾率军镇压陈胜、项梁起义军。后在钜鹿为项羽所破，投降，项羽入关后被封为雍王。后在楚汉战争中，被刘邦围攻，兵败自杀。

⑭诚：果真。必死之士：抱定必死决心的士兵。

⑮善否：好坏、优劣。

⑯如救赵何：即如何救赵。

⑰罴（pí）：一种熊，也叫马熊、棕熊，通称人熊。

⑱王离、涉间：均为秦将，当时受章邯之命率军围钜鹿。

⑲壁：即军营，古代军营中都有壁垒，以防备敌人进攻。蹑：追随。

⑳田忌：战国时齐将。公元前354年，魏围攻赵都邯郸，赵求救于齐。齐王依孙膑之计命田忌、孙膑引兵围攻魏都大梁（今河南开封），魏将庞涓只得兼程赶回应战。又在桂陵（今河南长垣西北）设伏袭击，大败魏军，生擒庞涓。史称围魏救赵。

㉑宋义：故楚令尹。齐使者高陵君显曾向楚王吹嘘宋义"知兵"。楚王遂召见宋义，宋义侃侃而谈。楚王大悦，封他为上将军，号称卿子冠军。后被项羽斩首。知兵：通晓军事。

㉒屯：驻扎。安阳：今山东曹县东。据《史记·项羽本纪》记载：宋义率军"行至安阳，留四十六日不进。"

㉓荆州：汉武帝时所置十三刺史部之一，辖境约当今湖北、湖南两省及河南、贵州、广东、广西的部分地区。东汉时治所在汉寿（今湖南常德市东北）。三国时，荆州位于三国接壤地带，是兵家必争之地，三国争夺甚烈。

㉔剑门：指剑门山，在四川省北部。有剑门七十二峰，主峰大剑山位于剑阁县北，两崖相嵌，形似剑门，故此得名。诸葛亮曾在大剑山、小剑山之间开凿阁道，为戍守要地。

㉕兢兢：小心谨慎的样子。自完：独自保全。

㉖不给：不能够。

㉗洪河：大河，这里指黄河。

㉘乌：何必。事：对待。措：放置，搁置。

㉙财布：钱财货物。

㉚小丈夫：形容毫无远见的人。

㉛椟：木匣。这里用作动词，指用木匣装起来。

㉜拒门：关闭门户。

㉝果：确实，果然。

【译文】

唉！以项籍百战百胜的军事才能，最后却落得兵败垓下而亡的下场，对此也没有什么值得疑惑的。我觉得早在钜鹿之战中，项羽就显示出缺乏远见，心胸也不够广阔，因此我对他那么晚才死在垓下感到奇怪。当项羽渡过黄河北上的时候，刘邦才刚开始整顿兵马向函谷关进发，项羽这时如果立即率领军队直扑秦国，趁着部队士气正盛，肯定可以攻占咸阳，节制天下诸侯。但他没有这样深谋远虑的策略，却一味地去同秦国的将领争一日胜负的虚名。在钜鹿大获全胜后，他却还在河南一带往返作战。等他到函谷关时，刘邦早已进入咸阳几个月了。秦地之民既然早已经诚心接受刘邦的统治并开始仇视项羽，那么项羽势必不能再强迫他们臣服了。所以项羽虽然把刘邦赶到汉中，而自己最后却在彭城建都，致使刘邦不久便杀了个回马枪，趁机再次占领三秦。这样，天下的有利形势就在汉一方，而不会归楚。项羽虽然能百战百胜，又有什么用处呢？所以说项羽最终垓下战败身亡，早在钜鹿之战就已出现预兆了。

有人也许会说："即使项羽有你讲的这种策略，那又怎能断定他一定可以攻入秦国呢？"我回答说："项梁死后，章邯以为楚军已微不足道，所以就转移兵力去攻打赵国，将全部精兵良将都派去围攻钜鹿，颇有轻视楚军之心。这时项羽如果能率领他的虎狼之师袭击秦国那些已有轻敌之心而又势单力薄的留守军队，攻入咸阳肯定是易如反掌的事。况且，强弩之末的秦国军队所把守的关防与刘邦军队所把守的关防相比较，谁强谁弱是不言而喻的。刘邦的军队攻打关防与项羽的军队攻打关防相比较，谁高谁低也是不言而喻的。秦军的防守被实力并不强大的刘邦所攻破，而刘邦那么强的防守也未能抵挡住项羽的进攻，那么已是强弩之末的秦军防守的关防项羽难道还不能攻破吗？"

也许又有人问："这样说来，即使项羽可以攻入秦地，但救赵国的事情怎么办呢？"我的回答是："老虎正在捕捉野鹿的时候，熊却乘机进入了它的洞穴与小老虎搏斗，老虎怎么可能不放弃野鹿而返回自己的洞穴呢？它一回来就会被熊撕碎，这就是兵书上所说的要攻其必救的道理。假使项羽攻破了函谷关，王离、涉间一

定会放弃对赵国的围攻，返回秦国去救援。这时项羽依凭险关再去迎击前来救援的秦军，而赵国与其他救赵的诸侯军队在秦军后面追击，秦军肯定会全军覆没。这样项羽便可以一举解除秦军对赵国的围困而且又取得灭秦之功。”战国时魏国攻打赵国，齐国派兵援救，齐将田忌率军迅速直扑向魏都大梁，这才大破魏军并拯救了赵国。那个宋义号称懂得军事，却完全看不到这一点，军队行进到安阳一带便停下来不再前进了，还说是要等待秦军作战疲惫再乘虚攻击。我想恐怕秦军还没有疲惫，刘邦就已先攻入关中了。项羽和宋义的策略都是错误的。

因此，古代那些夺取天下的人，常常首先考虑所占据的地方是否利于自身的发展。诸葛孔明放弃了荆州而到西蜀地区，从这一点上我就看出他不可能实现天下的统一了。而且他不曾看到过特别险要的地方，认为剑门山的险要就可以使蜀汉免于灭亡。我曾经亲自去考察过巴蜀那里的险要形势，那里的地势都是只能防守而不利于出击，一旦出击就很难保持后续军队的供应。像这种险要之地，小心翼翼地防守以求保全自身尚且不能得到充足的物资供应，又怎么能依靠它来平定中原的广大地区呢？而秦汉的关中地区沃野千里，又有大河高山作为屏障，这才真是能够控制天下的有利形势。可见所谓真正的险要之地并不一定就是剑门山那样连脚都很难放进去的地方。

现在那些富有的人家，都一定要居住在交通便利的都市中，以便他们的货物可以流通到各个地方，这样就可以收取全天下的利益。也有那种目光短浅的人，得到一件宝物就用匣子装起来密藏在家里，然后关起门整天守着它防备盗贼。唉！这样做只是想做到不让它丢失，并不是用它创造更多的财富！然而一旦大盗来了，威胁着从你手中夺走，谁又知道它果真不会丢失呢？

【精解】

有才无虑者必败

项羽身历七十余战，攻无不克，战无不胜；起兵三年，“遂将五诸侯灭秦，分裂天下而封王侯，政由羽出，号为霸王”，但最终却落得垓下一战一败涂地，其中原因颇值得人们深思。司马迁说项羽“自矜功伐，奋其私智而不师古，谓霸王之业，欲以力征经营天下，五年卒之其国，身死东城，尚不觉寤而不自责，过矣。”认为项羽失败之因是他企图凭一己私智，用武力征服天下。而在此文中苏洵更精辟地提出了项羽“有取天下之才，而无取天下之虑”的观点，认为项羽之所以失败是因为没有夺取天下的深谋远虑。作者以“钜鹿之战”为例论项籍之失，指出“此时若急引军趋秦”，则可以“据咸阳，制天下”。但因其“虑之不长，量之不大”，未能作出正确决策，以致兵败垓下，自取灭亡。

作者这种看法是很精当的，项羽崇尚武功，毫无远见，也渐渐失去了民心，而得不到应有的支持，最终失败是在所难免的。钜鹿被围之际，卿子冠军宋义深谋远虑，曰“夫搏牛之虻不可以破虮虱”，建议静候良机一举破秦，以成大业。然项羽却鼠目寸光，杀了宋义这一颇有远见的上将军，引兵到钜鹿去显示好战的武功去了。当时，秦国强兵良将俱在钜鹿，而关中兵少势弱，项羽一介武夫却偏引兵“渡河救钜鹿”，而不乘机攻占秦之都城咸阳。待钜鹿大胜，收降章邯后，“则沛公入咸阳数月矣”。这样秦地之人都已降服沛公而敌视项羽了。民心向背兆示了项羽败势的不可逆转，后来果真应了怀王与诸将之约“先破秦入咸阳者王之”。鸿门宴中，项羽不理会亚父的暗约，执意不杀沛公，使刘邦得以存命，在谈吐中他还说出是曹无伤告的密，致使“沛公至军，立诛杀曹无伤”，如此一来，天下之人谁还敢依附于他！而荥阳鏖兵，项羽不听范增力劝，却中了陈平的反间计，致使范增怒而辞归，未至彭城而疽发背而死。这使项羽丧失了运筹帷幄的军师。至垓下被围，乌江亭长劝项王渡江东称王，以期卷土重来，然项羽却道“天之亡我”，最终“身死东城，尚不觉悟，而不自责”。

项羽不任人唯贤，却刚愎自用，失去了采纳良策妙计取得胜利的大好时机，使他的反秦统一大业受到了不应有的挫折，导致后来兵败垓下。历史上同样刚愎自用的关羽也落得大意失荆州、兵败走麦城的下场。

公元219年7月，关羽受刘备取汉中胜利的鼓舞，北上取襄樊。曹操以于禁为

《关羽擒将图》

明商喜绘，绢本设色，纵200厘米，横237厘米。现藏北京故宫博物院。

将，督七军救曹仁，同时命徐晃率军进驻宛城。8月，山洪暴发，淹于禁等七军。关羽乘机攻击，于禁投降。曹仁沉白马坚守樊城。曹操听取司马懿、蒋济等人意见，与孙权结盟。孙权接获曹操书信后，欣然答应攻取荆州。便将取荆州的任务交给大将吕蒙。吕蒙到陆口，探子报告说沿江都有烽火台，荆州军马也有所防备。吕蒙闷闷不乐，便躺下称病不出。孙权便派女婿陆逊去看他，陆逊知道吕蒙无病，却劝他装病辞职。孙权依计召吕蒙往建业养病，于是攻打荆州之事，便让年轻的陆逊接替。陆逊故意派人送信给关羽，信中对关羽大肆吹捧。关羽从此松懈了对荆州的防备，并将荆州的兵力调往樊城。孙权得知荆州防务空虚，便拜吕蒙为大都督起兵攻荆州。吕蒙将战船伪装成商船，精兵扮成商人，骗过烽火台的守兵。当夜二更，船内精兵杀上岸来，攻占了烽火台，拿下了荆州。紧接着兵至公安（地名，属湖北省荆州地区），又迫使蜀军守将傅士仁归降，继用傅士仁劝降了江陵守将麋芳，并厚待关羽将士眷属，释放关羽俘获的魏军将士，抚慰百姓。同时，孙权令陆逊进至夷陵（今湖北宜昌境），西防刘备。而此时魏将徐晃已率军至樊城，与曹仁取得了联系，曹仁军士气大增；为离间孙、刘，从中渔利，曹仁乃令部将把孙权来信射入关羽营中。关羽见后，犹豫不决，军心动摇。徐晃乘机大举进攻关羽据点，大破关羽军，并乘机打通樊城路线。此时，洪水退去，曹仁引军配合徐晃攻击关羽，关羽节节败退。关羽得知荆州已失，急忙退军。士兵得知家属获厚遇，士气剧降，许多将士半路而逃。关羽率军继续向荆州前进，一路上与吴军不断战斗。走到一个山谷时，被吴军四面包围。关平见军心已乱，劝关羽到麦城驻扎，让廖化到上庸向刘封、孟达求援。刘封听了廖化哭诉后，想前去解救关羽，但孟达却尽说关羽的是非，使刘封一改初衷，不愿出兵援救。廖化见哭诉无用，便往成都去了。关羽身临绝境，东吴便差诸葛瑾前来劝降，诸葛瑾再三劝诱，但关羽却不为所动。诸葛瑾回报孙权，于是吕蒙献计擒拿关羽，便让朱然埋伏在麦城以北，潘璋引兵埋伏在临沮，又令将士三面攻打麦城，只空北门。关羽不愿困死麦城，欲从小路突围前往西川。王甫劝他走大路，关羽说就是小路有埋伏他也不怕。王甫见他不听，便与关羽哭别。关羽率关平等二百余骑，从麦城北门冲出，正中吕蒙之计。没走多远便遇朱然伏兵四面杀来，关羽逃往临沮。而行到决石地方，潘璋又引伏兵截路，将关羽等人用绊马索绊倒，活捉关羽、关平父子。

项羽与关羽虽都有万夫莫挡之勇，却又都刚愎自用，没有经略天下的智谋，缺少远见卓识，兵败身死是在所难免的。

第十章 高祖

1. 知人善用，终成大业

【原典】

汉高祖挟数用术①，以制一时之利害②，不如陈平；揣摩天下之势③，举指摇目④以劫制项羽，不如张良⑤。微⑥此二人，则天下不归汉，而高帝乃木强之人⑦而止耳。

【注释】

①挟数用术：指掌握和运用权术、策略。挟：拥有、怀有。数：与“术”同义，意为权术、策略。

②制：应对。利害：指重大决定、策略。

③势：形势。

④举指摇目：形容很轻松地控制。

⑤张良：（？—公元前189年），字子房，相传为城父（今安徽亳县）人。战国时韩国贵族，祖与父相继为韩相。秦灭韩之后，他曾经与人在博浪沙袭击秦始

皇，而未能成功。后来在秦末战乱中他投奔刘邦，成为刘邦帐下运筹帷幄之中、决胜千里之外的重要谋臣，汉朝建立后因功被封为留侯，后来他主动退隐。

⑥微：极少、没有。

⑦木强之人：性格朴实而倔强的人。木强：质朴而倔强。

【译文】

汉高祖刘邦，在掌握策略、运用权术、恰当处理一时的利害关系方面，比不上陈平；在分析估计天下形势，轻而易举就能制服项羽方面，又比不上张良。如果没有这两个人的辅佐，刘邦就得不到天下，而最终也不过是一个非常平庸的人罢了。

【精解】

得人者得天下，失人者失天下

苏洵开篇即提出刘邦“制一时之利害”不如陈平，“揣摩天下之势”不如张良，但最终天下归汉，其原因就在于刘邦的善于用人，这是他成就大业的基础。

刘邦所用的人才中，张良、萧何与韩信号称“汉初三杰”，功莫大焉。刘邦曾将自己同他们三人比较，得出三个“不如”。他说：“运筹帷幄之中，决胜千里之外，吾不如子房；填国家，抚百姓，给饷馈，不绝粮道，吾不如萧何；连百万之众，战必胜，攻必取，吾不如韩信。三人皆人杰，吾能用之，此吾所以取天下者也。”这是刘邦总结的自己之所以能在乱世取天下的原因。

张良出身名门，祖先五代相韩。秦灭韩后，他在博浪沙狙击秦始皇未中。逃亡至下邳时遇黄石公，得《太公兵法》，深明韬略，足智多谋。秦末农民战争中，矢志抗秦的张良也聚集了一百多人，扯起了反秦的大旗。后因自感身单势孤，难以立足，只好率众往投自立为楚假王的农民军领袖景驹，途中正好遇上刘邦率领义军在下邳一带发展势力。两人一见倾心，张良多次以《太公兵法》进说刘邦，刘

张良

(?—公元前186年)，字子房，传为汉初城父（今安徽亳州）人。汉高祖刘邦的谋臣，秦末汉初时期杰出的政治家、军事家，汉王朝的开国元勋，“汉初三杰”之一。

邦多能领悟，并常常采纳张良的谋略。于是，张良果断地改变了投奔景驹的主意，决定跟从刘邦。从此，张良深受刘邦的器重和信赖，他的聪明才智也得以充分发挥。楚汉战争中，他提出不立六国后代，联结英布、彭越，重用韩信等策略，后又主张追击项羽，歼灭楚军，为刘邦完成统一大业奠定坚实基础。

萧何为刘邦同乡，刘邦起事前就和萧何很要好。《汉书·萧何传》中曾讲述：萧何是沛中小吏，刘邦为布衣时，萧何“数以吏事护高祖”；刘邦当了泗水亭长后，萧何“常佑之”；刘邦押送徭役去咸阳，别的官吏都给刘邦送钱三百，唯独萧何给了五百。因此，刘邦对萧何十分信任与重用，萧何对刘邦也是死心塌地、竭心尽力。公元前206年十月，刘邦率大军兵临咸阳城。秦王子婴设计杀了奸相赵高，献出玉玺，向刘邦投降。于是，起义大军浩浩荡荡开进咸阳城。将士们见秦都宫殿巍峨，街市繁华，顿时忘乎所以，纷纷乘乱抢掠金银财物，连沛公看见华丽的宫室、古怪的摆设、成堆的金银珠宝、猎狗骏马、珍奇玩物，还有一群群的美女，也不觉眼花缭乱，飘飘然起来。唯独萧何进入咸阳后，一不贪恋金银财物，二不迷恋美女，却急如星火地赶往秦丞相府，并派士兵迅速包围丞相府，不准任何人出入。然后让忠实可靠的人将秦朝有关国家户籍、地形、法令等图书档案一一进行清查，分门别类，登记造册，统统收藏起来，留待日后查用。刘邦后来之所以对山川要塞、守军强弱、户籍多少都了解得一清二楚，就是得益于萧何当时弄到的这些资料。刘邦长年领兵在外与项羽作战，萧何开始几年“留收巴蜀，填抚谕告，使给军食”。后来又留守关中，兢兢业业地“侍太子，治栎阳。为令约束，立宗庙、社稷、宫室、县邑”，并将粮食和兵员源源不断从关中送往前线。事无巨细，他桩桩件件都考虑得周到细致，只要报给刘邦全都照准；有些事来不及奏报，他就付诸实行，刘邦回到京城时再补报一下，刘邦也很满意。

韩信被刘邦重用还应从萧何月下追韩信的典故说起。韩信原是项羽的部下，他有勇有谋，是天下无双的军事家。但在项羽手下却得不到重用，于是就投到刘邦麾下。起初刘邦让他当了一个管理粮草的小官，韩信大失所望。一次偶然的机会，萧何结识了韩信。在交往过程中，萧丞相发现韩信有胆有识，是个不可多得的人才，于是多次向刘邦推荐，但并没有引起刘邦的重视。转眼间两个多月过去了。汉军将士不愿在蜀中久驻，整天思念家乡，开小差的人也越来越多。一天，韩信见久在汉营仍不受重用，一气之下离开了汉营。萧何得知后马上放下尚没处理完的紧急公务，亲自策马追赶韩信，连个招呼也来不及向刘邦打。有人不知道底细还向刘邦误报说萧何跑了，让刘邦难过好几天。萧何回来后刘邦就斥责他为什么跑，当得知萧何去追一个小小的都尉时并不以为然，而萧何却力荐韩信。刘邦最终相信了萧何，封韩信为大将军，并按照萧何的意见举行了隆重的拜将仪式，令全军皆感惊讶。韩信拜将后，向刘邦献定国安邦良策，分析天下局势。刘邦听后大喜，自以为得信晚。韩信的启用既成全了刘邦，也成就了一位杰出的军事人才。韩信后率军出陈仓、定三秦、擒魏、破代、灭赵、降燕、伐齐，直至垓下全歼楚军，无一败绩，天下莫敢与之相争。

无论刘邦如何有雄才伟略，仅凭他一个人的力量是绝不能掌握天下于手掌之中的。由此可见，知人善用是成就事业的基础。知人，就是要求能全面仔细地了解别人的长处、短处、优点、缺点。善任，就是能够科学、合理地任用人才，授以权力，以做到人尽其才，才尽其用，从而有效地发挥人才的作用。秦末天下汹汹，各为其主，刘邦用“三杰”而成大业。和刘邦一样出身贫寒而能在乱世取天下的还有明太祖朱元璋。朱元璋文不如刘伯温，武不如常遇春，但在乱世之中取天下的关键正在于他的用人之道。他知道人才的重要性，也知道如何去招募人才，更知道怎样去合理使用人才。正因为如此，他才在征战治天下时显得如鱼得水，万事顺通。

2. 高帝之智，明于大而暗于小

【原典】

然天下已定，后世子孙之计，陈平、张良智之所不及，则高帝常先为之规画[①]处置，以中后世之所为[②]，晓然[③]如目见其事而为之者。盖高帝之智，明于大而暗于小[④]，至于此而后见[⑤]也。

帝尝语吕后[⑥]曰："周勃厚重少文，然安刘氏必勃也。可令为太尉[⑦]。"方是时[⑧]，刘氏既安矣，勃又将谁安耶[⑨]？故吾之意曰："高帝之以太尉属勃也，知有吕氏之祸[⑩]也。"虽然，其不去吕后[⑪]，何也？势不可也。昔者武王没，成王幼，而三监叛[⑫]。帝意百岁后，将相大臣及诸侯王有武庚、禄父者，而无有以制之也。独计以为家有主母[⑬]，而豪奴悍婢不敢与弱子抗[⑭]。吕后佐帝定天下[⑮]，为大臣素[⑯]所畏服，独此可以镇压其邪心，以待嗣子之壮[⑰]。故不去吕后者，为惠帝计也。

吕后既不可去，故削其党以损[⑱]其权，使虽有变而天下不摇[⑲]。是故，以樊哙之功[⑳]，一旦遂欲斩之而无疑。呜呼！彼岂独于哙不仁耶！且哙与帝偕起，拔城陷阵，功不为少矣。方亚父嗾项庄时[㉑]，微哙诮让羽[㉒]，则汉之为汉，未可知也。一旦人有恶哙欲灭戚氏者[㉓]，时哙出伐燕，立命平、勃即斩之。夫哙之罪未形也[㉔]，恶之者诚伪未必也[㉕]。且高帝之不以一女子[㉖]斩天下之功臣，亦明矣[㉗]。彼其娶于吕氏，吕氏之族若产、禄辈皆庸才不足恤[㉘]，独哙豪健，诸将所不能制[㉙]，后世之患，无大于此矣。夫高帝之视吕后也，犹医者之视堇[30]也，使其毒可以治病，而无至于杀人而已矣。樊哙死，则吕氏之毒将不至于杀人，高帝以为是足以死而无忧矣。彼平、勃者，遗其忧者也。哙之死于惠之六年也[31]，天也。使其尚在，则吕禄不可绐[32]，太尉不得入北军矣。

或谓哙于帝最亲，使之尚在，未必与产、禄叛。夫韩信、黥布、卢绾皆南面称孤[33]，而绾又最为亲幸，然及高祖之未崩也，皆相继以逆诛。谁谓百岁之后，椎埋屠狗之人[34]，见其亲戚乘势为帝王而不欣然从之邪？吾故曰彼平、勃者遗其忧者也。

【注释】

①规画：规划，谋划。

②后世之所为：有史记载，刘邦临死前，吕后曾问："萧何死后，谁可任相？"刘邦说："曹参"。吕后又问："曹参以后呢？"刘邦说："陈平辅助王陵，二人为相。周勃虽没有文采修养，但为人质朴、深沉，安定刘氏天下的肯定是周勃，可以让他为太尉。"吕后又继续追问。刘邦说这以后你也就不知道了。结果吕后果遵刘邦之言，曹参、王陵、陈平、周勃等人先后为相、太尉。而吕后死，诸吕欲作乱，陈平、周勃等人平定叛乱。

③晓然：非常清楚、明白。

④明：明了、通晓。暗：不精通、不在意。

⑤后见：然后发现。

⑥吕后：（？—公元前180年），即刘邦之妻，名雉，为人多谋，早期跟随刘邦平定天下。其子刘盈，即后来的汉惠帝，为人优柔寡断。刘邦曾多次想改立自己所宠爱的戚夫人的儿子赵王刘如意为太子，但在吕后等人的干预下未能成功。汉惠帝即位后，由于子弱母强，皇权为吕后所夺。吕后先后害死了戚夫人与赵王如

意，并且让吕台、吕产、吕禄等吕氏族人掌控了朝中大权及中央禁卫军的指挥权，盛极一时。惠帝死后，吕后为了长期掌权，立幼主为帝，又封了一大批吕氏亲属，并且削弱刘姓诸侯王的势力。吕后临死时，以吕禄为上将军，率领北军，吕产率领南军，吕产还兼任相国，并且以吕禄女儿为皇后。不久，诸吕想谋反，结果被陈平、周勃等人剿灭。

⑦周勃：（？—公元前169年），沛县（今属江苏）人，与刘邦同乡，从刘邦起兵，功勋卓著，封为绛侯。太尉：官名，汉时为全国军政首脑，与丞相、御史大夫合称三公，地位很高。厚重：沉稳。少文：没有文采修养。

⑧方是时：正当这时候。

⑨既安：已经稳定。谁安：意思为稳定谁。

⑩祸：祸害。这里指吕后死后，诸吕的谋反。

⑪虽然：虽然这样。去：除掉、废黜。

⑫三监：周武王灭商后，将商朝旧都封给商纣王之子武庚，并以其东为卫，西为鄘，北为邶，分别由武王弟管叔、蔡叔、霍叔监之，总称三监。后来，武王死，成王年幼，由周公辅政。管叔、蔡叔认为周公想夺权，于是与武庚联合谋反，叛周。后周公奉成王命三年平叛，诛武庚、管叔，放蔡叔。

⑬独：唯独、只有。主母：主事的女主人，这里指吕后。

⑭豪奴悍婢：强悍无理的家奴，这里指汉初的那些自大的功臣。弱子：年幼的小主人，这里指汉惠帝。

⑮佐：辅佐、帮助。

⑯素：向来，平时。

⑰嗣（sī）子：继嗣的儿子，指汉惠帝。壮：长大成人。

⑱损：减弱、削弱。

⑲摇：摇动、不稳定。

⑳樊哙：（？—公元前189年），沛县（今属江苏）人，少以屠狗为业，随刘邦起兵，以军功封贤成君。曾于鸿门宴上闯营门，斥责项羽，刘邦始得脱走。汉

初，随刘邦征讨臧荼和韩王信的叛乱，任左丞相，封舞阳侯。其妻吕媭乃吕后之妹，为诸将中最亲者，故得吕后信任。据《史记·樊哙列传》载，刘邦病重时，燕王卢绾反，刘邦派樊哙以相国伐燕。有人说樊哙在刘邦死后要以兵尽诛灭戚氏及其子赵王如意。刘邦闻之大怒，“乃使陈平载绛侯代将，而即军中斩哙。陈平畏吕后，执哙诣长安”。回到长安时刘邦已死。“吕后释哙，使复爵邑”。

㉑亚父：即项羽谋士范增（公元前277—公元前204年），居鄛（今安徽桐城南）人。他跟随项梁起兵，项梁死后，又追随项羽，是项羽的主要谋士，被尊为亚父。在著名的鸿门宴上，他曾唆使项羽堂弟项庄舞剑为寿，欲杀刘邦于席上。嗾(suǒ)：指使。

㉒微：如果没有，如果不是。诮（qiào）让：斥责，责备。

㉓恶（wù）：诽谤，诋毁。戚氏：即刘邦宠姬戚夫人。

㉔未形：隐藏而未显露出来。

㉕诚伪未必：是真是假未能辨别。

㉖一女子：指戚夫人。

㉗明：清楚、明白。

㉘禄：即吕禄，吕后次兄，建成侯吕释之的少子，后封赵王，为上将军，统北军。产：即吕产，吕后长兄，周吕侯吕泽之子，后封吕王，为相国，居南军。不足：不值得。恤（xuè）：考虑。

㉙制：控制。

㉚堇（jǐn）：即乌头，中药名，其茎、叶、根都有毒，但可以治疗外伤。

㉛惠之六年：即公元前189年。《史记》本传载：“孝惠六年，樊哙卒，谥为武侯。”

㉜吕禄不可绐：公元前180年吕后死，吕禄、吕产各将兵居南、北军。关于南军与北军，有多种说法。一般认为，南军为护卫长乐、未央两个皇宫的禁卫军，北军则在长安城外，负责整个京城的防卫与治安。西汉宫廷斗争中，北军一直起着极为重要的作用。这次诸吕之乱的平定，也是从北军指挥权的争夺开始。当时，

灌婴驻军于荥阳等待时机，而京师大权都在诸吕手中。太尉周勃与丞相陈平谋，使人前往骗说吕禄，让其归将印而以兵授太尉。吕禄非常天真地交出北军兵权，太尉周勃这才进入北军。之后，周勃以北军主帅的名义下令禁止吕产入宫，同时命朱虚侯刘章率军杀死吕产。紧随其后又将诸吕全部活捉处死。绐（dài）：欺骗。

㉝黥布：即英布（？—公元前195年），六县（今安徽六安东北）人，曾坐法黥面，故称黥布。初属项羽，封九江王。后归汉，封淮南王。汉初举兵反叛，刘邦亲自带兵平叛，黥布败逃江南，后被长沙王诱杀。卢绾（？—公元前193年）：丰（今属江苏）人。他与刘邦同住一里，而且同日出生，因此关系极好。后随刘邦起义，为将军。刘、项相争时，官太尉，封长安侯。后又从刘邦破燕王臧荼，封燕王。后反叛，事败，逃往匈奴，为东胡卢王，死于匈奴。南面称孤：指为王。古代以坐北朝南为尊位，故天子诸侯见群臣皆南面而坐。

㉞椎埋屠狗之人：指出身低贱之人，这里即指樊哙，樊哙少时以屠狗为业。椎埋：杀人而埋之，一说谓盗掘坟墓。

【译文】

然而天下安定之后，关于子孙后代长治久安的计策，陈平、张良等人却没有考虑到；而汉高祖刘邦则常常为之事先谋划安排。并且他的决定完全符合后来的实际情况，就好像他亲眼看到了事变情况之后才做出这些安排一样。这说明汉高祖的高明之处就在于对大事能够看得很透彻，而对于一些琐碎小事则很不在意，这一点我们可以从后来发生的一系列事件看出。

汉高祖曾经对吕后说："周勃质朴老实，没有修养，但是能够安定刘氏天下的必定是周勃这个人。可以让他担任太尉。"当时，刘氏江山已经稳固了，还要让周勃去安定谁呢？所以我猜想汉高祖之所以把太尉这一重要的官职托付给周勃，是因为他预见到将来诸吕为乱的祸殃了。既然如此，汉高祖为什么不及早除掉吕后呢？这是因为当时的形势不允许啊。过去周武王死时，其子周成王幼年继位，三监发动叛变。汉高祖考虑到在自己死后，在将相大臣和那些诸侯王中一定会有武庚那样的叛臣，而却没有谁能够控制局势。所以他认为只要有吕后在，那么这些人就不敢反抗年幼的皇帝，正如只要家里有主事的母亲在，即使是强梁凶悍的奴仆也不敢欺侮幼弱的主子一样。吕后曾辅助汉高祖平定天下，大臣们一向畏敬顺从，只有她可以压制住那些大臣的不良居心，等待年幼的君主长大成人，掌握政权。因此汉高祖生前不除去吕后，正是为汉惠帝考虑。

既然不能除去吕后，那么只能剪除她的党羽，削弱她的权势，让她即使发生变故也不至于动摇刘姓政权。因此，像樊哙这样的功臣，刘邦一旦下决心达到自己的目的，也就毫不犹豫地要除掉他。唉！难道汉高祖单单对樊哙不仁吗？况且樊哙和汉高祖一起起兵，攻城破阵，功勋卓著。当年鸿门宴时，范增唆使项庄刺杀刘邦，如果没有樊哙出生入死，冒着生命危险当场谴责项羽，那么汉朝能否建立还是个问题呢。可是一旦有人说樊哙要在高祖死后消灭戚氏，虽然樊哙正肩负平燕大任，汉高祖还是立即命令陈平、周勃赶往军营将他就地处死。当时樊哙的罪行还没有得到确认，说他有杀害戚夫人之心也很难分辨是真是假。况且汉高祖也不会因为一个女人的性命就诛杀开国的功臣，这一点也是明显无疑的。樊哙的妻子是吕媭，吕氏的族人中像吕产、吕禄之流，都是些不足忧虑的平庸之才，只有樊哙一人强横勇健，别的将领都很难制服他，因此刘氏后代的祸害没有比他更大的了。汉高祖对待吕后，就像医生对待“堇”这种毒药一样，用它的毒来治疗疾病，而又不让它毒死人。樊哙一死，那么吕后的毒将不至于伤害汉朝江山。因此汉高祖认为只要除掉了樊哙，就可以使他死后没有什么值得忧虑的。但是陈平、周勃由于不敢得罪吕后，并没有遵照命令杀掉樊哙，这就将汉高祖的忧患保留了下来。幸好樊哙死于汉惠帝六年，这是天意啊！如果他还在世的话，那么吕禄就不会那么容易上当，太尉周勃也很难掌握北军了。

也许有人会说樊哙是汉高祖最亲近的人，即使他活着也未必就会参与吕产、吕禄的谋反。韩信、黥布、卢绾等人曾被封王，而卢绾又是最受汉高祖宠爱的，但汉高祖还没死的时候他们就相继因为叛乱被讨灭了。谁又敢说汉高祖死了之后，像樊哙这样性情残暴、出身低贱的人看到自己的亲戚趁着有利的形势造反称帝称王之时，而他不会跟着一起造反呢？因此我才说陈平、周勃这两个人没有遵照汉高帝的命令除掉樊哙，是将他生前的忧患留了下来。

【精解】

智者当深谋远滤虑，未雨绸缪

本篇论汉高祖刘邦为“后世子孙之计”而煞费苦心，盛赞刘邦之远见明识，委婉地表达了当“天下已定”之时，统治者必须作长远之计，切不可苟安于目前的见解。作者文章劈头便以陈平、张良为衬托，先写高祖之两“不如”，然后突出主旨，写陈平、张良之智实不及高祖，高祖之智乃“明于大而暗于小”。接着引述史事，围绕主旨作层层分析。事略言简，笔带锋芒，纵横上下，出入驰骤，充分体现了苏洵为文博辩宏伟的特点。

一位当代伟人曾经说过：“政治是不流血的战争，战争是流血的政治。”这段名言简洁形象地说明了战争与政治水乳交融的密切的关系及其各自的特点。在谋取军事斗争的胜利和谋取政治斗争的胜利手段方面，也存在着极其相似的地方。汉高祖刘邦是我国历史上卓有远见的布衣皇帝。他出身卑微，在秦末乱世之中凭借其军事权谋与用人之术夺取天下。当天下已定，他治理国家时，他又表现出极高的政治权术。当刘邦初掌政权的时候，他清楚地认识到政权的脆弱，功高盖主的异姓王、野心膨胀的吕后以及各地分封的同姓王侯，都在威胁着这个尚在摇篮的刘氏政权。如何让自己辛苦打下的江山刘氏世代相传成为刘邦不得不考虑的问题。马上打天下的刘邦深知异姓诸侯掌握军队的危险。在建立西汉政权后，刘邦以分封同姓王的手段，削弱功臣武将的权力，并将他们逐出权力核心。所以，当在朝为政的萧何、张良被吕后制服后，韩信就成了第一个牺牲品。刘邦对于吕后弄权，也早有察觉，但是为了平衡朝中各种势力，牵制各地王侯，又不能像对待异姓王那样彻底铲除，因此明知身后将有吕氏之祸而不去吕后，而只是用打击其党翼、削其锋芒的方法进行节制。

汉高祖刘邦

（公元前256—公元前195年），字季（一说原名季），沛郡丰邑中阳里（今江苏丰县）人。秦末起兵于沛（今江苏沛县），称沛公。秦亡后被封为汉王。后于楚汉战争中打败西楚霸王项羽，建汉，庙号为高祖。

对于自己的身后之事，刘邦未雨绸缪，也作了细心的安排。他托孤于忠心耿耿的萧何，让其专心辅佐太子。刘邦弥留之际，吕后则问："如果萧相国死了，谁可以代替他呢？"答曰："曹参可。"吕后又问除了曹参还有谁，刘邦回答："王陵也可以为相，但是他憨厚耿直，可以让陈平辅佐他。陈平虽然足智多谋，但他一个人却难成大事。周勃稳重宽厚，质朴少文，但能够安定刘家天下的一定是周勃，可以任命周勃为太尉。"吕后继续追问，刘邦叹息说："这以后的事情就不是你所能够知道的了。"这段对话实际上是对他死后朝中各种势力角逐的应对策略，充分显示了其智"明于大而暗于小"，实乃"陈平、张良智之所不及"。汉高祖十二年（公元前195年）四月，刘邦驾崩，葬于长陵（位于陕西省咸阳市窑店乡北），谥号为高皇帝，庙号是高祖。刘邦死后，吕后掌握了朝中大权，她一方面遵照刘邦所说，分别任用曹参、王陵为相国；另一方面却大肆扶植吕姓势力，打击刘姓诸侯。吕后死后，吕氏族人意欲叛乱，周勃等人合力击败吕氏，迎立代王刘恒为帝，稳定了刘汉天下，开创了"文景之治"的盛世局面，也应验了刘邦当年关于"周勃安定刘家天下"的预言。

在当今社会，我们也要多学习汉高祖那种独具的魅力和处事方式，深谋远虑，未雨绸缪，为自己人生道路做好准备。

第三篇

为政之道

第十一章 审势

1. 先定所上，方可长久

【原典】

治天下者定所上[①]，所上一定，至于万千年而不变，使民之耳目纯于一[②]，而子孙有所守[③]，易以为治[④]。故三代圣人其后世远者至七八百年[⑤]。夫岂惟其民之不忘其功以至于是[⑥]，益其子孙得其祖宗之法而为据依[⑦]，可以永久。夏之上忠，商之上质，周之上文[⑧]。视天下之所宜上而固执之[⑨]，以此而始，以此而终，不朝文而暮质以自溃乱[⑩]。故圣人者出，必先定一代之所上。周之世，盖有周公为之制礼[⑪]，而天下遂上文。后世有贾谊者说汉文帝[⑫]，亦欲先定制度，而其说不果用。今者天下幸方治安，子孙万世帝王之计[⑬]，不可不预定于此时。然万世帝王之计，常先定所上，使其子孙可以安坐而守其旧[⑭]。至于政弊[⑮]，然后变其小节[⑯]，而其大体卒不可革易[⑰]。故享世长远而民不苟简[⑱]。

【注释】

①上：同“尚”，尊崇、崇尚。“定所上”即指制定带根本性的政治方针作为治理天下的首要准则。

②纯于一：集中于一点，比较单纯。

③守：遵守的法则。

④易以为治：很容易进行治理。

⑤三代：这里指夏、商、周三个朝代。“圣人”即指这三个朝代的开创者，分别为大禹、商汤与周武王。夏代从大禹至桀，共四百七十一年；商代从汤至纣王，共四百九十六年；周代从周武王灭商至秦统一天下，共八百六十七年。三代皆享国长久。

⑥以至于是：这才造成了现在的这种局面。

⑦据依：即依据。

⑧上忠：崇尚忠诚。上质：崇尚质朴。上文：崇尚文饰。

⑨固执：顽固不变地执行。

⑩朝文而暮质：形容朝令夕改。

⑪周公：周武王的弟弟，亦称叔旦，因采邑在周（今陕西岐山北），故称为周公。据《礼记》记载，周武王死后，周成王继位。但成王年幼，于是由周公辅政。不久，周公在一次朝会群臣时，制定了各个阶级都必须遵守的礼仪规范，天下都尊用之。

⑫贾谊：（公元前200—公元前168年），西汉洛阳（今河南洛阳市）人。贾谊自幼聪慧，十八岁便以博学能文而闻名于郡中。文帝时，郡守吴公推荐为博士，后升任太中大夫。他为人自负，常上疏批评时政，提倡改革，主张设立新的国家制度，因此受到许多朝中大臣的排挤，汉文帝也未能采纳他的意见。最后贾谊因为不得志，很年轻就死了。汉文帝：刘邦之子儿子刘恒，公元前180—公元前157年在位。

⑬子孙万世帝王之计：为子孙万世称帝考虑。形容很长久的策略。

⑭安坐：安稳而坐。这里指很容易。

⑮至于：等到。政弊：政治出现弊端。

⑯小节：琐碎细小的方面。

⑰大体：总体根本的方面。卒：最终。革：改革。易：变动。

⑱苟简：轻率而简略。

【译文】

治理天下的人一定要先弄清楚自己所崇尚的东西。所崇尚的事物一旦被确定下来，就应历经千百年而不变，如此方能使人民的耳目专一。而子孙后代也有了可以遵循的东西，也就比较容易治理了。所以夏、商、周三代的圣贤，他们的后世子孙有的可以享国七八百年。这并不是因为贤圣的功业流芳百世，而是因为后世子孙们得到他们的祖宗制定的规范而加以推行，才能得以长久的。夏代崇尚忠诚，商代崇尚质朴，周代崇尚文饰。他们根据自身的实际情况而长期地推行下去，自始至终贯彻不变，不会因朝令夕改而弄得人心惶惶。因此圣贤出世一定先确定自己一代所崇尚的东西。周代，大概是因为周公制礼，于是天下都崇尚文饰。汉代有一个名叫贾谊的人游说汉文帝，建议他先制定制度，但没有被采用。现在恰逢太平盛世，正是为子孙万世谋划帝王之计的时候啊。但流传万世的帝王之计，首先要先确定所崇尚的东西，才能使后世子孙可以很容易地遵守而不必变更。等到这种政治产生了弊端，再做细微的调整，而根本的方面不能变动。因此，这样的圣贤才能享国长远，而人民也不会随意地变更那些制度。

【精解】

谋定后动

《审势》篇论治国之要应先“定所上”，即制定好带根本性的指导方针；而要“定所上”，就必须“审势”，即研究当前形势，明察所存在的问题，明了“天下之病”所在方可对症下药。否则宽严皆误，必有亡国之忧。文章层层深入，鞭辟入里，读至最后，令人不得不佩服苏洵的卓越文才与对现实的深刻洞察力。文章引古论今，取譬设喻，酣畅明晰，雄辩地说明了为政必先审势这一中心论点。

文章所论“定所上”不单指治国，普通人欲有作为也应先制定总体方针，并逐步实施，方可成大业。东汉建安十二年（207年），诸葛亮的好友徐庶向刘备推荐了诸葛亮。而此时刘备正依附于荆州牧刘表门下，尽管刘表以宗室之谊对刘备待以上宾之礼，让刘备所部屯兵新野（今河南新野）。但刘备作为一代枭雄并不甘心寄人篱下，急切地盼望壮大实力，以求能实现其逐鹿中原的大志。刘备对诸葛亮其人是早有所闻，据《襄阳记》载，刘备访世事于司马德操，德操曰：“儒生俗士，岂识时务？识时务者在乎俊杰。此间自有伏龙、凤雏。”因此，当徐庶力荐诸葛亮时说：“诸葛孔明者，卧龙也。”刘备便迫不及待地冒着隆冬的严寒和大雪三往隆中，向诸葛亮请教统一天下的大计。这正是《三国演义》中罗贯中所述“三顾茅庐”故事的由来。时年刘备四十七岁，而诸葛亮年仅二十七岁。诸葛亮认为刘备是与他志同道合、可以信赖的明主，便把自己对当时社会形势的观察与分析和盘托出，并且针对刘备的处境，向刘备提出了一套完整的三分天下、建基立国和北伐中原的战略方针，这便是著名的“隆中对”。

从“隆中对”中我们可以看出，“隆中对”是诸葛亮对当时政局的看法，并且针对刘备无根据地的处境提出的具有远见卓识的战略方针。首先，他对当时的形势做了透彻的分析：“自董卓以来，豪杰并起，跨州联郡者不可胜数。曹操比于袁绍，则名微而众寡，然操遂能克绍，以弱为强者，非惟天时，抑亦人谋也。今操已拥百万之众，挟天子而令诸侯，此诚不可与争锋。孙权据有江东，已历三世，国险而民附，贤能为之用，此可以为援而不可图也。”而荆州和益州乃用武之地，“荆州北据汉、沔，利尽南海，东联吴会，西通巴、蜀。”“益州险塞，沃野千里，天府之土，高祖是因之以成帝业。”应利用荆州刘表、益州刘璋不能守成的机会，“跨有荆、益”，取代割据荆、益的刘表、刘璋，建立起可靠的根据地，与曹操、孙权三分天下。与此同时，利用“帝室之胄，信义著于四海”的声望，

《三顾一遇图》清代孙忆绘，日本东京博物馆藏。取材于《三国演义》中刘备三顾茅庐请诸葛亮下山的故事。

招揽人才，内修政理，逐步增强政治、经济和军事实力。此外，还提出了外交策略，一方面在益州要“西和诸戎，南抚夷越”，妥善处理好与西南地区少数民族的关系，解除以后北伐的后顾之忧。另一方面，在荆州要“结好孙权”，与孙权建立抗击曹操的联盟。“诚如是，则霸业可成，汉室可兴矣。”综观后来的历史进程，诸葛亮在“隆中对”中对当时形势的分析基本上是符合客观实际的，为刘备制定的战略决策大体上也是行之有效的。

诸葛亮的“隆中对”因《三国演义》的渲染流传千古，而楚汉相争时期韩信的“汉中对”同样精彩。刘邦退居巴蜀之地时，萧何月下追韩信，并向刘邦力荐韩信，韩信后被拜为大将军。但韩信拜将之时，刘邦并不了解韩信。拜将大礼完毕之后，刘邦自然希望从交谈之中了解一下自己拜的这位大将军的计策。于是，二人进行了一番长谈，引出了韩信的“汉中对”。一开始刘邦问韩信：“丞相数言将军，将军何以教寡人计策？”韩信不急回答，反而问道：“今东向争权天下，岂非项王邪？”意思是说我们东出争夺天下首要的敌人是不是项羽。汉王回答：“然。”韩信再问：“大王自料勇悍仁强孰与项王？”汉王默然良久，曰：“不如也。”韩信施礼后说道：“惟信亦为大王不如也。然臣尝事之，请言项王之为人也。”之后韩信论项羽，一曰为匹夫之勇，二曰为妇人之仁。了了数言，直指项氏之死穴。然后，韩信又论天下之势，定建国之方略。韩信指出项王分封诸侯，天下粗定。刘邦西入汉中，秦之降将三分秦地以塞汉王东进之路。而汉王东进必经三秦，若一味迁延观望，则三王立足已稳，天下渐次大定。因此应乘秦民怨望三王、三王立足未稳之时麾军东进，则三秦可传檄而定。然后以巴蜀、汉中及三秦之地为根据地，北下魏赵，并力东向，则可得争天下之势。

韩信此番话实际上是为刘邦制定了总的战略方案，而且之后的史实也确实验证了这套方案的有效性。韩信七月拜将，汉王八月即袭击章邯。果如韩信所料，汉兵出其不意，势如破竹。雍王章邯败走，塞王欣、翟王翳皆降，汉王遂并三秦，由此奠定楚汉相争之基础。司马光在《资治通鉴》中赞叹道："世或以韩信为首建大策，与高祖起汉中，定三秦，遂分兵以北，禽魏，取代，仆赵，胁燕，东击齐而有之，南灭楚垓下，汉之所以得天下者，大抵皆信之功也。"

2. 审势强弱，应之以权

【原典】

今也考之于朝野之间[①]，以观国家之所上者，而愚犹有惑也[②]。何则？天下之势有强弱，圣人审其势而应之以权[③]。势强矣，强甚而不已则折[④]；势弱矣，弱甚而不已则屈。

【注释】

①朝野：朝廷与民间。

②愚："我"的谦称。惑：糊涂，令人不解。

③应之以权：以权变来应付。

④不已：不停止。

【译文】

如今让我们从朝廷与民间两个方面来观察一下国家所崇尚的东西，而我却感到有些疑惑了。为什么呢？天下的形势并非一成不变，有时强而有时弱，贤明的君主会根据情势来加以变通。如果形势过强，发展到没办法停止的地步就一定会遭到挫折；如果形势削弱，一直弱下去而无力挽回就一定会受到损害。

【精解】

审时度势，应之以权

苏洵在文中反复强调作为一个统治者，要善于分析眼前的形势，作出正确的判断，然后采取相应的措施。汉高祖刘邦之所以能在乱世之中由弱到强，并最终击败项羽取得天下，便在于他能够“审其势而应之以权”。

刘邦攻入咸阳之后，接受了一个谋士的建议，派重兵把守咸阳的门户函谷关。刘邦认为函谷关是中原地区进入秦地的必经之路，把守住了此地即可在关中高枕无忧。但是，按照约定北上救赵的项羽此时已经取得了决定性胜利，率领大军浩浩荡荡地奔赴关中。项羽大军来到函谷关，发现已经被刘邦的军队把守，等于是关上了项羽西进关中的大门。项羽的谋士范增意识到刘邦妄图在关中称王的野心，立即建议项羽派兵攻打函谷关。斗志昂扬的项羽大军不费吹灰之力就将刘邦驻守关口的军队打得大败而归。项羽大军乘胜追击，屯兵鸿门（在咸阳西北方，与东南方的霸上遥遥相望），遥指刘邦大军营地霸上，威慑咸阳。此时，项羽实有兵力四十万，号称一百万；而刘邦实际拥有的兵力不过十万人，虽然号称二十万之众，但是若要与项羽作战无疑是以卵击石。

项羽的叔叔项伯是张良昔日好友，不忍心张良在战争中受戕，于是连夜从鸿门赶到霸上劝说张良离开。以忠肝义胆著称的张良不忍独自逃生，而是找到刘邦，将项羽部署大军准备一举将他消灭的消息如实报告。刘邦大惊失色。在全面地分析了敌我形势之后，张良等谋士认为以刘邦目前的军事实力而言，根本没有和项羽决战的资本，现在应该以示弱来保存实力，因此建议刘邦亲自前往鸿门，向项羽解释自己虽然占领了咸阳，但是并无称王之意，以此赢得项羽的信任，以免与项羽大军提前决战。同时，在张良的撮合下，刘邦与项伯连夜结成儿女亲家，以亲戚关系来拉笼项伯。秘密返回鸿门军营后的项伯立即在项羽面前为刘邦辩解，同时转告项羽说刘邦并无心称王，近日将亲自来到鸿门解释派兵驻守函谷关的原因。第二天一早，刘邦只带猛士樊哙、谋士张良和一百名精锐亲兵亲自到鸿门来见项王。刘邦登门造访，本是项羽斩草除根的好机会，但是项羽被刘邦示弱的假象所迷惑，拒绝了范增的建议，决心对刘邦以礼相待。范增见项羽义气当头，就自作主张安排项羽的堂兄弟项庄以舞剑助兴为由，持剑进入大帐，伺机刺杀刘邦。关键时刻，项伯以身体挡住了舞剑的项庄，刘邦则趁机离开。这就是历史上著名的鸿门宴。

鸿门宴遗址樊哙雕像

刘邦在鸿门宴上逃过劫难后，立即将自己的部队撤出咸阳。而项羽则开始论功行赏，分封王侯。项羽根据谋士范增的建议，将对自己威胁最大的刘邦封为汉王，违背当初楚怀王的约定，将刘邦分封到巴蜀和汉中地区。项羽则自称西楚霸王，尊称楚怀王为义帝。为了防止刘邦威胁自己的统治，项羽将关中地区一分为三，分封给秦朝三降将章邯、司马欣和董翳分别驻守，意在堵塞刘邦东进的道路。刘邦自然明了项羽分封的用心，但是由于自己的实力远远无法与项羽抗衡，为了赢得战略喘息的机会，刘邦佯装感恩，接受了项羽的分封，退守到汉中。为了最大限度地消除项羽对他的猜疑，刘邦接受谋士的建议，烧毁了从关中通往汉中的栈道。这条栈道是从关中翻越秦岭，南通汉中、巴蜀的交通要道，由秦岭古道、褒斜道、连云栈道组成，全长二百五十公里，架于悬崖绝壁和泥沼之地，一旦烧毁，重修工程极其巨大。刘邦此举，既向项羽展示了他甘愿永远留守汉中、无意挑战项羽统治的决心，同时也阻绝了其他诸侯对汉中的袭击。公元前206年，刘邦终于等到了反攻的时机。是年，趁项羽大军在齐鲁大地与叛军决战而无暇西顾之际，采纳了韩信“明修栈道，暗度陈仓”的策略，重新占领了关中。项羽得知消息，然已晚矣。中国历史也因此进入了为期四年的“楚汉之争”。

只有从宏观上把握住政治、经济、军事等各方面的变化，才能有针对性地制定出相应的政治谋略和军事谋略，这就是历代兵家所说的审时度势。其中的“势”，既可以指国内外总的形势，也可以指微观上的具体态势。只有认清了“势”，才能依据“势”及时客观地做出决策。

3. 因势利导，威惠并施

【原典】

圣人权之，而使其甚不至于折与屈者[①]，威与惠也[②]。夫强甚者威竭而不振[③]，弱甚者惠亵而下不以为德[④]。故处弱者利用威，而处强者利用惠。乘强之威以行惠[⑤]，则惠尊[⑥]，乘弱之惠以养威，则威发而天下震慄[⑦]。故威与惠者，所以裁节天下强弱之势也[⑧]。

然而不知强弱之势者，有杀人之威而下不惧，有生人之惠而下不喜[⑨]。何者？威竭而惠亵故也。故有天下者，必先审知天下之势，而后可与言用威惠。不先审知其势，而徒曰我能用威，我能用惠者，未也。故有强而益之以威[⑩]，弱而益之以惠，以至于折与屈者，是可悼也[⑪]。譬之一人之身[⑫]，将欲乳药饵石以养其生[⑬]，必先审观其性之为阴，其性之为阳[⑭]，而投之以药石。药石之阳而投之阴，药石之阴而投之阳。故阴不至于涸[⑮]，而阳不至于亢[⑯]。苟不能先审观己之为阴与己之为阳，而以阴攻阴，以阳攻阳，则阴者固死于阴而阳者固死于阳，不可救也。是以善养身者先审其阴阳[⑰]，而善制天下者先审其强弱以为之谋。

【注释】

①不至于：不会达到某种程度。

②惠：恩惠。“威与惠”犹言“猛与宽”、“威与恩”。儒家传统的社会政治思想以德主刑辅、宽猛相济、恩威并施为基本统治原则。

③竭：用尽，穷尽。

④亵（xiè）：轻慢、随便，不庄重。

⑤乘：利用，凭借。行：施行。

⑥惠尊：恩惠受到尊重。

⑦震慄：恐惧颤抖。

⑧裁节：控制、节制。

⑨生人：使人活下去。生：使……生。

⑩益：更加。

⑪悼：哀伤、悲伤。

⑫譬（pì）：打比方。

⑬乳、饵：这里皆为动词，都是“服食”的意思。石：古代用来针灸的石针。

⑭阴、阳：古人认为人体由阴、阳二气构成，阴阳失调，则病痛生。因此养生、治病，也需从阴阳二气入手，以阴治阳，以阳治阴，才能达到治病强身的目的。其实，阴阳的概念，源自古代中国人民的自然观。古人观察到自然界中各种对立又相联的大自然现象，如天地、日月、昼夜、寒暑、男女、上下等，以哲学的思想方式归纳出“阴阳”的概念。

⑮涸（hé）：衰竭、干枯。

⑯亢（kàng）：过多，这里形容极盛。

⑰善：善于，长于。

【译文】

贤明的君主善于权衡，使所处之形势既不会因过于强势而受到挫折，也不会因过于弱势而屈服，其凭借的手段就是威势与恩惠。太强势了，威势用尽就会一蹶不振；太弱势了，施行恩惠没有节制则天下人也就不以为这是恩惠了。因此处于弱势地位的人应使用威势，而处于强势地位的人则应使用恩惠。依借着强势时的威严来实施恩惠，那么恩惠就显得尤为珍贵，人们也更珍重它；凭借着弱势时的恩惠来积蓄威势，那么威势的力量一旦发挥出来，天下人都会为之震惊不已。所以，威势与恩惠都是用来节制、调节天下强、弱形势的手段。但是一个人如果不懂得运用强弱之势，那么即使他有杀人如麻的威严，人们也不会畏惧他；即使他实施了免人一死的恩惠，人们也并不会感到高兴，也不因此而尊敬他。这是为什么呢？这正是因为他的威严毫无节制以致枯竭，而他的恩惠却又过于随意以致泛滥的缘故啊。因此一个拥有天下的君主，首先必须要明了天下的“强”与“弱”的形势，而后才可以和他谈“威”与“惠”。如果他不先了解所处的形势，而却说我能施之以“威”，我能施之以“惠”，那么这一定是做不到的空话而已。因此就出现了势越强却越施之以威严，势越弱又越发地施之以恩惠的情况，而这势必又导致了太刚而折与太弱而屈的局面，这种局面的出现令人可悲可叹。就比如一个人的身体，我们如果想通过服食药物以及针灸等手段使他得以长生，就必须先观察他的身体情况，明了到底是属于阴还是属于阳，然后才可以加以治疗。用属阳的药物来治理阴，用属阴的药物来治理阳，于是阴既不至于衰竭，而阳也不至于过高，实现阴阳的调和。但是如果事先对自己的身体状况没有了解，便拿着属阴的药物来治阴，用属阳的药物来治阳，那么势必会造成阴重者死于阴，而阳重者死于阳，这也就无药可救了。因此善于养生之人，要先了解自己身体的“阴”、“阳”之势；而善于治理天下的人，也势必要先了解天下“强”、“弱”之势，而后才可以应之以谋略。

【精解】

因势利导，威惠并施

苏洵在此文中谈到了在“势”发生变化时，也就要相应地采取对策，或者“威”，或者“惠”，只有这样才能使自己长期立于不败之地。而深谙此中道理的莫过于历代帝王，他们运用手中无尚的权力，巧妙地使用着威与惠两种手段，控制笼络着臣子，巩固自己的统治。唐太宗李世民就是其中较具代表性的一位帝王。

公元630年春天，唐朝名将李靖一举平灭东突厥，为唐朝的开疆拓土立下了汗马功劳。然而凯旋回朝后，李靖非但未受褒奖，反被御史大夫温彦博以“军无纲纪，致令虏中奇宝散于乱兵之手”为由参了一本。李靖觐见时，唐太宗李世民即根据温彦博奏疏中提到的那些事端和理由严厉训斥了李靖一通，绝口不提此战的功勋。李靖不敢辩解，更不敢邀功，只能频频叩首谢罪。随后的日子，李靖寝食难安，“兔死狗烹、鸟尽弓藏”的忧惧之情不免向李靖袭来。忽有一天，唐太宗又传召他进宫。一反上次觐见时的严词训斥，唐太宗用语重心长的口吻对李靖讲到隋朝时史万岁击败西突厥回朝后却有功不赏反因罪被朝廷处决的事例，并告知李靖可以放心，他不会做这种杀戮功臣的事情，决定赦免李靖的罪行，奖励功勋。听罢这番话，李靖顿觉感激涕零，多日的忧愁恐惧随之消解，代之以喜获重生的庆幸和感恩。随后，唐太宗李世民下诏加封李靖左光禄大夫，赐绢千匹，并赐食邑。后来，又拜李靖为尚书右仆射。乍起乍落、前后冰火两重天的感觉让李靖不胜欷歔、无限感慨，在感恩戴德之余，又不免惶恐之至。也正因为此，李靖在此后平添了几许临深履薄的戒慎之心。

李靖

(571—649年)，字药师，雍州三原（今陕西三原县东北）人。唐初杰出的军事家。

类似的故事在唐太宗时的诸多名臣名将身上都曾上演过。尉迟敬德是唐太宗的又一名将，起初未免时常显露自恃功高的情绪。公元632年的一天，唐太宗李世民赐宴百官。觥筹交错、欢声笑语之间，尉迟敬德却因一功勋并不高的将领的座次在他之上而心生不悦，借酒发飙，并与前来劝解的亲王李道宗发生冲突。喜宴气氛顿时被破坏，李世民龙颜大怒，当即离去。宴席散后，李世民传召尉迟敬德严加训斥说，他过去对汉高祖刘邦诛杀功臣的事非常反感，所以总想跟本朝的功臣们同保富贵，世代不绝。可是尉迟敬德却恃功屡触国法。李世民还告诫尉迟敬德深加反省，好自为之，并说国家纲纪惟赏与罚；非分之恩，不可常有。身为人臣，尉迟敬德听后的震撼和恐惧不言而喻。此后，唐太宗仍不时以言语敲打警告他。自此，这位半生纵横沙场、功劳无数的悍将“由是始惧而自戢。”

尉迟恭

（公元585—658年）字敬德，汉族，朔州鄯阳（今山西朔城区）人。中国唐朝名将，是凌烟阁二十四功臣之一，赠司徒兼并州都督，谥忠武，赐陪葬昭陵。

在唐太宗生命的最后一刻，他再次运用威惠并施手段为太子李治的统治地位进行了充分安排。李勣为唐初名将，通晓兵法，原本姓徐，唐高祖时就赐他姓李，称赞他是“纯臣”，并委以重任，施以丰厚的赏赐，唐太宗对他更是钟爱有加。但对这样的贤才良将，唐太宗李世民却甚是忧虑久后是否可用。一天，他问李靖日后太子当国该如何驾驭李勣。李靖则对唐太宗讲道，致人莫过威恩并施，可先行废黜李勣，将来再令太子重新启用，这样他必定会对太子感恩图报。唐太宗听说甚为赞同，并称如此则无虑了。李世民在病势沉重时对太子李治嘱咐说：“李勣才智过人，但你于他无恩，恐怕难以使他效忠。现在我把他贬黜到地方，如果他马上出发，等我死后你就重新起用他为仆射；要是他迟疑拖延，你就把他杀了。”随后，李世民一纸诏书把时任同中书门下三品的李勣贬为叠州都督。散朝后李勣径直踏上了贬谪之途，连家都没回。李勣被贬当月，唐太宗李世民驾崩。次月，太子李治即位。登基仅三天，李治就把李勣擢升为洛州（今河南洛阳）刺史兼洛阳宫留守；半个月后，又加开府仪同三司并“同中书门下，参掌机密”；同年九月，正式拜其为尚书左仆射。此后，李勣成为唐高宗朝忠肝义胆的辅弼重臣。公元668年，李勣以75岁高龄挂帅出征，一举平灭了高句丽。如果没有唐太宗的先抑后扬、恩威并施，功劳盖世的李勣能否对新即位的皇帝感恩戴德、忠心耿耿也未可知。

也许正因为唐太宗李世民因时因势地巧妙运用威惠并施的手段，才牢牢掌控住手中权力，驾驭臣子，才能与绝大多数唐朝开国元勋宿将相安无事、善始善终，青史留下了美名。

第十二章 审敌

1. 内忧为本，外忧为末

【原典】

中国内也①，四夷外也②。忧在内者，本也③；忧在外者，末也④。

【注释】

①中国：亦称中原、中华。我国古代华夏族兴起于黄河流域一带，以为居天下四方之中，故称。本文指作者所处的宋朝。

②四夷：古代对华夏族以外各民族的蔑称。称东方的少数民族为夷，西方为戎，北方为狄，南方为蛮，合起来叫四夷。这里是指宋朝四周的少数民族。

③本：根本。

④末：末端，泛指事物的端、尾，这里指事物非主要部分，与“本”相对。

【译文】

宋朝地处中原，而四周的少数民族分布在宋朝的边境之处。宋朝内部的忧患是根本的问题，而与之相比，外部出现的一些忧患就是细枝末节了。

【精解】

自强方可御敌

此篇是专门的“言兵”之作，反映了苏洵的军事思想。当时北宋王朝面对辽和西夏的威胁却软弱无能，竟采取以大量贿赂换取苟安的屈辱政策。对此苏洵明确提出：“愚以为天下之大计，不如勿赂。”公开反对向辽和西夏贿赂。作者在本篇中深刻地揭示了北宋王朝所奉行的屈辱政策名为息民，实为残民；名为外忧，实为内忧的实质。文章针对现实，切中时弊，指事析理，周详得当，为极明切之论。

其实早在宋朝以前的历史就不止一次告诫我们“内忧为根，外忧为末”的道理了，也就是说自强方可御敌，比如战国时期的燕、秦二国便是通过自强革新而称雄于天下的。据《史记》记载，周武王之灭纣，封召公于北燕，即今北京及河北中、北部。燕国的都城在“蓟”(位于今北京房山区琉璃河)。燕国建国以后与中原各地来往甚少，文化较中原落后，在春秋初年的外族入侵中更是险些亡国，凭借齐国“尊王攘夷”的军事帮助才得以保全，并进而在日后有了发展。但公元前318年，燕王哙作出了一个惊世骇俗的大事，将燕王的君位“禅让”给燕相子之，并把三百石以上高官的玺印全部收回，交由子之任命。此举引起了国内动乱，太子和一些贵族起兵反击子之，国内大乱。这场内乱，使燕国人心涣散，国力严重削弱。齐国趁机伐燕，齐将军章子率军很快攻占了燕都，燕王哙和子之被杀。同时中山国也趁机出兵攻占了燕国部分领土。在燕国军民的奋力抵抗和赵、韩、秦、楚等国的压力下，齐国不得不退兵。燕国人拥立太子平为燕昭王。

燕昭王即位后励精图治，“吊死问孤，与百姓同甘苦”，决心兴复燕国，报仇雪耻。燕昭王一心想招揽人才，亲自登门求教老臣郭隗。郭隗沉思片刻后给燕昭王讲述了一个故事，大意是有一国君愿意出千两黄金去购买千里马，然而时间过去了三年却始终没有买到。后来好不容易发现了一匹千里马，当这位国君派手下带着大量黄金去购买千里马的时候，千里马已经死了。可被派出去买马的人却用五百两黄金买来这匹千里马的尸骨。国君生气地说：“我要的是活马，你怎么花这么多钱弄一匹死马来呢？”国君的这位手下说：“你舍得花五百两黄金买死千里马，更何况活千里马呢？我们这一举动必然会引来天下人为您提供活千里马。”果然，很快就有人送来了三匹千里马。郭隗又说：“大王一定要征求贤才，就不妨把我当马骨来试一试吧。”燕昭王听了大受启发，于是拜郭槐为师，为他建造了宫殿。后来没多久就引发了“士争辏燕”的局面，投奔而来的有魏国的军事家乐毅，有齐国的阴阳家邹衍，还有赵国的游说家剧辛等。落后的燕国一下子便人才济济了。燕昭王以乐毅为亚卿主持国政，经过二十八年励精图治，原本一个内乱外祸、满目疮痍的弱国，逐渐成为一个富裕兴旺的强国。公元前286年，齐国灭宋国，引起各国震动，各国频繁相会，推动了反齐联盟的建立。公元前284年，燕昭王拜乐毅为上将军，率倾国之兵联合赵、楚、韩、魏五国伐齐，连下齐国70余城，杀死了齐闵王，报了当年的一箭之仇。

秦兵马俑

秦最初的领地在今天陕西省西部，在当时属于中国的边缘地区。传说因秦的祖先善养马，周孝王因此将他们分封在秦，作为周朝的附庸。公元前770年，秦襄公护送周平王东迁有功，被封为诸侯，秦始建国，收复了被戎人和狄人占领的原周朝在陕西的领地。秦人善战，但一直到战国初期秦一直是一个比较弱的国家。又因为它地处偏僻，所以一直没有受到其他国家的重视。公元前361年，秦献公寿终正寝，其子渠梁立，是为秦孝公。孝公即位之初，对秦之衰弱痛心疾首，乃下求贤令：“宾客群臣

有能出奇计强秦者，吾且尊官，与之分土。”魏国人卫鞅（姬姓，卫氏，因卫鞅本为卫国公族之后，故又称公孙鞅，后封于商，后人称之商鞅）入秦，教秦孝公以霸道之术，秦孝公甚喜，力排众议，以卫鞅为大良造，实施变法。彻底废除旧的世卿世禄制，建立新的中央集权制，推行郡县制，以加强中央集权，重视农产，出现了“家给人足”的繁荣景象。推行军功制，全国百姓以私下斗殴为耻，以为国家立下战功为荣，国家战斗力不断增强。富国强兵的秦国成为战国后期最强大的国家，雄踞于西方。从此秦国开始不断强大，公元前246年秦王嬴政登基，公元前238年掌权，开始了对六国的征服，最终于公元前221年统一了中国。

春秋战国时期，燕国、秦国本是边疆小国，在那个诸侯互相攻伐的年代，不仅没有被吞并，而是通过自强不息的革新精神雄霸诸侯，秦国更是因此而一统天下。

2. 无内忧者，必有外惧

【原典】

夫天下无内忧，必有外惧。本既固矣，盍释其末以息肩乎[①]？曰未也[②]。古者夷狄忧在外，今者夷狄忧在内。释其末可也，而愚不识方今夷狄之忧为末也[③]。古者夷狄之势，大弱则臣，小弱则遁[④]；大盛则侵，小盛则掠。吾兵良而食足[⑤]，将贤而士勇，则患不及中原[⑥]，如是而曰外忧可也[⑦]。今之蛮夷，姑无望其臣与遁[⑧]，求其志止于侵掠而不可得也[⑨]。

【注释】

①盍（hé）：何不。释：放弃，放下。息肩：卸去负担，使自己得到休息，喻解除忧患。

②未：不行，还没到时候。

③愚：第一人称，“我”的谦称。

④遁（dùn）：逃避，躲藏。

⑤兵：兵器。

⑥中原：这里指宋朝的疆土。

⑦如是：假如这样。

⑧姑：暂且，退一步说。望：希图，希望。臣：臣服。

⑨求：乞求。志：志向，这里意思为野心。不可得：不可能。

【译文】

国家如果没有来自于内部的忧患，那必定会有来自于外部的忧患。那么，既然国家内部已经稳固了，是不是就可以先休息片刻而不去管来自于国家外部的那些细枝末节的小事呢?我回答说：这是不行的。因为以前的民族问题是在边境，现在的民族问题则已经蔓延到了国内。如果现在的民族问题真的是一些细枝末节，那暂时可以抛开不管，但我不认为这些问题如今只是细枝末节的问题了。古代的少数民族，如果它的势力非常弱小的话就会臣服，如果并不是很弱的话就会选择逃避；而如果它们发展得非常强盛就会入侵内地，如果并不是很强盛就会选择侵扰、掠夺内地。如果我们内地兵精粮足，军事将领贤能又有谋略，战士也非常英勇无畏，那么少数民族的忧患就不会到达中原，这就可以看作是外忧了。然而现在的民族问题不要说指望着他们来臣服或者逃跑，就是希望他们仅仅满足于侵略掠夺也是不可能的事了。

【精解】

忧患方可兴国

此篇中苏洵分析北宋与西北少数民族国家的关系，提出少数民族国家的威胁已经不能算作治理国家的细枝末节问题了，点明了当时此问题的重要性。从中我们也可以看出苏洵对北宋苟安政策的不满，认为一国一军之最高决策者应当有忧患意识，具有分辨长远利益、威胁以及未雨绸缪的能力。可惜苏洵的远见卓识未能得到宋朝统治者的重视，后来北宋王朝终于覆灭于少数民族政权之手。后来清王朝由兴到衰，最终被动地卷入近代化进程的史实再一次验证了苏洵的高瞻远瞩。

15 世纪，中国经济在总量上仍然居于世界首位。随着航海技术的进步，西方各国和中国的贸易逐步发展起来。为了获得贸易上的利润，西方各国就是做梦也在盼望着进入中国这个巨大的市场。从 1760 年到 1830 年的 70 年间，西方国家对中国的贸易额由 550 万两白银上升为 2260 万两。英国对东方的出口增加了将近 12 倍。1793 年，英国派了富有外交经验的马戛尔尼勋爵率领 135 人的庞大使团来到北京。为了促使谈判成功，使团选择在乾隆皇帝 80 大寿之际带了价值 13000 英镑的礼品来到了北京。为了显示西方的高度文明，这些礼品中包括天文地理仪器、钟表、图册、车辆、军器、乐器、毯毡、船只模型等。清政府以为英国使团是来给乾隆祝寿“进贡”的，吩咐沿海各省热情接待、犒劳过境的英国船只。英国使团在承德避暑山庄向乾隆呈递了国书之后，提出通商减税等六项要求。乾隆听后勃然大怒，断然拒绝。在给英王的复信中，乾隆说：“天朝物产丰盈，无所不有，原不借外夷货物，以通有无”，“尔国王或误听下人之言，任从夷商将货船驶至浙江、天津地方，欲求上岸交易。天朝法制森严，当立时驱逐出洋”。

乾隆皇帝是清朝鼎盛时期的明君，文治武功都非常出色。当时清朝确实还相当强大，英国使节就是生气也没什么办法。不过，乾隆却没有能够抓住这个时机更多地了解世界发展的潮流。由于拒绝和外界交往，使得中国在科学技术上越来越落后。嘉庆年间，对外贸易的顺差使得清政府更为骄傲自满。他们不去研究世界的变化趋势，反而坐井观天，坚定地相信中国就是世界的中心，没有中国的茶叶英国人一天也活不下去。一直到鸦片战争之前，道光皇帝还说什么："天朝天丰财阜，国课充盈，本不籍各国夷船区区货物以资赋税。"英国殖民主义者为了扭转贸易逆差的局面，开始向中国贩卖鸦片。1773年英国殖民政府在印度实行鸦片专卖，英国的东印度公司控制了孟加拉等鸦片产地，大量生产鸦片，专门销售给中国，获取暴利。鸦片贸易不仅毒害了中国人民，还从1804年开始改变了中英两国的贸易态势。英国对华贸易由逆差转为顺差。东印度公司不再需要从欧洲向中国运送白银，反过来在1830年从中国流入英国商人口袋的银元达670万两之多。到了1840年鸦片战争前夕，每年从中国外流的白银将近1000万两。清政府认识到了鸦片的危害之后决定禁烟。在1839年6月3日，钦差大臣林则徐率领地方官吏在虎门将缴获的鸦片全部销毁。英法殖民者贩毒失利，恼羞成怒，决定用大炮轰开中国的大门。1840年6月，英法侵华远征军到达珠江口，鸦片战争正式爆发。

第二次鸦片战争中被焚后的圆明园

1840年6月，英法联军见广州已经严阵以待，不敢轻举妄动，于是避实就虚，北上进犯浙江定海。由于清王朝的官吏腐败昏庸，大部分沿海城镇都没有备战。英法联军攻占了定海之后，继续北上，到达天津白河口。在外国坚船利炮的威胁下，清朝政府为了与英国远征军妥协，道光皇帝于9月28日下旨，将坚决禁烟抗战的林则徐撤职查办，发配新疆。新任的钦差大臣琦善畏敌如虎，一味妥协。他到任之后立即下令撤除了林则徐和邓廷桢等爱国将领设置的海防工事，惩办抗战官员，并且裁减兵船三分之二。在这种盲目无知的情况下，中国在鸦片战争中接连打败仗。英法联军得寸进尺，不断挑衅，很快就把清朝军队打得落花流水。最可恨的是，每次打了败仗，昏庸的清朝官吏还要报捷。打了两年之后，道光皇帝连吃败仗，这个时候他才想起来要了解一下对手的情况，非常滑稽地询问大臣："英国女王年甫二十二岁，何以推为一国之主？有无匹配？其夫何名？何处人？在该国现居何职？该国地方周围几许？所属国共有若干？又英吉利至回疆各国，有无旱路可能？平素有无往来？俄罗斯是否接壤，有无贸易相通？"满朝文武居然张口结舌，回答不出来。其实，道光皇帝的高祖父康熙皇帝早就从传教士南怀仁那里得到了当时最精细的世界地图"坤舆全图"。在这份地图上可以找到欧洲各国的大致位置。可是，清朝皇帝和王公大臣们根本就不关心这些，对世界形势孤陋寡闻，连帕米尔高原和大西洋的地理位置都搞不清楚。如果清政府在鸦片战争中能够正确分析形势，了解对方的虚实，采取正确对策，中国未必会输得那么惨。可是，面对着外来的冲击，清王朝毫无危机意识，对世界上的情况几乎一无所知。昏庸腐朽加上盲目乐观，终于给中国人民带来了一场前所未有的灾难。

诸葛亮说："为政之道，务于多闻。"如果探讨鸦片战争失败的原因，我们可以列出一个单子来。但是作为中国的最高统帅，乾隆以下至道光皇帝都夜郎自大，目光短浅，没有忧患意识，这应当是清政府在鸦片战争中失败的重要原因。

3. 名为外忧，实忧在内

【原典】

北胡骄恣，为日久矣[①]，岁邀金缯以数十万计[②]。曩者，幸吾有西羌之变[③]，出不逊语以撼中国[④]，天子不忍使边民重困于锋镝[⑤]，是以虏日益骄，而贿日益增，迨今凡数十百万，而犹慊然未满其欲[⑥]，视中国如外府[⑦]。然则其势又将不止数十百万也。夫贿益多，则赋敛不得不重；赋敛重，则民不得不残[8]。故虽名为息民[9]，而其实爱其死而残其生也[10]，名为外忧，而其实忧在内也。外忧之不去，圣人犹且耻之[11]；内忧而不为之计，愚不知天下之所以久安而无变也。

【注释】

①北胡：这里是指辽国，辽是与北宋对峙的统治中国北部的一个王朝。公元916年，契丹族领袖耶律阿保机建国，号契丹。公元947年改国号为辽。骄恣（zì）：骄横放纵。为日久矣：时间已经很长了。

②邀：求取。岁：每年。金：泛指金银等贵重物品。缯（zēng）：古代对丝织品的总称。

③曩（nǎng）：从前，过去。幸：侥幸，有幸灾乐祸的意思。西羌：指西夏，是北宋时党项羌所建政权。宋仁宗宝元元年（1038年），元昊称帝，国号大夏，多次侵犯宋境。庆历元年（1041年）好水川之战，宋军将士死者万余人。庆历二年（1042年），辽乘元昊之乱进行要挟，即所谓“西羌之变”。

④不逊：藐视，不尊重。撼：震动。中国：指宋朝。

⑤边民：生活在边境上的百姓。锋：兵刃。镝（dí）：箭头。“锋镝”即泛指兵器，这里即指战争。

⑥迨（dài）：等到。凡：总共。慊然（qiàn）：不满足的样子。

⑦视：看作。府：府库。

⑧赋敛：即国家税收。古代国家对人民征收一定的财物，以维持其正常运行。残：伤害。

⑨名：名义上。息民：使百姓得到休息。

⑩爱：爱惜，珍惜。其：指人民。

⑪犹且：尚且。耻：动词，以……为羞耻。

【译文】

北方契丹向来骄横野蛮，他们不可一世已经是很长时间了，每年我们国家被他们勒索走的黄金与绸缎数以十万计。从前，他们趁着西夏对我国的侵扰，对我们很不尊重，趁机胁迫我们索要财物。我国皇帝为了不让边境上的百姓遭受过多战争的苦难，就用钱财来贿赂他们。结果这些少数民族得寸进尺，更加的傲慢，而我国贿赂他们的钱财也越来越多，到现在大概有数十百万了。即便如此，这些少数民族还是不知道满足，把我国当成了他们存放财物的府库，可以随意索取。这样的话，区区数十百万的数目又怎么能够满足他们呢。我国贿赂给他们的财物越多，我国百姓的赋税也就越加繁重，而繁重的赋税势必会使百姓经受比战争更严重的苦难。因此这种以贿赂换和平的方式从表面上看是为了使百姓得安宁，但实际上却是在用损害我们百姓生活的方法来避免他们的死亡。从表面上看，这种忧患来自外族的侵扰，而其实也是我国内部的忧患呀。不解决外族的忧患，贤明之士都会以此为耻；而有了内部的忧患却不设法解决它，我不知道这样的国家又如何能实现长治久安而不发生动乱呢。

【精解】

内忧不除，外忧不去

此篇是苏洵有感于宋朝积贫积弱的现实而写的一篇长文，具有鲜明的时代特征与针对性。作者针对当时宋朝的软弱无能，阐述了自己对现实的想法与对策，在文中苏洵明确表示宋朝之忧不在于外部，而来自于内部。

我们都知道宋代是中国历史上一个以“三冗两积”闻名的朝代。“三冗”也就是“冗官、冗兵、冗费”，“两积”也就是“积贫积弱”。宋朝消极地接受唐末和五代军事政变的教训，着意提倡重文轻武，以文制武，对将帅的防范和猜忌成了恪守不渝的赵宋家规，对将帅不敢委以全权、授以重兵，而是通过各种制度和办法削弱将帅的指挥权限。这项在宋代建国之初本具有积极意义的政策成为其后来积

《清明上河图》

北宋张择端作，该画为北宋风俗画作品，中国十大传世名画之一，宽24.8厘米，长528.7厘米，绢本设色，现存于北京故宫博物院。

弱的重要原因。在宋朝刚建立的时候，全国的军队只有二十万人，可是一百年后到了宋英宗执政的时候，就达到了近一百二十万人，增加到原来的六倍。但是军队的质量却下降了，如此庞大的军队并没有能有效地保护宋朝的边境，防备契丹等民族的进攻，而且沉重的军费，不仅耗尽了国家的财力，还减少了农村的劳动力，使农业生产面临着人手不足的困境，而这又反过来影响了国家的经济实力。例如，宋军的骑兵建设就因为国家实力不足而发展缓慢，被迫采取“以步制骑”的消极防御手段。不难想象，在一望无际的平原上，步兵怎么能打那些骁勇善战的契丹铁骑！因此，宋代军队虽然多，但却一直没有掌握到战争的主动权，总是处于劣势地位。

战争是政治的继续，是流血的政治，这已是马列主义的常识。一个时代的政治和军事总是互相影响的。宋朝历代形成的议和苟安的传统国策成为其积贫积弱的又一重要因素。张方平说：“自古以来论边事者，莫不以和戎为利，征戍为害。”“和戎为利”反映了赵宋王朝大多数统治者的主张。宋太祖虽然花了很多心血，实行对内防范，但并没有对辽议和苟安。宋太宗则实施了防内重于防外的方针，他曾说：“外忧不过边事，皆可预防。惟奸邪无状，若为内患，深可惧也。”而这种治国方针也为赵宋王朝以后的历代皇帝所继承。宋真宗不敢冒与辽军决战的风险，订立澶渊之盟。之后宋朝历代统治者处理和战的基本程序大致相同，即始而被迫应战，战而后和，和而后安，根本没有与强敌彻底角逐的打算。富弼说：“澶渊之盟未为失策，而所可痛者，当国大臣议和之后武备皆废，以边臣用心者谓之引惹生事”，“谓虏不敢背约，谓边不必预防，谓世常安，谓兵永息，恬然自处，都不为忧。”这段评论说明了澶渊之盟后宋朝君臣以和为安、文恬武嬉的状态。不但对辽，后来宋朝处理与西夏和金的关系，也往往依照战而后和、和而后安的模式行事。而至南宋时，因为当时金朝自认为可以吞灭南宋，宋高宗被金军一再追逐，仓皇奔命，流离颠沛，求和而不可得。待到金朝愿意媾和之时，实因宋朝的军力已增长到足以抗衡的地步。其实，南宋即使对金保持一种不战不和、武装对峙的状态，也完全可以存活下去。但宋高宗出于防内的需要，宁愿接受极其屈辱和苛刻的和议条款，向杀父仇人称臣下跪，以求偏安东南。绍兴和议后二十年间，在宋高宗、秦桧之流杀害和废黜抗金将领、摧残军心士气之余，也必然是将帅养骄，军士惰敝。仅十余年后，南宋又与金订立的第二个屈辱和约“隆兴议和”。

绍兴三十一年（1161年），金海陵王完颜亮为了实现他“屯兵百万西湖上，立马吴山第一峰”的梦想，兵分四路南侵。在此之前，有人向宋高宗报告金人将南侵的消息，但宋高宗却不以为然，责问：“我待他们这么优厚，他们能以什么名义举兵呢！”直到后来一再接到密报，确认完颜亮南侵后，宋高宗才同意宰相陈康伯进行军事准备。而此时的南宋军队将骄兵懒，许多将士都在经商敛财，军队的战斗力严重下降，只能被动应战。当宋高宗听到王权率领的宋军已退到江南的消息时，更是慌得不得了，竟下了一道“如敌未退，放散百官”的手诏，想再次从海上逃走。但是就在完颜亮已率领40万大军准备渡江之时，宋朝中书舍人虞允文来到采石，迅速组织了一支18000人的军队，鼓舞士气，周密安排，打垮了企图渡江的金军，阻止了完颜亮渡江。此时，又恰逢金世宗完颜雍在辽阳称帝，使金兵发生了哗变，耶律元宜乱箭射杀了完颜亮及其亲信和妃子，南下之金军遂无功而返。这时，虞允文向正在建康的宋高宗建议：“金主完颜亮已被杀，金国新主初立，这正是上天给我们恢复北方河山的大好时机。如果再主和，海内气沮；如果主战，则海内气伸。”宋高宗对此建议却不予采纳。不久，宋高宗便启程回到了临安享福去了。而金朝方面因完颜雍初登皇位，无力对外用兵，故派出使臣首先提出和议。由于宋孝宗继位之后，张浚北伐遭到了符离之败，被主和派抓到了口实，并且暗示金人出兵两淮，以迫和议。隆兴二年（1164年），金兵果然大规模南下，迫近长江，宋廷最终决定与金重新议和，这也就是历史上所称的“隆兴议和”。

隆兴议和后，宋孝宗、虞允文等曾刻意整军经武，但因整个官僚军事机构的腐化，成效并不显著；而随着宋光宗即位后的政治混乱，本来就不显著的成效又很快化为乌有。宋朝的军事史表明，在议和苟安的传统国策指导和影响下，和议往往招致军备废弛，军力减弱。这也是宋朝对外始终处于被动劣势的根本原因。所以说，内忧不除，外忧不去。

第十三章 远虑

1. 圣人之道，有经、有权、有机

【原典】

圣人之道[1]，有经[2]，有权[3]，有机[4]，是以有民，有群臣，而又有腹心之臣。曰经者，天下之民举知之可也；曰权者，民不得而知矣，群臣知之可也；曰机者，虽群臣亦不得而知矣，腹心之臣知之可也。夫使圣人而无权，则无以成天下之务；无机，则无以济万世之功，然皆非天下之民所宜知。而机者，又群臣所不得闻，群臣不得闻，谁与议？不议不济[5]。然则所谓腹心之臣者，不可一日无也。

【注释】

①圣人：圣贤之人，这里指贤明的君主。道：理论、精要。

②经：常规、原则。这里指“仁义”、“礼乐”等治国安邦、为人处世的根本准则。

③权：与“经”相对而言，指变通，因时制宜。

④机：原意是指弩上的发动机关，引申为微妙的道理，事情的细微的迹象或动向。这里指机要、国家核心机密。

⑤济：成功，完成。

【译文】

贤明的君主治理国家的方略，既要有根本可依的准则，也要有自己的权变之术以及常人无法了解的机要和枢密。因此，君主将天下的子民区分为一般的百姓、国家的各级官员、经常侍奉左右的腹心大臣三类。所谓根本可依的准则，是指天下的老百姓都能看得到的那些公布于天下的法律条文。所谓权变策略，是指那些不为普通百姓所知，而只有朝廷的各级官员才能知道的东西。所谓的机要和枢密则是指一般的官员都不允许知道，而只有君主左右腹心大臣才可以知道的军国机密大事。如果一个贤明的君主不懂得权变之术，那他就不能灵活处理天下要务；而如果没有机要和枢密，那这个君主就不能成就一番流芳万世的功业。但是这些变通的策略和机要、枢密都是天下百姓不应当知道的。而军国机要大事，则是连一般朝廷官员都不该知道。那么不让一般的朝廷官员了解这些国家机密，君主又与谁共商这些事情呢?而如果没有人与君主共商这些军国大事的应变策略，那么君主则很难应对并正确处理这些事物。因此，侍奉在皇帝左右的腹心大巨就显得尤为重要，一天也不可缺少。

【精解】

国之大事必先议之于群臣，而后求之于腹心之臣

这篇文章主要讲的是君主在治理国家的过程中不能没有腹心大臣与他共商国家大事。这篇文章写作的政治背景是：范仲淹于庆历年间担任宰相职务，开始推行新政，革除当时各种弊端。因为遭到反对派的攻击和陷害，加之宋仁宗对范仲淹也不是十分信任，由范仲淹倡导的改革运动中途夭折。因此，文章开篇即提出

“圣人之道，有经，有权，有机”，简明扼要地说明了君主应当如何处理一国之务。历史上项羽、刘邦在定都问题上就采取了截然不同的做法，也得到了不同的结果，颇值得我们深思。

公元前206年，在鸿门宴后没几天，项羽就带领40万大军西进咸阳（今西安），进城之后项羽当即杀了已经投降的秦王子婴，放纵士兵烧杀抢掠，还放火烧了秦朝富丽堂皇的阿房宫，大火三月不息。在搜罗了城中所有金银财宝及妇女后，准备东归彭城。这时，有一名叫韩生的人对项羽说：“关中地区依山傍水，周围四面皆有险可守，而且土地肥沃，是定都称霸的好地方。”项羽见秦朝的宫殿已被烧得只剩下残垣断壁，又思念故乡，就说：“一个人富贵了如果不归故乡，就如同穿锦绣衣裳在黑夜里行走，有谁知道呢！”韩生退下来对别人说：“怪不得人家说楚国人沐猴而冠，果然是乡巴佬！”项羽是楚国人，听到这句讽刺他的话，一怒之下就把韩生烹了。当年二月，项羽定都彭城，自立为西楚霸王。彭城即现在的江苏徐州，相传因远古时帝尧封颛顼后裔彭祖于此而得名，战国时期属楚国，秦朝时设置彭城县。从地理环境讲，彭城虽然也处于群山环抱之中，周围有泗水、汴水等河流。但周围山头不高，均在海拔400米以下，在敌人大部队的强攻之下，要守住彭城颇不容易。所以，相对于西安而言，彭城肯定不是定都的首选之地。在“西屠咸阳”后，项羽“心怀思欲东归”，不据关中，却都彭城，完全不顾政治军事的长远大局，凭一己之私念便放弃了沃野千里的关中平原，失去了这一至关重要的军事后方基地。这一重大失策导致了他后来军粮匮乏，被动挨打，最终兵败垓下。

同样是定都问题，刘邦却采取了不同的做法。公元前202年刘邦战胜项羽、平定天下之后，马上与众臣讨论定都的问题。当时有两种不同的意见，一种意见认为应该定都洛阳，持这种意见的大部分是跟随刘邦打天下的文臣武将，他们多是关东人，所以倾向于定都洛阳，他们从人数上占优势；另一种意见认为应该定都西安，持这种意见的当时只有娄敬一人。群臣认为定都洛阳的理由是：周朝定都洛阳，拥有天下数百年；秦朝定都西安，到秦二世就灭亡了。洛阳位居“天下之中”，便于四面八方的物资供给，而且四周群山环绕，背靠邙山，东有成皋，西有

《阿房宫图》
清代袁耀绘，绢本，纵128厘米，横67厘米，南京博物馆藏。

崤函，背对黄河，面向伊水和洛水，土地肥沃，地势险要，形势完固，足以设险守国。娄敬却认为西安虽是秦朝故地，但披山带河，南阻秦岭，北滨渭河，四面均有险可守。如果突然发生战争，百万之众可以立即召集。而且关中土地肥沃，人称天府之国。如果定都西安，即使关东诸侯作乱，也可以稳守以前秦国的地盘。两种意见争执不下，令刘邦拿不定主意，于是他求教于自己的腹心之臣张良。张良认为娄敬的意见是对的，应该定都西安。张良说，“洛阳的形势虽然完固，但面积太小，不超过数百里，另外土地也不够肥沃，无法与西安所在的八百里秦川相比，洛阳的地理环境四面受敌，并非用武之国。而关中沃野千里，南有巴、蜀之饶，北有胡苑之利。可凭着南、西、北三面的地理险阻进行守卫，单独敞开东面制服关东诸侯。关东诸侯安定，可以通过黄河、渭水自关东向关中运送物资，供应首都。关东有变化，自渭河、黄河顺利而下，也足以运输军粮，因此，关中可以称作是金城千里，天府之国，是定都最理想的地方。”刘邦听了张良的话，最终决定定都西安。这也为汉朝的江山打下了坚实的基础，后来关东地区虽曾发生叛乱，但仍然动摇不了汉朝的根基。由此可见，项羽根本不知何为“经”，何为“权”，何为“机”，处理政务一意孤行。而刘邦在处理问题时，既征求于群臣，又密议于腹心之臣，制定为国策后又及时公布于天下之民，可谓“有经、有权、有机”。

其实，所谓“权”“机”就如同君主的“望远镜”和“显微镜”，能使他们望得远，看得清。在现实的政治生活中和经济生活中，一个主管决策的领导者和管理者，无论他本身素质多么高，纵然胆识过人，善于决断，但是他的知识结构总是不完整的，在某些问题的处理上也可能完全缺乏相关的知识，这种情况导致他对某些问题的理解是肤浅的，而且，一个人的思维总是有一些定势，他对一个问题并不能全方位、多角度、创造性地加以把握并提出一个简单明晰却又正确无误的方案。因此，在处理事情时，决策者必须有一个智囊为他提供各种意见和建议，分析各种利害关系，帮他理清思路，最终设计出一个合理的解决问题的方案来。决策者必须与他智囊团的人物关系融洽、相互信任，如果决策者的智囊团人物政治素质和文化素质很高的话，这个决策者的失误也就很少，他成功的几率也就大得多，一旦抓住机会，就能够事业发达。

2. 腹心之臣不可以一日无也

【原典】

后世见三代取天下以仁义，而守之以礼乐也，则曰圣人无机。夫取天下与守天下，无机不能。顾三代圣人之机，不若后世之诈，故后世不得见耳。有机也，是以有腹心之臣。禹有益[①]，汤有伊尹[②]，武王有太公望[③]。是三臣者，闻天下之所不闻，知群臣之所不知。禹与汤、武倡其机于上[④]，而三臣共和之于下[⑤]，以成万世之功。下而至于桓、文，有管仲、狐偃为之谋主，阖庐有伍员[⑥]，勾践有范蠡、大夫种[⑦]。高祖之起也，大将任韩信、黥布、彭越[⑧]，裨将任曹参、樊哙、滕公、灌婴[⑨]，游说诸侯任郦生、陆贾、枞公[⑩]，至于奇机密谋，群臣所不与者，惟留侯、酂侯二人[⑪]。唐太宗之臣多奇才，而委之深、任之密者，亦不过曰房、杜[⑫]。

夫君子为善之心与小人为恶之心，一也。君子有机以成其善，小人有机以成其恶。有机也，虽恶亦或济；无机也，虽善亦不克。是故腹心之臣不可以一日无也。

【注释】

①益：指伯益，也称为大费，古代嬴姓各族的祖先。传说他善于畜牧和狩猎，辅佐大禹治水有功，被选为继承人。禹死后，其子启取而代之继承王位，杀益。

②汤：指商汤，商代的开国之君。伊尹：又称为伊挚，助商汤伐夏桀，为商朝的贤臣。

③武王：指周武王姬发。太公望：又称为吕尚，即传说中的姜子牙，因助周武王灭商纣，分封于齐。

④倡：提倡，倡导。

⑤和：原意指应和着别人唱，引申为赞同。

⑥伍员：即伍子胥（？—公元前484年），名员，字子胥，楚国大夫伍奢次子。楚平王七年（前522年），伍奢被杀，伍员遂逃亡吴国，助阖庐刺杀吴王僚，夺取王位。不久又助吴王阖庐攻破楚国，以功封于申，故又称申胥。吴王夫差时，遭太宰嚭谗害，吴王亦疑之，赐剑自刎。

⑦大夫种：即文种，字少禽，楚国郢人，春秋末越国大夫。曾献计越王勾践，贿赂吴太宰嚭，得免亡国。勾践归国后，令其主持国政。经君臣十年生聚，十年教训，终灭吴国。然灭吴后，勾践听信谗言，将其赐死。

⑧彭越：（？—公元前196年），字仲，昌邑（今山东金乡西北）人。秦末聚兵起义，后投奔刘邦帐下，拜为魏相国，从刘邦击灭项羽于垓下，屡立战功，因功封梁王。汉立，被告谋反，为刘邦所杀。

⑨裨（pí）将：副将。裨：辅佐，辅助。曹参：（？—公元前190年），沛县（今属江苏）人，曾为沛县狱吏。秦末跟随刘邦起兵反秦，屡立战功，汉立，封平阳侯。汉文帝时接替萧何为丞相。滕公：即夏侯婴（？—公元前172年），沛县人，年少时即与刘邦交好，后随刘邦从起兵，转战各地，任太仆，后封汝阴侯。因其曾任滕令，楚人称令为公，故称滕公。

⑩郦生：即郦食（yì）其（jī）（？—公元前203年），秦汉之际陈留高阳乡（今河南杞县）人。投奔刘邦，献计克陈留，封广野君。为刘邦说客，经常在诸侯

之间游说。一次在游说齐王田广归汉时，韩信乘机袭齐，齐王以为被他出卖，将他活烹而死。陆贾：楚人，有辩才，随刘邦定天下，常为其游说诸侯，官至太中大夫。枞公：不知其名，刘邦为汉王时的御史大夫。汉高祖三年（公元前204）与御史大夫周苛守荥阳，六月，项羽攻拔荥阳城，烹周苛，杀枞公。

⑪留侯：即张良（？—公元前189年），字子房，沛（今江苏沛县）人，为刘邦谋臣。酂侯：即萧何（？—公元前193年），沛县人，曾为沛县吏。追随刘邦起兵。楚汉战争中，以丞相身份留守关中，负责粮草，功不可没，为汉朝开国元勋。汉立，任相国。以淳谨著称，以功封为酂侯。

⑫房：即房玄龄（579—648年），字乔，一说名乔，字玄龄。齐州临淄（今山东淄博东北）人。早期即跟随李世民征战各地，后又助李世民夺取帝位。贞观元年（627年）为中书令，后任尚书左仆射，长期执政，与杜如晦、魏征等同为唐太宗重要助手，后封梁国公。杜：即杜如晦（585—630年），字克明，京兆杜陵（今陕西西安东南）人，在房玄龄的推荐下成为李世民帐下重要谋士。李世民即位后，累官至尚书右仆射，与房玄龄共掌朝政，世称“房谋杜断”。

【译文】

后世的人知道历史上夏、商、周三代君主以施行仁义的方法来取得天下，用礼和乐来治理国家。因此，便认为贤明的君主并没有什么不为人所知的机要和枢密。而事实上，夺取天下与治理天下是不可能没有一些机要和枢密的。只是夏、商、周三代贤明的君主的机要和枢密不像后世那样充满奸诈，因此，后世的人无法见到罢了。君主有机要和枢密，因此也就必须有腹心之臣。大禹的腹心之臣是伯益，商汤的腹心之臣是伊尹，武王的腹心之臣是姜子牙。象伯益、伊尹、姜子牙这三人可以知道一般老百姓无法知道的事情，了解一般朝廷大臣无法了解的机要。大禹、商汤和周武王提出了一个非常机密的治国方案就可以同他们的腹心之臣商议，然后伯益、伊尹、姜子牙这三个腹心之臣对这个方案提出各种不同的建议来使得这个方案更加周密完善，正是通过这种方式，夏、商、周三代的开国之君才成就了他不朽的功业。之后历代君王皆是如此。春秋时期的齐桓公和晋文公也以管仲和狐偃这样的人作为他们的主要谋士；吴王阖庐有伍员这样的腹心之臣，越王勾践则有范蠡、文种这样的贤明之士来辅佐自己。汉高帝刘邦起兵反秦时，任用韩信、黥布、彭越这样的人作为大将，任用曹参、樊哙、滕公、灌婴这样的人作为副将，而游说诸侯的事情则交给郦食其、陆贾、枞公去做，但是对于一些军政机要则只与张良、萧何共同筹划，一般的官员是无权参与的。唐太宗的臣下中能人异士非常多，但是他委以重任并与之共商机要者却只有房玄龄和杜如晦这两个人。一般来说，君子有作善的心愿，而小人都有作恶的意念，这是一样的。君子可以运用机心去做成一件好事，小人也可以运用机心去做成一件坏事。能够运用机心并保守机要和枢密，即使做坏事也或许能成功；但是如果不会运用机心且不善于保守机要和枢密，那么即使想做好事也是很难的。所以腹心之臣对于君主是不可或缺的。

【精解】

成大事者必有腹心之臣

苏洵在此篇中针对宋王朝用人的种种弊端力陈己见，提出必须信用“腹心之臣”的主张，认为无论是“取天下”还是“守天下”，“腹心之臣”都是“不可一日无”的。

苏洵特别强调人才的作用，把人的因素摆在第一位，这不仅是其军事思想的一个重要特点，也是苏洵政治革新主张的一个重要内容。苏洵眼见宋朝君臣不亲，上下离心，寇准、范仲淹等“终以见逐”，深感痛心。苏洵强调成大事者必有腹心之臣的观点却值得我们学习借鉴，古往今来成大事者皆遵循这条用人之道。唐太宗李世民从起兵反隋到发动玄武门之变夺取皇位，他的成功与房玄龄等一批颇有远见的腹心之臣的竭力扶持是密不可分的。

炀帝大业十三年（617年），李渊在太原起兵，李世民被派到渭北攻打隋军。这时正任隋朝隰城（今山西汾阳）尉的房玄龄毅然脱离了隋王朝，“杖策谒于军门”。正好此时，著名文学家温彦博亦在李世民部下，他早闻房玄龄大名，便把他大力推荐给李世民。李世民对房玄龄一见如故，立刻予以重用，委任他为渭北道行台记室参军（主管军事机要文书的起草和参谋），引为谋主。房玄龄成为李世民的腹心参谋后，一心一意辅佐李世民。他比别的文臣武将更有政治眼光，看得远，想得全面。李世民在扫平割据势力的战争中，每打胜一处，众人都争着抢掠府库里的珍珠宝玩，而唯独房玄龄只考虑怎样收揽人才，有意结交许多有才能的谋臣猛将，为李世民网罗了一批文武之才。在跟随李世民削平群雄的战争中，他还注意搜集各地民情和隋朝的图籍文书，《旧唐书·太宗纪》记载：李世民攻下王世充、段达等盘踞的洛阳后，房玄龄当即想到要把隋王朝留下的图籍保存起来，以备将来治国之用。隋炀帝大业十四年（618年）五月，李渊在长安代隋称帝后，李世民被封为秦王，房玄龄升任为秦王府记室，事无巨细，他都要管，史称他：“在秦府十余年，常典管记，每军书表奏，驻马立成，文约理赡，初无稿草”。就是说，有不少军事文书和上奏给唐高祖李渊的表章，都是房玄龄在马上即兴完成的，不用草稿而文辞优美且顺理成章。

唐王朝建立以后，皇位之争日益激烈。唐高祖把大儿子李建成立为太子，次子李世民因为战功显赫，也给予特殊礼遇，加号“天策上将”，位在一切王公之上。李世民的“天策府”可以自署官吏，实际上已形成一个独立王国。太子和秦王双方势力同时增大，必然会引起政治上的斗争。李建成对李世民的“勋德尤盛”产生了极大疑虑；而李世民不断树立私党，也加速了这种斗争的激化。事情终于发展到不可避免的地步：有一天，李世民从太子建成处宴饮而归，发现食物中毒，“心中暴痛，吐血数升”。这引起了秦王府的极大惊慌，大家感到双方直接冲突是不可避免了，李世民积极召集谋士们商量对策。房玄龄在这场斗争中充当了主要谋士的角色。在高祖武德四年（621年）平定王世充时，房玄龄曾和李世民一起“微服”拜访过一个叫王远知的道士。王道士告诉李世民：“方作太平天子，愿自惜也。”至少从此时起，房玄龄就已萌发了辅佐李世民成就帝业的想法。当李建成和李世民之间的关系激化后，房玄龄立刻找到李世民的妻兄长孙无忌商量说："现在嫌隙已成，危机即发，大乱一起，必将危及整个国家的统治。"他建议"遵周公之事，外宁华夏，内安亲社"，意即效法周公锄掉管、蔡那样除掉李建成和他的同党李元吉（李渊四子）的势力，这样才可以外安华夏，内保唐王室的统治。长孙无忌把房玄龄这个意见转告给李世民，李世民召见了房玄龄，和他进一步谋划进行宫廷政变的事宜。后来，杜如晦、高士廉以及大将侯君集、尉迟敬德也都参与了密谋，形成秦王府策划政变的核心。太子李建成知道了秦王府的密谋，对房玄龄、杜如晦二人特别忌恨，于是在唐高祖面前说了房、杜二人许多坏话，唐高祖偏听偏信，把房玄龄和杜如晦驱斥出秦王府。形势越来越紧张，房玄龄和长孙无忌等日夜劝说李世民先行下手，他们对李世民说："事情已经十分紧迫了。为了保住江山，应决心大义灭亲。如果再当机不断，便会坐受屠戮。"李世民觉得很有道理，在政变前夕命令尉迟敬德将房玄龄、杜如晦化装成道士秘密召回秦王府，经过细致谋划，决定在公元626年的6月4日起事。这就是历史上著名的"玄武门之变"。在这次武装政变中，李建成、李元吉同时被杀。不久，唐高祖李渊自动退位，让位给李世民，改元贞观。

唐太宗李世民即位后，召集大臣评功行赏，认为房玄龄、杜如晦、长孙无忌、尉迟敬德和侯君集应当论功第一，房玄龄晋爵为邢国公。唐太宗认为房玄龄等"有筹谋帷幄，定社稷之功"，比得上汉朝的萧何。唐太宗李世民如果没有房玄龄等腹心之臣的鼎力支持，能否在玄武门之变中取得胜利及开创贞观之治的太平盛世都存在很大的变数。

3. 任腹心之臣之道

【原典】

圣人之任[1]腹心之臣也，尊之如父师，爱之如兄弟，握手入卧内，同起居寝食，知无不言，言无不尽，百人誉之不加密[2]，百人毁之不加疏[3]，尊其爵，厚其禄，重其权，而后可以议天下之机，虑天下之变。太祖之用赵中令也，得其道矣。近者寇莱公亦诚其人，然与之权轻，故终以见逐[4]，而天下几有不测之变。然则其必使之可以生人[5]杀人而后可也。

【注释】

①任：任用。

②密：亲密。

③疏：疏远。

④见逐：被贬官驱逐。

⑤生人：使人生。

【译文】

贤明的君主对待心腹大臣就像对自己的父亲和老师那样恭恭敬敬，像对自己的兄弟那样友好。心腹大臣可以同君主携手而行，可以出入君主的卧室，与君主同寝同食，有什么话可以不加掩饰全说出来，开诚布公，不会因为很多人的赞扬而使君主和他的关系更密切，也不会因为很多人的诽谤而使君主疏远他。君主应当赐予心腹大臣尊贵的爵位、丰厚的俸禄以及极大的权力，然后皇帝才可以同他讨论军国机密大事，考虑如何应对天下可能发生的动乱。宋太祖任用赵普可以说是深得其中的真谛。近世的大臣中寇准也的确可以成为君主的心腹大臣，但君主没能赋予他腹心之臣应有的尊贵与权力，最终被斥逐不用，随之天下几乎发生了无法预测的变动。因此一定要使心腹大臣拥有生杀大权方才可以。

【精解】

待腹心之臣如兄如父

在这部分苏洵强调了君主应如何对待腹心之臣，他曾讲道："圣人之道，有经，有权，有机，是以有民，有群臣，而又有腹心之臣。"而治国的枢纽和机要也只能让"腹心之臣"知道并参与。不论打天下还是治天下，君主也都要有参与机要的腹心之臣。而对待腹心之臣就要予以足够的信任、重视和权力。

苏洵的这番言论并非无的之矢，而是针对当时宋朝吏治中君臣猜忌、信用不专、君臣不亲的现象有感而发。宰相作为辅助国君处理政务的最高官员，担任此职务的往往是皇帝的亲信重臣，是可以信赖的腹心之臣。在苏洵看来，宋太祖任用赵普为相反映了他深得任用腹心之臣之道。

赵普是宋太祖朝的宰相，年轻时即熟悉政务，只是学问不多。等做了宰相后，宋太祖常劝他多读书。赵普晚年时勤奋读书，手不释卷，每次退朝回到家中就闭门打开书箱攻读。至第二日处理政务时，往往处理果断妥善。赵普死后，家里人打开书箱一看，原来里面是一部《论语》。

赵普作为宋太祖的腹心之臣，官至宰相，宋太祖事无大小都跟赵普商量，亲密信任之情随处可见。据《宋史》记载，赵普性情沉着、严肃刚正，尽管对人常嫉妒刻薄，但能把天下事作为自己的责任。宋代初年，在宰相职位上的人大多过分谨慎小心，遇事常沉默不语。赵普却刚毅果断，没有人能与他相提并论。有一次，赵普上奏推荐某人担任某官职，宋太祖没有用这人。第二天，赵普又上奏章举荐请求启用这人，太祖还是不用。第三天，赵普还是上奏保举此人。宋太祖非常生气，竟撕碎赵普的奏章扔到地上。赵普丝毫没有露出惶恐惊惧神色，而是神色自若地跪在地上捡起碎纸片带回家。过些了日子，他把这些碎纸片修补好，又像当初那样上奏。宋太祖这才醒悟，终于任用了这人。

宋太祖与赵普的亲近也反映在他时常微服亲临他的家中与之密商国家事务。因此，赵普每次退朝回家后不敢着便装，而是一身官服，就是怕皇帝突然驾临失了礼节。一天夜里，天降大雪，赵普揣度皇帝不会外出，就换了便服准备休息。过了些时候听到外面叩门的声音，待他急忙出去后才发现皇帝立在风雪之中等他开门。赵普赶紧将宋太祖迎拜入大堂，在堂中炽炭烧肉。赵普的妻子行酒，而宋太祖以嫂称呼。君臣之间畅谈军国大事。还有一次，宋太祖外出，忽然驾临赵普家中。当时两浙王钱俶刚派遣使者送信并携带十瓶海物到赵普府第，把十瓶海物放在左厢房里。恰逢皇帝驾到，赵普仓卒出外迎接，来不及遮蔽那些瓶子。宋太祖看到那些东西问是什么，赵普据实应对。太祖说："这些海物一定很好。"当即命令开启那些瓶子，却发现里面装得满满的全是金子。赵普十分皇恐，叩头谢罪说："我还没有打开，实在不知道瓶子里是什么东西。如果知道是黄金，定当上奏皇上并退掉它们。"宋太祖笑着说："尽管收下吧，不必多虑。那些国家大事都是由你所拟定的。"因此命赵普收下那些礼品。

《宋太祖蹴鞠图》

纸本，设色，纵28.6厘米，横56.3厘米，这幅画描绘了宋太祖赵匡胤、宋太宗赵匡义和近臣赵普等一起蹴鞠玩乐的情景。上海博物馆藏品。

而同样为宋朝中流砥柱的寇准就没有赵普这样幸运了。寇准是北宋著名的政治家。宋太宗太平兴国五年（980年），19岁的寇准考中进士，被任命为大理评事，次年又被派往归州巴东任知县。后来他又先后升任盐铁判官、尚书虞部郎中、枢密院直学士等官。寇准为官刚正廉明，素有智谋，宋太宗曾称其"临事明敏"。公元989年一天，寇准正奏事殿中，但宋太宗却已然听不进去，并拂袖转身意欲离开。寇准上前拉住宋太宗的衣角，劝皇帝听他把话讲完。事后，宋太宗很是赞赏寇准，将其喻为唐朝初年的魏征，他得寇准辅助犹如唐太宗得魏征一般。此后，寇准屡有升迁，先后出任左谏议大夫、枢密副使，又改为同知枢密院事，开始直接参预北宋朝廷的军国大事。但随后寇准在枢密院与知院张逊发生严重分歧。由于张逊的诬陷，寇准被贬至青州。虽然很快寇准就被召回京师并有升迁，但后来又因他性刚自任，在宋太宗面前奏事力争不已，让皇帝很是不悦。宋太宗曾言道："鼠雀尚知人意，况人乎？"遂罢寇准知邓州。

宋太宗驾崩后太子赵恒继位，即宋真宗。公元1004年，辽国军队再次进犯中原，攻陷数州，直逼京都，宋真宗本欲迁都南逃，但因寇准等主战派力劝其御驾亲征，宋真宗才勉强到了澶州北城，在城楼上召见各军将领。宋军将士得知皇帝驾临，士气大振。宋真宗这次亲征阻止了辽军继续南下，宋辽双方订立和约，即为历史上的"澶渊之盟"。此后，宋真宗对寇准更加倚重，这引起一些官员的嫉恨。参知政事王钦若曾被寇准斥之为"罪可斩首"的妥协派，对寇准十分嫉恨。在一次退朝之后，宋真宗目送寇准离开。这时王钦若对宋真宗说："陛下敬重寇准，是因为他对国家有功吗？"宋真宗点头称是。王钦若继续说道："澶渊之役，陛下不以为耻，为什么反而说寇准有功呢？"宋真宗愕然，问他什么原故。王钦若说："城下之盟，《春秋》都把这当作一种耻辱。澶渊之盟实际上是城下之盟，以陛下如此尊重寇准却为城下之盟，这是十分耻辱的啊。"宋真宗听后很是不高兴，王钦若接着说："陛下听说过赌博吧。赌徒在钱快输完时就会倾其所有押了上去，就是'孤注一掷'。陛下在澶州时不过是寇准的'孤注'罢了，真的很危险啊！"从此，宋真宗对寇准逐渐冷淡起来，并把他贬官。最终在公元1022年寇准被放逐到边远的雷州做司户参军，生活艰难，身体很快垮下来，第二年即在忧郁中病逝。

寇准确为忠诚正直、足智多谋的一代良臣，本是宋太宗、宋真宗朝腹心之臣的不二人选。可惜这两代帝王皆用之不当，使其没有充分发挥作用。

第十四章 御将

1. 御将难，而御才将尤难

【原典】

人君御臣[①]，相易而将难。将有二：有贤将[②]，有才将[③]。而御才将尤难。御相以礼，御将以术[④]。御贤将之术以信[⑤]，御才将之术以智[⑥]。不以礼，不以信，是不为也。不以术，不以智，是不能也。故曰：御将难，而御才将尤难。

【注释】

①御：驾驭、支配。

②贤：贤能，品德高尚，富有德才。

③才：才能，具有某方面突出的能力。

④术：权术、权谋。

⑤信：信任、诚信。

⑥智：智慧、计谋。

【译文】

君主驾驭臣下，驾驭宰相要比驾驭武将更容易。武将有两种类型：一种是德才兼备的贤将，一种是有突出的才能而品德一般的才将。而君主要驾驭才领尤其困难。君主要用待之以礼的方式来驾驭宰相，却要依凭权术来驾驭武将。驾驭贤将应以诚信为主，而驾驭才将就要运用权谋了。君主对大臣不修礼仪，不讲诚信，只是他没有这样去做；而不用权术计谋，是君主没有能力做到。因此，驾驭武将比较困难，而驾驭只有特别的才能而品德欠佳的才将就显得尤为困难了。

【精解】

杯酒释兵权中的御将之道

北宋开创者赵匡胤为防兵变，采取一系列政策，使将不知兵，兵不知将。后世继位君主用将无方，御将乏术，造成了军队数量庞大，战斗力却异常低下的恶果。针对这一弊端，苏洵在本篇专论驾驭和控制武将的策略和方法，明确地把有才能的将领区分为贤将和才将并有针对性地提出了驾驭这两种不同类型将领的方法。文章开门见山，发语惊人；分析细致，说理深微；引物托喻，明切畅达。所论全面、辩证，远非“一隅之说”所可比拟。

宋朝后期“御将乏术”局面的形成，源头还应从五代十国说起。唐朝安史之乱后藩镇割据形势开始出现，唐末分裂割据局面形成。公元907年，朱温篡唐，唐亡。各地方镇也先后称帝称王，开始进入五代十国时期。在我国北方地区，先后有五个短命王朝迭相更代，即后梁、后唐、后晋、后汉、后周。五代迭替，多者不过十六年，少的只有四年，共计五十三年。在我国南方先后出现十个割据政权。五代十国时期，加上契丹入侵，北方战乱频繁。到后周时，由于郭威、柴荣相继进行改革，政治、经济局面有所好转，在军事上已是当时割据政权中最强者。柴荣死后，掌握周室军权的赵匡胤从孤儿寡母手中夺取帝位，改国号为宋。在当时，北有北汉，西有后蜀，南有南汉、南唐、吴越、荆南等。赵匡胤即帝位后，一步步消灭了南方的割据政权。范浚在《五代论》中指出："兵权所在，则随以兴；兵权所去，则随以亡。"这些话揭示了唐末五代以来，在政治局面变换中兵权所起的决定性作用。从小军官到殿前都点检，又从殿前都点检跃上皇帝宝座的赵匡胤，十分懂得兵权的重要作用。宋太祖即位后不出半年，就先后有两个节度起兵反宋：北宋建隆元年（960年）四至六月，昭义节度使李筠起兵反宋；北宋建隆元年（960年）九月至十一月，淮南节度使李重进据扬州（今属江苏），起兵反宋。宋太祖亲自出征扫平了叛乱。为了这件事，宋太祖心里总不大踏实。宋太祖平定李筠及李重进叛乱后的一天，召见赵普问道："为什么从唐末以来，数十年间帝王换了八姓十二君，争战无休无止？我要从此息灭天下之兵，寻求建国安邦长久之计，你有什么好的办法吗。"赵普精通治道，对这些问题也早有考虑，听了宋太祖的发问，他便说这个问题的症结就在于方镇太重，君弱臣强。治理的办法也没有奇计可施，只要削夺方镇的权力，制其钱谷，收其精兵，天下自然就安定了。宋太祖连连点头，赞赏赵普说得好。于是一个重建中央集权专制制度的计划就这样酝酿出来并逐步付诸实施了。在北宋中央集权方面，最重要的是兵权，这也是首先要解决的问题。

宋太祖赵匡胤（927年—976年），涿州（今河北）人。建隆元年（960年），发动陈桥兵变，黄袍加身，代周称帝，建立宋朝，定都开封，庙号太祖。

建隆二年（961年）七月初九日晚朝时，宋太祖把石守信、高怀德等禁军高级将领留下来喝酒，当酒兴正浓的时候宋太祖突然屏退侍从叹了一口气，给他们讲了一番自己的苦衷，说："我若不是靠你们出力是到不了这个地位的，为此我从内心感念你们的功德。但做皇帝也太艰难了，还不如做节度使快乐，我整个夜晚都不敢安枕而卧啊！"石守信等人惊骇地忙问其故，宋太祖继续说："这不难理解，我这个帝位谁不想要呢？"石守信等人听了知道这话中有话，连忙叩头说："陛下何出此言！现在天命已定，谁还敢有异心呢？"宋太祖说："不然，你们虽然无异心，然而你们部下想要富贵，一旦把黄袍加在你们的身上，你们即使不想当皇帝，到时也身不由己了。”宋太祖这席话软中带硬，使这些将领知道已经受到猜疑，于是恳请宋太祖指明一条“可生之途”。宋太祖这才缓缓说道：“人生在世，像白驹过隙那样短促。要得到富贵的人不过是想多聚金钱，多多娱乐，使子孙后代免于贫乏而已。你们不如释去兵权，到地方去多置良田美宅，为子孙立永远不可动的产业。同时多买些歌儿舞女，日夜饮酒相欢，以终天年。朕同你们再结为婚姻，君臣之间，两无猜疑，上下相安，这样不是很好吗！”石守信等人见宋太祖已把话讲得很明白，再无回旋余地，只得俯首听命，表示感谢太祖恩德。第二天，石守信、高怀德、王审琦、张令铎、赵彦徽等上表声称自己有病，纷纷要求解除兵权，宋太祖欣然同意，让他们罢去禁军职务，到地方任节度使，并废除了殿前都点检和侍卫亲军马步军都指挥司。禁军分别由殿前都指挥司、侍卫马军都指挥司和侍卫步军都指挥司，即所谓三衙统领。在解除石守信等宿将的兵权后，太祖另选一些资历浅、威望不高、容易控制的人担任禁军将领。禁军兵权析而为三，以名位较低的将领掌握三衙，这就意味着皇帝对军队控制的加强。以后宋太祖还兑现了与禁军高级将领联姻的诺言，把守寡的妹妹嫁给高怀德，后来又把女儿嫁给石守信和王审琦的儿子，张令铎的女儿则嫁给宋太祖三弟赵光美。这就是历史上著名的“杯酒释兵权”。

几乎所有的开国皇帝都有杀功臣的行为，在中国历史上最有名的当属汉高祖刘邦。五代十国时期也是如此，谁手中兵强马壮，谁便可称王。而在每次政权更迭中，刀光剑影，血肉横飞，新帝王都是在一片血腥中登上宝座。黄袍加身的赵匡胤不得不开始反思历史，为此他破天荒地任用文人在其指挥下任统帅，从而确立了宋朝文人治军的军事制度。这套制度是为了彻底消除造成唐朝灭亡的藩镇军制，其出发点是好的，结果也富有成效，但是在外患强烈的背景下，削夺大将兵权同时也削弱了部队的作战能力。其原因是皇帝直接掌握兵权，不懂军事的文官控制军队，武将频繁调动，致使宋朝在与辽、西夏、金的战争连连败北，无力解决边患。苏洵所论对当时很有现实意义，他总结的驭将之道对当代领导也很有借鉴意义。

御贤将之术以信

【原典】

六畜[①]，其初皆兽也。彼虎豹能搏、能噬，而马亦能蹄，牛亦能触[②]。先王知能搏、能噬者不可以人力制，故杀之；杀之不能，驱之而后已。蹄者可驭以羁绁[③]，触者可拘以楅衡[④]，故先王不忍弃其才而废天下之用。如曰是能蹄，是能触，当与虎豹并杀而同驱，则是天下无骐骥[⑤]，终无以服乘耶[⑥]。先王之选才也，自非大奸剧恶如虎豹之不可以变其搏噬者，未有不欲制之以术，而全其才以适于用。况为将者，又不可责以廉隅细谨，顾其才何如耳[⑦]。

汉之卫、霍、赵充国，唐之李靖、李勣[⑧]，贤将也。汉之韩信、黥布、彭越，唐之薛万彻、侯君集、盛彦师[⑨]，才将也。贤将既不多有，得才者而任之可也。苟又曰是难御，则是不肖者而后可也[⑩]。结以重恩，示以赤心，美田宅，丰饮馔[⑪]，歌童舞女，以极其口腹耳目之欲，而折之以威[⑫]，此先王之所以御才将也。

近之论者或曰：将之所以毕智竭虑[⑬]，犯霜露、蹈白刃而不辞者[⑭]，冀赏耳[⑮]。为国家者，不如勿先赏以邀其成功[⑯]。或曰：赏所以使人，不先赏，人不为我用。是皆一隅之说，非通论也[⑰]。将之才固有小大，杰然于庸将之中者[⑱]，才小者也，杰然于才将之中者，才大者也。才小志亦小，才大志亦大。人君当观其才之大小，而为之制御之术以称其志。一隅之说不可用也。

【注释】

①六畜：指牛、马、羊、猪、鸡、犬。

②噬：撕咬。踶：名词动用，意思为用蹄子踶。触：用角顶撞。

③羁绁（xiè）：指马络头与马缰绳。

④楅（fú）衡：缚在牛角上以防伤人的横木。一说："楅"设于角，"衡"设于鼻。

⑤骐骥：骏马名，传说能够日行千里。

⑥服乘：即驾车。服，使用。

⑦廉隅细谨：比喻品行端正、廉洁奉公、办事细致谨镇。廉隅：棱角。比喻人的行为、品性端方正直，不苟且。细谨：指谨小慎微。顾：只是。

⑧卫、霍、赵充国：西汉的三位名将，分别指卫青、霍去病、赵充国。卫青（？—公元前106年），字仲卿，河东平阳（今山西临汾西南）人。为汉武帝重用，曾七次出击匈奴，以军功被封为大将军，为人淳厚、谨慎。霍去病（公元前140—公元前117年），河东平阳人。曾六次出击匈奴，以军功被赐官为骠骑将军，可谓少年英雄，与其舅舅卫青同为汉武帝时期一代名将，可惜英年早逝。赵充国（公元前137—公元前52年），字翁孙，陇西上邦（今甘肃天水县西南）人，汉武帝时，曾跟随贰师将军出击匈奴，骁勇善战，屡立战功，官至车骑将军长史。汉宣帝封为营边侯，曾率军出镇缘边九郡，边境祸乱得以平息，为西汉时一代名将。李靖、李勣：唐时名将。李靖（571—649年），本名药师，京兆三原（今陕西三原东北）人。唐太宗时任职兵部尚书、尚书右仆射等职。精于兵法，为唐初军事家，曾先后率军击败东突厥、吐谷浑，战功赫赫，封卫国公。李勣(594—669年)，曹州离狐（今山东省东明县东南）人。本姓徐，名世勣，赐姓李，因避唐太宗讳，单名勣。曾随李密起兵，出奇谋大败王世充，后归顺唐朝，跟随秦王李世民平定窦建德，俘虏王世充，以功封左监门大将军。李世民即位后，官至光禄大夫，镇守并州十六年。唐高宗时官至司空。

⑨薛万彻、侯君集、盛彦师：皆为唐初大将。薛万彻（？—652年），本敦煌

人，后迁徙到雍州咸阳（今陕西咸阳市）。隋大将薛世雄之子，后归顺唐朝，授官车骑将军。曾跟随李靖讨伐突厥，因功晋爵郡公，官至左卫将军，因谋反被杀。侯君集（？—643年），幽州三水（今陕西旬邑）人。初从李世民征讨四方，任车骑将军。李世民即皇帝位后，因功被封为潞国公，历任右卫将军、兵部尚书等职，后因谋反被杀。盛彦师（？—623年），宋州虞城（今河南虞城）人，少时任侠，投唐李渊，曾以行军总管征讨李密，斩之，因功被封为葛国公，授武卫将军。徐圆朗谋反，盛彦师出战被俘，后以罪赐死。

⑩苟：如果、假使。不肖：指才能平平。

⑪结、美、丰皆为动词。意思分别为：用……使坚定；使……美好；使……丰盛。重恩：很大的恩惠。示：表明、展示。赤心：真挚的心意。田宅：田地房屋。撰：饮食，吃喝。

⑫极：顶端、到达顶点。折：翻转，倒腾。这里指制裁。

⑬毕智竭虑：殚精竭虑，用尽精力、费尽心思。毕：完结。竭：用尽。

⑭犯：冒着、顶着。蹈：踏、踩。辞：推让、推脱。

⑮冀：希望。

⑯邀：取得、希求。

⑰一隅之说：片面的见解、偏见。通论：通达的议论，完满的说法。

⑱杰然：出类拔萃、才能高超出众的样子。

【译文】

猪、牛、羊、马、鸡、狗最初也都是野兽。那些老虎和豹子能够搏击、撕咬，而马能用蹄子踢，牛也能用角作为攻击的武器。古圣先王知道依凭人类的力量无法制服像老虎和豹子这样能够搏击、能够用牙齿咬的野兽，因此就设法将其猎杀；如果不能猎杀也要将它们驱走。像马这些用蹄子踢的野兽可以通过笼头和绳索来制服它们，像牛这些用角顶撞的野兽可通过在它们的角上束上横木来制约它们。因此，古圣先王不会牛马身上一些小的不足而放弃它们的才能，致使天下的材用缺之。如果说将能用蹄子踢、用角顶撞的牛马也同对待老虎、豹子一样将它们杀死或驱赶走，那么天下就不会有骐骥这样的骏马，也不会有用来驾车的牛了。以前的君王选用人才，除了那些像老虎、豹子那样不能改变他们凶残本性而放荡不羁的恶人外，未尝不想用权术来制服他们，保全他们的才能并恰当地使用。何况对于武将本来就不必苛求他们廉洁端正、谨慎小心，只看他们有没有才能罢了。

西汉的卫青、霍去病、赵充国，唐朝的李靖、李勣都是德才兼备的贤将；西汉的韩信、黥布、彭越，唐朝的薛万彻、侯君集、盛彦师都是才能显著而德行一般的才将。德才兼优的贤将本来就不多见，所以对于那些品德一般的才将能得其卓异的才能为己所用也就可以了。假如又要说这些才将难以驾驭，则只有任用那些才能平平的人做武将了。以前的君王都是通过各种方式来驾驭那些才能卓越而德行一般的才将的，比如施与极大的恩惠使他们为我效忠，真诚地时待他们，给予他们的壮丽屋舍、丰美的田地、丰盛的饮食以及众多歌童舞女，通过这样的方式使他们口腹耳目的欲望得到充分的满足，与此同时也要用威刑约束他们放荡不羁的本性，使他们对君主唯命是从。

现在的世人常常议论说：武将之所以殚精竭虑、顶着风霜雨露、不畏自己的生死而驰骋沙场，就是因为他们希望得到赏赐。因此治国的君主不会先赏赐他们，而是让他们怀着对口腹耳目的欲望激励他们拼死沙场。又有的人说：赏赐就是为了激励他们能够尽忠职守，如果不先赏赐，那么武将们怎么会心甘情愿地尽忠效力呢。我认为这些说法都是很片面的，而不是圆通完善的建议。武将的才干本来就有大小之分，在普通的武将之中出类拔萃的只是才能一般的，而只有在众多有才干的武将之中亦能做到出类拔萃的这方是才能超群的武将。武将才能小则他的志向就低，武将才能超群他的志向势必高远。因此君主应该先了解武将的才能高低，然后采取相应的驾驭之术来控制他们，这样就能使他们各自的志向得到满足。所以那些片面的言论是不可取的。

【精解】

用人不疑，疑人不用

这篇文章主要是讲君主如何控制武将的问题，实质上是在讲如何用人的问题。苏洵提出了两种用人之道，其中对贤将应用之以信。这里所说的“信”其实就是“用人不疑，疑人不用”，这也是中国传统的用人方式。三国时期的孙权就是一个用人不疑的典范。

公元219年，孙权乘蜀汉荆州守将关羽北攻襄阳、樊城之际，派遣大将吕蒙袭占关羽的后方基地江陵。关羽闻讯后仓猝率军回救，结果兵败被杀，孙权遂占有了整个荆州，孙、刘矛盾全面激化。但当时益州未定，刘备无暇顾及此事，直到第二年称帝后，遂决定决定大举攻吴，企图为关羽报仇，并夺回荆州。

公元221年7月，刘备亲率蜀汉军队十多万人对吴国发动了大规模的战争。孙权在面临蜀军战略进攻的情况下大胆起用年轻的儒生陆逊，委以重任。孙权决定用陆逊后，立即拜为大都督，总督江东六郡八十一州兼荆楚诸路军马。由于陆逊年幼望轻，从一个镇西将军一跃而为大都督，总领全国军马，文武官员多有不服。在这种情况下，孙权将所佩之剑赠予陆逊，说：“阃以内，孤主；阃以外，将军制之”。于是陆逊统率朱然、潘璋、韩当、徐盛、孙桓等共五万人开赴前线，抵御蜀军；同时陆逊又建议遣使向曹丕称臣修好，以避免两线作战。陆逊上任后，通过对吴蜀双方兵力、士气以及地形诸条件的仔细分析，看到刘备兵势强大，居高守险，锐气正盛，求胜心切。于是耐心说服了吴军诸将，果断地实施战略退却，一直后撤到夷道（今湖北宜都）、猇亭（今湖北宜都北古老背）一线。然后在那里停止退却，转入防御，遏制蜀军的继续进兵。并集中兵力，准备相机决战。这样，吴军完全退出了高山峻岭地带，把兵力难以展开的数百里的山地留给了蜀军。

公元222年正月，蜀汉吴班、陈式的水军进入夷陵地区，屯兵长江两岸。二月，刘备亲率主力从秭归进抵猇亭，建立了大本营。这时，蜀军已深入吴境二三百公里，由于开始遭到吴军的遏阻抵御，其东进的势头停顿了下来。在吴军扼守

吴大帝孙权

（182—252年）字仲谋，吴郡富春县（今浙江富阳）人。三国时期吴国的开国皇帝，公元229—252年在位。

要地、坚不出战的情况下，蜀军不得已在巫峡、建平（今四川巫山北）至夷陵一线数百里地上设立了几十个营寨。从正月到六月，吴蜀两军仍然相持不决。刘备为了迅速同吴军进行决战，曾频繁派人到阵前辱骂挑战，但是陆逊均不应战。如此便破坏了刘备倚恃优势兵力企求速战速决的战略意图。蜀军将士逐渐斗志涣散，失去了主动优势地位。六月的江南正值酷暑时节，暑气逼人，蜀军将士不胜其苦。刘备无可奈何，只好将水军舍舟转移到陆地上，把军营设于深山密林里，依傍溪涧，屯兵休整，准备等待到秋后再发动进攻。陆逊看到蜀军士气沮丧，放弃了水陆并进、夹击吴军的作战方针，认为战略反攻的时机业已成熟。当时江南正是炎夏季节，气候闷热，而蜀军的营寨都是由木栅所筑成，其周围又全是树林、茅草，一旦起火，就会烧成一片。因此，陆逊采取了火攻蜀军连营的破敌之法。决战开始后，陆逊即命令吴军士卒各持茅草一把，乘夜突袭蜀军营寨，顺风放火。顿时间火势猛烈，蜀军大乱，在吴军的进攻下很快溃不成军。刘备乘夜突围逃遁，行至石门山（今湖北巴东东北），被吴将孙桓部追逼，焚烧溃兵所弃的装备堵塞山道才得以摆脱追兵，逃入永安城中（又叫白帝城，今四川奉节东）。刘备逃到白帝城后，陆逊顾忌曹魏乘机浑水摸鱼、袭击后方，遂停止追击，主动撤兵。九月，曹魏果然攻吴，但因陆逊早有准备，魏军最终无功而返。次年四月，刘备恼羞夷陵惨败，一病不起，亡故于白帝城。这就是历史上著名的夷陵之战。

夷陵之战中，刘备“以怒兴师”，恃强冒进，犯了兵家之大忌，在具体作战指导上也屡有失误，终于陷入被动，导致了悲惨的失败。陆逊则不负孙权所望，在作战中善于正确分析敌情，大胆后退诱敌，集中兵力，后发制人，体现了高超的指挥艺术和军事才能。陆逊的成功，与孙权的“用人不疑，疑人不用”的用人策略是分不开的。陆逊可当“贤将”之名，孙权也能够御之以信，把军国大权交于陆逊而不疑，所以陆逊才能取得夷陵之战的大捷。

在我国历史上因用人多疑而失败者也是屡见不鲜，崇祯就是其中一个典型。众所周知的袁崇焕就是最大的牺牲品，崇祯帝对袁崇焕从刚开始的极其信任到最后的极度残杀，正是因为崇祯帝多疑中了皇太极反间计的缘故。不仅对袁崇焕，为剿流寇，崇祯先用杨鹤主抚，后用洪承畴，再用曹文诏，再用陈奇瑜，复用洪承畴，再用卢象升，再用杨嗣昌，再用熊文灿，又用杨嗣昌，十三年中频繁更换围剿农民军的主将。这其中除熊文灿外，其他都表现出了出色的才干。然皆功亏一篑，都与崇祯帝生性多疑有关。“贤将不多有”，故能够偶然得到德才兼备的人才，一定要做到“疑人不用，用人不疑”，这样才能充分发挥人才的主观能动性和成就事业。

3. 御才将之术以智

【原典】

夫养骐骥者，丰其刍粒，洁其羁络，居之新闲，浴之清泉，而后责之千里[①]。彼骐骥者，其志常在千里也，夫岂以一饱而废其志哉[②]。至于养鹰则不然，获一雉，饲以一雀[③]，获一兔，饲以一鼠。彼知不尽力于击搏，则其势无所得食，故然后为我用。才大者，骐骥也，不先赏之，是养骐骥者饥之而责其千里，不可得也。才小者，鹰也，先赏之，是养鹰者饱之而求其击搏，亦不可得也。是故先赏之说，可施之才大者；不先赏之说，可施之才小者。兼而用之，可也。

昔者汉高祖一见韩信而授以上将，解衣衣之，推食哺之[④]；一见黥布而以为淮南王，供具饮食如王者[⑤]；一见彭越而以为相国。当是时，三人者未有功于汉也。厥后追项籍垓下[⑥]，与信约期而不至[⑦]，捐数千里之地以畀之[⑧]，如弃敝屣[⑨]。项氏未灭，天下未定，而三人者已极富贵矣。何则？高帝知三人者之志大，不极于富贵则不为我用。虽极于富贵而不灭项氏，不定天下，则其志不已也。至于樊哙、滕公、灌婴之徒则不然，拔一城、陷一阵而后增数级之爵，否则终岁不迁也[⑩]。项氏已灭，天下已定，樊哙、滕公、灌婴之徒，计百战之功而后爵之通侯[⑪]。夫岂高帝至此而啬哉[⑫]，知其才小而志小，虽不先赏，不怨；而先赏之，则彼将泰然自满[⑬]，而不复以立功为事故也。噫！方韩信之立于齐，蒯通、武涉之说未去也[⑭]。当此之时而夺之王，汉其殆哉[⑮]。夫人岂不欲三分天下而自立者？而彼则曰："汉王不夺我齐也。"故齐不捐，则韩信不怀[⑯]。韩信不怀，则天下非汉之有。呜呼！高帝可谓知大计矣。

【注释】

①丰、洁、居、浴皆为动词，意思分别为：使……丰盛；使……干净；使……居住；使……沐浴。刍粒：喂牲口的草料。羁络：马笼头。新闲：新的马厩。清泉：清冽的泉水。责：要求。

②废：舍弃、放弃。

③雉：野鸡。饲：饲养、喂养。

④授：任命。解衣衣之：脱下衣服给他穿。第一个"衣"为名词，意思为"衣服"。第二个"衣"字为动词，意思为"穿衣"。推食哺之：拿食物给他吃。哺：给……

东西吃。

⑤供：供奉。具：准备。

⑥厥：代词，其。

⑦约期：指约定好的时间。信：即韩信。

⑧畀（bì）：给予。

⑨敝屣（xǐ）：破鞋子。屣：鞋子。

⑩迁：升迁。

⑪爵：动词，赐爵。通侯：西汉二十等爵之一，初名彻侯，因避汉武帝刘彻讳，改称通侯。彻即通，言其爵位上通于皇帝，为二十等爵中最高的爵位。

⑫啬：吝惜。

⑬泰然：安然自在的样子。

⑭蒯通、武涉：蒯通即蒯彻，秦汉时期著名纵横家。楚汉之争时，曾劝韩信采取中立政策，据齐国之地自立为王，三分天下。而韩信没有听从他的建议，与刘邦垓下会师消灭了项羽。武涉：项羽说客，曾游说韩信背刘投项。

⑮殆：危险。其：助词，表示测度语气，意思为“大概”。

⑯怀：归向。这里指忠于刘邦。

【译文】

那些饲养骐骥的人一定要提供给它们丰盛的草料，保持它们的笼头以及圈养它们的马厩洁净如新，并用清冽的泉水来给它们洗澡，然后才可以要求它们日行千里。骐骥的志向本来也是要日行千里，怎么会因为吃饱了肚子就放弃了自己高远的志向呢?而至于饲养猎鹰的方式就截然不同了，如果猎鹰捕获了一只野鸡，主人就得用一只鸟雀来喂养它；如果它捕获了一只野兔，主人就得用一只野鼠来喂养它。猎鹰知道如果自己不全力搏击就不可能得到主人喂它的食物，因此猎鹰才会替主人效劳尽力。对于像骐骥一样才能超群而又志向高远的人，如果不先行赏赐就难以尽情地发挥出他们的才能，就好像饲养骐骥的人总是不让它吃饱却又要求它能日行千里，这是不可能的事情。而对于像猎鹰一样才能较差的人，如果事先满足了他们的欲望就很难再让他们为自己效力了，就好像饲养猎鹰的人先喂饱了猎鹰，然后要求它搏击捕猎一样，这也是不可能的事情。因此，先满足他的欲望再责之千里的方式适用于驾驭那些才能出众的武将；而先责之以功再相应的加以赏赐的做法适用于驾驭那些才能一般的武将。这就是驾驭武将的两种方法，只是适用时要区别武将不同情况来使用罢了。

从前汉高祖刘邦一见到韩信就任命他为上将军，对他赤诚相待，美衣美酒款待有加；一见到黥布就分封他为淮南王，供奉王侯一样的用具和饮食；一见到彭越就任命他为魏国的相国。而在这三人封王拜将的时候，他们都尚未对汉朝立下什么功劳。以后刘邦追击项羽至垓下并在这个地方与之决战，与韩信约定会师垓下共同剿灭项羽，然而期限已至韩信却迟迟没有到来，刘邦就毫不吝惜地将几千里齐国土地封给韩信，竟像扔掉破鞋子一样没有一点怜惜。这时项羽还没有灭亡，天下还尚未统一，但是韩信、黥布、彭越这三个人已经是富贵之极。刘邦为什么要这样做呢？这是因为他知道这三个人都有着远大的志向，如果不能使他们富贵之极，他们就不会轻易受自己驱使。既然他们已经富贵之极，但是如果不消灭了项羽，完成天下的统一，他们的远大抱负就不能算实现。刘邦对樊哙、夏侯婴、灌婴这些人的方式就不同了，他们攻打下一座城池、攻陷一块阵地，刘邦就给他们相应的赏赐，增加爵位的级别，否则一年也不会得到升迁。当项羽已被消灭、天下实现统一安定的时候，刘邦就根据樊哙、夏侯婴、灌婴这些人在屡次战斗中立下的功劳大小然后分封他们为通侯。难道刘邦在这时候吝惜了吗？刘邦知道他们虽有一些才干但志向平平，因此即使不先赏踢他们也不会有所埋怨；但是如果先行赏赐了他们就不会有追求的目标了，也就不再把立功受赏当作一回事。当韩信攻破齐国的时候，蒯通、武涉这两个人尚在劝韩信自立为王，三分天下，如果在这个时候刘邦削夺韩信齐王的封号，汉朝能否建立就很难说了。难道韩信不想三分天下而独霸一方吗？只是他认为刘邦不会剥夺他齐王的封号。因此，如果不把齐地分封给韩信，韩信就不会归向刘邦；如果韩信不前来归顺，那么最终统一天下的就不一定是刘邦了。刘邦可真算得上是深谋远虑啊！

【精解】

用人看大节，不因瑕而掩瑜

苏洵在文中讲到要区别将领才能和志向的大小再决定赏赐的先后和大小，讲的其实是一个激励机制的问题。他认为才能高的人抱负远大，要先行赏赐；才能低的人抱负平平，要有功劳后再行赏赐。这也就是他所说的御贤将以信与御才将以智。俗话说：试玉要烧三日满，辩才须待七年期，讲的就是识人用人之难。那么对于那些并非大贤而又却有大才之人，治国治军者就应用之以智，充分发挥其优势，回避其劣势，这样方能人尽其才。纵观我国的漫长历史，宋太祖赵匡胤就是深知此道之人。

宋太祖手下有一员爱将，名叫李汉超，早年在攻打后蜀和北汉时曾立下赫赫战功。当时宋朝初建，契丹常常南下骚扰，使得北部边境不得安宁。宋太祖任命李汉超为关内巡检使，又委任他兼领齐州防御使，并把齐州的赋税收入也交给他，供其养兵训练，抵御契丹。齐州乃北部边境地区的富裕州，每年税收颇丰，所以李汉超的部队能够得到充足的供给，兵强马壮，作战能力强，使契丹不敢贸然南侵。边境地区由此得到稳定，人民的生活也获得了暂时的安宁。

李汉超深得宋太祖的偏爱和宠信，又加上守土有功，不免居功自傲，在任上做了不少违法乱纪的事情。老百姓对他颇为不满，于是就有人赶到京城告李汉超的御状，告他借老百姓的钱不还、抢占民女为妾等不法之事。宋太祖亲自接见告状的人了解情况，并让侍从招待他们吃饭，然后宋太祖就劝他们："以前契丹人常常南下侵扰，烧杀抢掠，你们深受其害，历任守御的将领都抵敌不住。李将军赴任以后，赶走了契丹人，使你们不再受到契丹的侵扰，从此过上了安宁的生活。李将军只是向你们借钱，这与契丹人烧杀掳掠完全不一样。李将军向你们借的钱我担保他会还给你们的。"他又问那个被李汉超抢了女儿的人："你一共有几个女儿？

《雪夜访普图立轴》

明代刘俊绘，图轴，绢本，淡设色，纵143.2cm，横75cm，现藏北京故宫博物院藏。此图描写宋太祖赵匡胤在雪夜中访问宰相赵普的故事。

她们都嫁给了什么人？”老汉回答说几个女婿都是本村的庄稼人。宋太祖笑着对他说：“你的几个女儿嫁的都是庄稼人，而李汉超将军则是国家的栋梁之才，是我信赖看重的大将。他既然看上了你的女儿，把她娶去做夫人，总不会亏待你呀。”大家听宋太祖讲得合情合理，心中的气也就消了。告状的人走了以后，宋太祖立即把李汉超叫来，十分严肃地对他说：“齐州有不少老百姓上我这里来告你的状。你如果缺钱，为什么不对我说？为什么去向老百姓要钱？百姓是国家的根本，国家的兴旺都靠老百姓啊。”李汉超听了太祖的训斥心中非常恐慌，连连认错。过了一会儿，宋太祖说道：“我这里给你几百两银子，你拿去尽快还给老百姓。你身为封疆大吏，心中要想着老百姓啊。”李汉超满以为一定会受到严厉的处分，没想到皇上对他如此宽宏大量，还亲自拿钱给他，让他取信于民，这使他十分感动，他决心一定不辜负宋太祖对自己的信任。他回到齐州以后，把所借之钱一一还清。从此李汉超以身作则，严明纪律，使齐州秩序井然，社会风气明显好转，边防更加巩固，受到边境地区老百姓的拥戴。

宋太祖对李汉超的处置可谓深得用人之道。一方面当时急需像李汉超这样的将才；另一方面李汉超的缺点、错误与他在事业上的成绩相比毕竟是次要的，只要统驭有方，完全可以促使他改正错误，成为一名优秀的地方大员。宋太祖用人的高明之处就在于他用人看大节，不因瑕而掩瑜。

此外，宋太祖任命将领的时候，往往施以厚恩，以真诚相待，赏赐给他们丰厚财物使其生活富裕，不使他们声名显赫而培养他们的威势，不注重细节而看重其大略，让他们长时间任职以考量他的功绩。每次朝会一定给他们赐坐，赏赐的物品也很丰厚，安抚好他们之后才送走。宋太祖在位时，任郭进为西山巡检，宋太祖曾经让郭进建造府邸，全用筒瓦。有司说不是亲王、公主不能用筒瓦。宋太祖说："郭进守卫西山四十多年，让我国没有北方的忧患，我怎么能把郭进看得连儿女都不如呢？"于是让他继续修建。这可称得上用厚恩安抚将领了。有一次，有人告发郭进私通河东的刘继元，可能会叛变。宋太祖很生气，认为此人诬陷忠良，命人把他绑起来送给郭进，让郭进处置他。郭进接到人后没有杀他，而是对他说："你能为我夺取刘继元的一城一寨的话，我不但不杀你，还要为你请求赏赐官职。"过了一年多，那人果然引诱刘继元的一座城来归降。郭进将此人的事情禀报了朝廷，请朝廷加封此人官职。宋太祖却说："此人诬陷忠良，现在立功只能抵偿他的死罪，不能封官。"于是又命人将此人送回给郭进。郭进为了不失信于人，再次向宋太祖请旨。宋太祖这才加封了那人的官职。郭进在西山的时候，太祖每次派遣戍守士兵的时候一定告谕他们说："你们一定要谨慎地奉守法律。我还可以赦免你们，郭进会杀了你们的。"因此郭进所到的地方士兵从未有小的错误，这可以说是轻视他的名声而增加它的威势。

郭进最终做到观察使，但所具有的也不过是巡检使的名声。宋太祖正是以史为鉴，对将领施以特别的宠信，将领感激至深；用真诚的心对待他们，将领的忠心就牢固；不推崇他们的名望，不干涉其权力，则为将的人都希望建功立业，有才能的人得以施展；忽略他们的过失就可以提拔更多的人才，让将领长久担任同一职务就能明晰他们的功劳。这正是宋太祖御将的高明之处，也是从古至今明君任用将领通用的原则。

第十五章 任相

1. 相贤，则群有司皆贤

【原典】

古之善观人之国者，观其相何如人而已。议者常曰：将与相均。将特一大有司耳①，非相侔也②。国有征伐而后将权重。有征伐，无征伐，相皆不可一日轻。相贤邪③，则群有司皆贤，而将亦贤矣；将贤邪，相虽不贤，将不可易也。故曰：将特一大有司耳，非相侔也。

【注释】

①有司：即官吏。古代设官分职，事各有专司，故称官吏为“有司”，后来将专门负责有关具体事务的官吏泛称为“有司”。此文中苏洵将“有司”和“相”相区别而叙述。在古代，宰相主要责任是“坐而论道”，负责监察百官，参与重大决策的讨论，并不承担什么具体事务；而“有司”则指专门负责具体事务的官员。故苏洵认为将领主管军队，属于有具体事务的一个大官员而已，与宰相不同。

②侔（móu）：相等，等同。这句意谓将不能与相等量齐观。

③贤：贤能、贤明。邪：同“耶”，句末语气词。

【译文】

古代善于观察的人察看一个国家是否会强盛，只要通过观察这个国家的宰相的才德如何就可以做出大致准确的判断。有些人常说：武将与宰相在国家政治生活中的地位与作用是相等的。其实，武将只是管理军队事物的大官员而已，并不能够与宰相提并论、同日而语。国家只是在有战争时武将的责任才会相应加重；但是一个国家无论有没有战争，宰相的责任却是一天都不可以减轻。如果国家的宰相贤能了，那么下面办理具体事务的官员们就会随之贤良廉洁，武将也会受其影响而德行修明、才能出众；相反武将即使贤能出众，但宰相却才德平庸，那么武将也无法改变宰相及其朝廷官僚平庸无为的局面。因此可以说：武将只是一个办理具体事务的大官员而已，并不能与宰相的作用同日而语。

【精解】

相之贤否关系国之兴衰

本篇专论任相之道。相一般作为国君的“腹心之臣”，其贤否关系着百官之贤否，甚至对国之兴衰有决定性的作用。苏洵针对当时之君任用宰相因为既不能“接之以礼”又不能“责之如法”，或“礼薄而责重”，或“责轻而礼重”，以致为相者不能尽忠于朝廷的情况予以揭露，并进行了细致的分析和中肯的批评。唐玄宗误用李林甫、杨国忠为相以致唐王朝由极盛转衰，给后人很多警示。然而数百年之后，宋王朝又重蹈唐朝历史覆辙，实在可悲。

杨国忠，本名杨钊，唐朝蒲州永乐（今山西芮城）人，杨贵妃同曾祖兄。杨玉环得宠于唐玄宗之后，她的族兄杨国忠也飞黄腾达，升任宰相，身兼四十余职。杨钊从小放荡不羁，喜酒赌钱，穷困潦倒，因此人们很瞧不起他。三十岁时，他在四川从军，发愤努力，表现优异，但因节度使张宥看不上他，只任他为新都尉，任期满后更为贫困。但四川的大富翁鲜于仲通在经济上经常资助他，并把他向剑南节度使章仇兼琼推荐。章仇兼琼一见杨钊身材魁梧、仪表堂堂，又伶牙俐齿，非常满意，遂即任他为采访支使，两人关系密切。因为章仇兼琼与当时权相李林甫有矛盾，禄位难保，所以欲使杨钊进入朝廷，作一内援。此时杨玉环已封为贵妃，杨贵妃的三位同胞姐姐也日益受宠。章仇兼琼便利用这一裙带关系，派杨钊到京城向朝廷进贡蜀锦，并令其携带价值万缗的四川名贵土特产赠送杨氏姐妹。于是，杨氏姐妹就经常在唐玄宗面前替杨钊和章仇兼琼美言，并将杨钊引见给唐玄宗，唐玄宗任他为金吾兵曹参军。从此，杨钊便可以随供奉官随便出入禁中。

唐玄宗李隆基

又称唐明皇，唐睿宗李旦的第三个儿子，公元712年至756年在位，开创唐朝的鼎盛时期—开元盛世，但安史之乱后，唐朝由盛而逐渐衰落。

杨钊在长安立足之后，便凭借杨贵妃和杨氏诸姐妹得宠的条件巧为钻营。在宫内，他经常接近杨贵妃，小心翼翼地侍奉玄宗，投其所好；在朝廷，则千方百计巴结权臣。在不到一年的时间里，他便身兼十五余职，成为朝廷的重臣。天宝七年（748年），杨钊建议唐玄宗把各州县库存的粮食、布帛变卖掉，买成轻货送进京城，各地丁租地税也变卖布帛送到京城。他经常告诉唐玄宗现在国库很充实，古今罕见。于是，唐玄宗在天宝八年（749年）二月率领百官去参观左藏，一看果然如此，很是高兴，便赐杨钊紫金鱼袋，兼太府卿，专门负责管理钱粮。从此，杨钊越来越受到唐玄宗的宠幸。天宝九年（750年）十月，杨钊因为图谶上有“金刀”二字，请求改名，以示忠诚，唐玄宗赐名“国忠”。随着地位的升迁，杨国忠在生活上也变得极为奢侈腐化。每逢陪唐玄宗、杨贵妃游幸华清宫，杨氏诸姐妹总是先在杨国忠家汇集，竞相比赛车马的豪华，他们用黄金、翡翠做装饰，用珍珠、美玉做点缀。出行时，杨国忠还持剑南节度使的旌节（皇帝授予特使的权力象征）在前面耀武扬威。

杨国忠在与宰相李林甫的关系上，起初二人一唱一合，互相利用。杨国忠为了向上爬，竭力讨好李林甫；李林甫也因为杨国忠是皇亲国戚，尽力拉拢。在李林甫陷害太子李亨时，杨国忠等人充当打手，并积极参与其活动。他们在京师另设立推院，屡兴大狱，株连太子的党羽数百家。后来，李林甫与杨国忠由于争权夺利产生了矛盾。玄宗为了取悦于杨贵妃，且为了牵制李林甫的专权，便开始疏远李林甫而重用杨国忠。天宝十一年（752 年）十一月李林甫死后，玄宗便命杨国忠担任右相，兼文部尚书，判使照旧。杨国忠以待御史升到正宰相，身兼四十余职。

杨国忠专权误国，好大喜功，穷兵黩武，动辄对边境少数民族地区用兵，不仅使成千上万的无辜士卒暴尸边境，也给少数民族地区造成了灾难，而且使内地田园荒芜，民不聊生。在他执政期间，曾两次发动了征讨南诏的战争，皆以失败告终，损兵折将近二十万人。杨国忠为了笼络人心，发展自己的势力，竭力掌控选官大权。按惯例，宰相兼兵部、吏部尚书，选官应交给侍郎以下的官员办理，规定的手续十分严格，须经三注三唱，历时从春至夏才能完成。杨国忠却自示精敏，先叫胥吏到自己家里，预先定好名单，然后把左相陈希烈及给事中、诸司长官都叫到尚书都堂，读一名便定一名，一天就完了。当全部结束之后，杨国忠便当着大家的面说："左相和给事中都在座，就算经过门下省了。"于是，选官大权就这样由杨国忠一人垄断。从此门下省不再复查选官，侍郎仅仅负责试判，致使选官质量下降。杨国忠对人民的疾苦也漠不关心。天宝十二年（753 年），关中地区连续发生水灾和严重饥荒。唐玄宗担心会伤害庄稼，杨国忠便叫人专拿好庄稼给玄宗看，并说："雨水虽多但并未伤害庄稼。"后来，扶风太守奏报当地出现水灾，杨国忠便叫御史审问他，从此再没有人敢汇报灾情了。

其实，在李林甫执政期间，因其妒贤嫉能、诛逐大臣，唐王朝就已经显露出趋向没落的种种迹象。然而唐玄宗沉迷于歌舞升平之中，根本没有意识到危机所在，而又以善于钻营的杨国忠为相，致使国家逐渐陷入危机。在杨国忠执政期间，官吏贪渎，政治腐败，民怨沸腾，国事日非，终于不可收拾，爆发了安史之乱，使强大的唐王朝江河日下，从此一蹶不振。杨国忠作为一人之下万人之上的宰相，自有他个人应负的责任，但唐王朝的由盛转衰归根结底还在于唐玄宗任相的失误。当然，曾富贵之极的杨氏一门在“马嵬驿之变”中也落得个灭门的悲惨下场，也可谓自食其果。

2. 任相之道，必先接之以礼，然后可以重其责

【原典】

任相之道与任将不同。为将者大概多才而或顽钝无耻，非皆节廉好礼不可犯者也。故不必优以礼貌，而其有不羁不法之事，则亦不可以常法御①。何则？豪纵不趋约束者②，亦将之常态也。武帝视大将军，往往踞厕③，而李广利破大宛，侵杀士卒之罪则寝而不问④。此任将之道也。若夫相，必节廉好礼者为也，又非豪纵不趋约束者为也，故接之以礼而重责之⑤。古者相见于天子，天子为之离席起立；在道，为之下舆⑥；有病，亲问；不幸而死，亲吊。待之如此其厚。然其有罪，亦不私也⑦。天地大变⑧，天下大过，而相以不起闻矣；相不胜任，策书至而布衣出府，免矣⑨；相有他失，而栈车牝马归以思过矣⑩。夫接之以礼，然后可以重其责而使无怨言；责之重，然后接之以礼而不为过。礼薄而责重，彼将曰：主上遇我以何礼，而重我以此责也，甚矣。责轻而礼重，彼将遂弛然不肯自饬⑪。故礼以维其心⑫，而重责以勉其怠⑬，而后为相者莫不尽忠于朝廷而不恤其私⑭。

【注释】

①不羁不法：桀骜不驯，不受法律的约束与限制。以常法御：用通常的法律条文予以制裁。御：制裁、惩罚。

②豪纵：放荡不羁，不受拘束。

③武帝：指汉武帝刘彻。大将军：中国古代各朝经常设置的武官职名，其实际职权变化很大，但多为高级军事指挥甚至最高军事统帅。战国时期楚国始设，汉代沿置，职掌统兵征战。汉武帝以后大将军地位渐趋尊宠，位在三公之上，得以干预朝政。东汉开始设置名号大将军，历代沿用。此文中大将军是指卫青。踞：伸开腿坐。

④李广利：（?—公元前88年），中山（今河北定州）人，汉武帝宠爱的妃子李氏的族人，汉武帝为了讨好李氏，太初元年（前104年）拜李广利为贰师将军，发动讨伐大宛的战争，向大宛国索要汗血宝马，同时也是为了让李广利建立军功从而封侯。这次战争前后历时四年，由于李广利等武将贪婪残暴，侵凌士兵，致使士兵怨声载道，战斗频频失利，损失惨重。后来汉武帝多次增兵，最后才逼迫大宛国向汉朝献纳好马几十匹，中马以上三千余匹。大宛：古西域国名，在苏联中亚费尔干纳盆地，盛产葡萄、苜蓿，当时以产汗血宝马著名。汉武帝曾向大宛国索取宝马，被大宛国拒绝，因此汉武帝发动了讨伐大宛的战争。寝而不问：搁置一边不予追究。寝：搁置，放在一边。

⑤责：责令、要求。

⑥道：路上。舆：车辆，尤指马车。

⑦私：偏爱、维护。

⑧天地大变：指天象异常的变化及水旱灾害等。

⑨策书：即文书、诏书。布衣出府：指以平民的身份离开相府，即被免去宰相职务。布衣：指平民。

⑩栈车：一种用竹木条横排编成的、不加漆、不蒙皮革的轻便车子，式样和当时一种轻便的小型马车（即轺车）相似，但稍简陋。通常用以乘人，可坐两人。

牝（pìn）马：母马，即非高官所乘坐的车马，意思是说宰相被免职后，只能乘普通的车马回家思过，说明受罚很重。牝：雌性的鸟或兽，与“牡”相对。

⑪弛然：松懈的样子。饬：谨慎、诫勉。

⑫维：维系、保持。

⑬怠：松懈、怠慢。

⑭恤：关心、照顾。

【译文】

任用宰相的方式与任用武将的方式有着明显不同。武将一般来说多是才能超群却德行一般、粗犷豪放，并非是讲究节操、廉正好礼、不可随意冒犯的人。因此，对于武将来说，不必在礼仪上对他们苛刻要求，他们放荡不羁而有违法纪的事情时，也不能按照常规加以制裁。为什么呢?武将一般的特征就是性格豪迈、不拘约束。汉武帝接见大将军卫青时，常常是坐在厕所里，对李广利由于残暴贪婪而致使征讨大宛国的战争失利、许多士兵亡故异地的罪也不加追究。这就是任用武将的做法。而任用宰相的方式就不同了，担任宰相的人一定要有气节、廉洁公平、礼仪修整，而那些性格豪放、不拘小节、轻易犯禁的人绝不能担任宰相一职的，因此古代君王对宰相予以特殊的礼遇，而后严格地要求他们恪尽职守。古代宰相朝见天子，天子要从坐席上站起来以示对宰相的尊敬；宰相在路上碰见天子，君主要下车；宰相如果生病，君主要亲自去看望；宰相不幸过世，君主要亲自悼念。君主对待宰相礼仪如此隆厚，然而如果宰相犯错，君主也不会轻易宽恕他。一旦天象变化不常、水旱灾异屡屡发生、社会动乱频繁、人民流离失所，宰相就自动向皇帝请辞；宰相如果不能胜任扭转社会动荡的局面，皇帝就会下诏策免他职务，宰相一接到诏书就马上换上平民的服装离开相府；宰相如果犯有其他的过错，就会受到惩罚，让他乘上母马拉的简陋的车子回去反思过失。君主只有对宰相礼遇隆重，然后才可以对他严格要求，这样他犯错受罚时就没有丝毫怨言；反过来说，既然君主对宰相如此严格要求，那么君主给予他们优厚的礼遇也就不算过分了。但是，如果君主对宰相要求苛刻而礼仪却不周到，那么宰相就可能说："皇上对我礼仪如此简单，对我要求却那样苛刻，这有点过分了吧。"如果君主对宰相礼遇有加却对他行为没有严格要求与约束，那么宰相将会松懈怠惰，不肯勤于政事。因此，周到的礼仪是用来维系宰相的心志，而对宰相严格要求与约束则是为了防止他懈怠，这样做就使得以后做宰相的人不会顾及个人利害得失而对朝廷尽忠效力。

【精解】

任相需重礼

此篇讲的是君主如何对待宰相的问题，苏洵在此文中提出君主要仿效古代贤明帝王的做法，对宰相以礼待之，在实际政治生活中要严格要求他们，并给他们充分的信任和极大的权力，唯有如此方能鼓励他们尽职尽责，治国安邦，济世救民。

苏洵的这篇文章带有很强的时代色彩。有人说宋代人从马上退回到闺房，从外部世界回到内心世界，较之唐人的豪迈奔放、风发有为，宋人则多了几分柔和淡泊，更注重自我修炼和涵养。此话不无道理，在宋代重文轻武是当时的时代风尚。苏洵作为一个文人的典型代表，这种意识就更强烈。他认为文人注重礼义廉耻，因此君主要对他们加以礼遇，对于文官首领的宰相则要更加优待；而武将大都是顽钝无耻之人，不必优以礼貌。在读此文时，我们应当摒弃这种偏颇的认识而取其精华，即任相以礼的主张。纵观中国历史，提到善任相之明君莫过于唐太宗李世民，说到名臣贤相不得不提房玄龄。

唐太宗即位后，以房玄龄、杜如晦、长孙无忌等人功劳第一，房玄龄晋爵为邢国公。公元630年，即唐太宗登基后的第四年，房玄龄任尚书左仆射，行宰相之职。此后将近二十年，房玄龄一直连任相职，直至公元648年病故。房玄龄长期连任相职，一直兢兢业业，不敢丝毫懈怠。他办事认真，虽一物一事也不疏忽。

唐太宗对房玄龄十分信任，把用人大权完全交付给他。房玄龄上任后，根据唐太宗"量才授职"、"任官惟贤"、"务省官员"的原则，对所有中央官员重新进行了审核优选，最后只留下精干人员共六百四十员；房玄龄善于发挥别人的长处，"闻人有善，若已有之"。与房玄龄齐名的杜如晦，就是早年因为房玄龄的尽力保护而留在李世民幕中，后终成为股肱之臣的。《旧唐书·杜如晦传》记载，原来杜如晦为李世民的兵曹参军（训练士兵的军事参谋），后来要被调出，房玄龄对李世民说："府中英俊被调出的越来越多，别人都不可惜。只有杜如晦聪明识大体，是个安天下的大人才。主公若还想着经营四方，取得天下，非此人不可。"李世民听后十分震动，感激地对房玄龄说："你不说，我几乎失去了这个人才"，立即把杜如晦引到身边作为腹心人员。在房玄龄任相执政期间，他和杜如晦配合得最好，杜如晦的长处是善于判断，史称"时军国多事，剖断如流，深为时辈所服"。房玄龄常常和唐太宗预先作出谋划，等待杜如晦作出判断，用房玄龄的话说"非如晦莫能筹之"，结果杜如晦来到时，往往都能和房玄龄的主张不谋而合。所以史家称说："房知杜之能断大事，杜知房之善建嘉谋"，二人彼此相辅相成。房玄龄知人善任，常常向唐太宗推荐新发现的人才，委以重任。唐太宗的太子晋王李治宫中，有一位官居太子右卫率（负责太子宫的保卫工作）的李大亮，为人耿直，受到房玄龄的器重，他向唐太宗推荐说，李大亮有汉朝忠臣王陵、周勃的气节，可以当大位。后来李大亮被任命为房玄龄的副手，和房玄龄共职相府。房玄龄用人不拘一格，从来对人不求全责备，也从不以己之长比人之短，而是随其才能量人录用，不以出身贵贱为限。这一用人政策在当时是比较可取的。

房玄龄

(578 年—648 年)，别名房乔，字玄龄（一说名玄龄，字乔松），唐代齐州临淄（今淄博市临淄区南马坊村人），是中国唐朝时的开国宰相、杰出谋臣，大唐"贞观之治"的主要缔造者之一。

房玄龄任相期间，是唐太宗的得力助手，事无巨细，想得周到缜密。古人说他在相位时，"贞观之盛，群材蚁附"，这自然与他任人唯贤有关。

但当重要部门一时英才难选时，他又宁缺毋滥，自己先承担起来。有一个时期，管理财政的度支部门缺少合适的人选，房玄龄“宁虚其位，而不以与人”，因为这是“关天下利害'、“民力所系”的要害部门，是绝不可交付给“聚敛之臣”的。这种“宁受吝权之讥，而不忍冒昧以与下”的精神，可谓用心良苦。也正由于此，房玄龄堪称为贞观之治时期的良相。

正由于房玄龄对唐太宗忠心耿耿，当时朝廷上下对他都十分尊重，唐太宗遇有什么大事或难以解决的事都要随时咨询他。贞观七年（633年）唐太宗将任命一名关内道的黜陟使（代表中央去地方检察不法的官吏），就亲自向房玄龄请教。贞观二十一年（647年）唐太宗要任命李纬为户部尚书，也派人去征求房玄龄的意见，房玄龄没有表示肯定意见，“但云李纬好髭须”，唐太宗便因此作罢。可见房玄龄在贞观一朝所受尊敬的程度。群臣对房玄龄评价亦很高，贞观时与魏征同时号为谏臣的王圭曾对唐太宗评价房玄龄说：“孜孜奉国，知无不为，臣不如玄龄。”

贞观二十二年（648年），房玄龄一病不起。病势沉重时，唐太宗亲自前去探望，“太宗对之流涕，玄龄亦感咽不能自胜”，足见君臣二人感情之深厚。房玄龄卧床期间，唐太宗不断派人探望；房玄龄临死前，太宗又亲临与之握手叙别。唐太宗任相以礼，厚待房玄龄；房玄龄也感恩图报，兢兢业业，死而后已。君臣共同开创了唐朝第一个鼎盛时期——贞观之治，在中国历史上留下了光辉灿烂的一页。

3. 待之以礼，而后可以责之如法

【原典】

吾观贾谊书，至所谓“长太息者”①，常反覆读不能已。以为谊生文帝时，文帝遇将相大臣不为无礼②，独周勃一下狱，谊遂发此[3]。使谊生于近世，见其所以遇宰相者，则当复何如也？夫汤、武之德，三尺竖子皆知其为圣人[4]，而犹有伊尹、太公者为师友焉。伊尹、太公非贤于汤、武也，而二圣人者特不顾以师友之，以明有尊也。噫！近世之君姑勿责于此[5]，天子御坐见宰相而起者有之乎？无矣。在舆而下者有之乎？亦无矣。天子坐殿上，宰相与百官趋走于下，掌仪之官名而呼之[6]，若郡守召胥吏耳[7]。虽臣子为此亦不为过，而尊尊贵贵之道，不若是亵也[8]。

夫既不能接之以礼，则其罪之也[9]，吾法将亦不得用。何者？不果于用礼而果于用刑[10]，则其心不服。故法曰：有某罪则加之以某刑[11]。及其免相也，既曰有某罪，而刑不加焉，不过削之以官而出之大藩镇[12]。此其弊皆始于不为之礼。贾谊曰："中罪而自弛，大罪而自裁。"[13]夫人不我诛，而安忍弃其身，此必有大愧于其君。故人君者，必有以愧其臣，故其臣有所不为。

武帝尝以不冠见平津侯[14]，故当天下多事，朝廷忧惧之际，使石庆得容于其间而无怪焉[15]。然则必其待之如礼，而后可以责之如法也。且吾闻之，待以礼而彼不自效以报其上[16]；重其责，而彼不自勉以全其身，安其禄位，成其功名者，天下无有也。彼人主傲然于上，不礼宰相以自尊大者，孰若使宰相自效以报其上之为利？宰相利其君之不责而丰其私者，孰若自勉以全其身[17]，安其禄位，成其功名之为福？吾又未见去利而就害、远福而求祸者也。

【注释】

①贾谊书：指贾谊所著《治安策》（见《汉书·贾谊传》）。文中有“可为长太息者六”之语。太息：叹息。

②文帝：指汉文帝刘恒。遇：对待。

③发：表达、阐述。

④三尺竖子：古语中对他人的鄙称，这里指孩童。

⑤姑：姑且、苟且。

⑥掌仪之官：指负责礼仪的官员。名：直呼其名。

⑦郡守：郡国太守。胥吏：官府中办理文书的低级官员。

⑧尊尊贵贵：尊敬值得尊敬的人，重视显贵的人物。前一“尊”及前一“贵”字都用作动词。亵：轻慢。

⑨罪：责怪、加罪。

⑩果：果断、坚决。

⑪加：施以某种动作，施加。

⑫藩镇：唐代初年在重要各州设都督府，睿宗时设节度大使，玄宗时又在边境设置十节度使，通称“藩镇”。这里指在各地设立的军事重镇。

⑬见贾谊《治安策》。原文为“其有中罪者，闻命而自弛……其有大罪者，闻命则北面再拜，跪而自裁。”自裁：自杀。弛：废，自废而死。

⑭平津侯：即公孙弘（公元前200—公元前121年），西汉菑川薛人，字季。少年时家贫，以放猪为业，六十岁时才被征为贤良方正，熟习文法史治，因对策第一而被汉武帝任为博士，后任宰相，封平津侯。公孙弘自布衣而做到宰相并封侯，之后汉代凡担任宰相者必定被封侯，同时也改变了之前唯有王侯可担任宰相的做法。

⑮石庆（？—公元前103年）：齐相万石君石奋少子，历任太仆、太子太傅、御史大夫。汉武帝元鼎五年（公元前112年）为丞相，封为牧丘侯。当时汉朝频频出师征伐，国内多事，石庆在位九年，谨小慎微，没有任何建树。为人文深审谨，

无大略，故时以“笃行”著称。

⑯自效：自我奋发图强。报：报效、报答。

⑰勉：勉励、激励。全：保全。

【译文】

我阅读贾谊的文章，看到贾谊所说应该“长长叹息”的事情，常常情不自禁的反复阅读。我想，贾谊生活在汉文帝那样的政治清明年代，汉文帝对待宰相以及武将等朝廷官员不能说礼仪不周，但只因为周勃犯了小错而被汉文帝下诏逮捕入狱，贾谊就抒发了这样的感慨。如果贾谊生活在如今这个朝代，当他看到君主如此对待宰相，不知道贾谊又会有何感慨呢？商汤和周武王的德行高洁，就连小孩子都知道他们是贤明的君主，但是他们仍然把伊尹、吕尚当作自己的老师和朋友一样对待。伊尹和吕尚并不一定比商汤和周武王更贤能，这两位贤明的君主这样做是要表明他们对贤才的尊重。唉，姑且不要求近世的君主有商汤和周武王一样高洁的德行，可近世的君主们有见到宰相而从座位上站起来表示尊重的吗？有在路上见到宰相而下车的吗？都没有。近世的君主坐在高高的殿堂上，接受宰相与各级官员在殿下的朝拜，负责礼仪的官员直呼其名，就好像郡守召见他的下属官吏一样，虽然对一般大臣这样做也算不上过分，但是以这种方式对待地位显贵的宰相就过于随便了。

君主如果不能对宰相礼仪周备，那么宰相犯错受罚时，君主也不能依据一般的法律条款处罚他。为什么呢？如果君主对待宰相的礼仪做得并不周到，但却在惩罚时义正词严地训斥、态度坚决地依法处置，那么，宰相也不会心服口服。因此法律条文上讲：如果犯有某项罪行就应该判处什么样的刑罚。事实上，宰相被免职时，只说他有什么罪过，而不会处以相应的刑罚，只不过是将他降职使用，发配到一些军事重镇担任职务罢了。这种弊端的由来就是君主对待宰相的礼仪不隆重。贾谊说：“宰相如果犯了一般的过错就自废而死，如果犯了大的过错就直接自杀”。一个人如果别人不惩罚他，又怎么会轻易地选择自杀呢？这一定是因为宰相觉得内心惭愧，感觉到辜负了君主的重托的缘故。因此，贤明的君主一定要做得让宰相觉得如果没有尽职尽责就感到愧疚，这样宰相就能严于律己，不会去做对不起君主、危害国家的事情了。

汉武帝曾经衣冠不整的接见平津侯公孙弘，正是他这种对待贤能轻慢的态度，竟然使石庆这样平庸的人在天下动荡、变故频频、朝廷上下忧虑不安的时候担任宰相长达九年之久，对他的无所作为也不怪罪。因此君主对待宰相一定要礼仪周到，然后才可以按照法律从严要求他。而且我听说过：君主对待宰相礼遇有加，宰相却不尽忠职守努力报效朝廷的是没有的；君主对宰相从严要求，而宰相不竭力保全自身、享受丰厚的俸禄和高贵的爵位、建功立业以求功名不朽的人也是没有的。君主高高在上，对待宰相傲慢无礼、自尊自大的做法，哪里比得上以礼相待使其恪尽职守、效忠自己有利呢？宰相利用君主对自己要求松弛而乘机中饱私囊、假公济私的做法，哪里比得上自求上进以保全自己、安享高官厚禄、建功立业而流芳百世更有福气呢？我没有见过不做对自己有利的事却偏偏靠近祸害、避开福地而自讨灾祸的人呢。

【精解】

待之如礼，然后可以责之如法

苏洵在文中一再强调，君主一定要对宰相大臣以礼相待，不然就不能责之以法，他所讲的其实也是君主的用人之术。中国古代的亚圣孟子在两千多年前就对此做了总结，他曾经告诉齐宣王说：君主把臣下看作自己的手足，那么臣下就会把君主看作自己的腹心。君主把臣下看作犬马，那么臣下就会把君主看成是一般人。君主把臣下看成是泥土草芥，那么臣下就会把君主看成仇敌。其实这也是表述了君主用人时“恩”与“威”的关系，“恩”即施之以礼，“威”即施之以法，不过要“恩”在前，“威”在后，恩威并施，恩威相承。我国历代明君贤主皆是如此。上文讲了唐太宗李世民宠遇房玄龄的史例，但他对房玄龄也有责之如法。

在李渊起兵反隋之时房玄龄便跟随李世民南征北战，并在玄武门之变中立下首功。李世民登基后对房玄龄也格外恩宠信任，委以重任。贞观十九年，当李世民御驾亲征高句丽的时候，他命房玄龄留守长安，辅佐太子，把朝政大权全部委托给他，让他“得以便宜从事，不复奏请”。这实际上就是赋予了他皇权代理人的身份和权力。但有意思的是《资治通鉴》中也记载了房玄龄在贞观年间的两次停职的故事。第一次在贞观二十年（646年），房玄龄因为小错被勒令停职回家反省。为此褚遂良上书劝谏：“房玄龄从太原起兵就跟随陛下，特别是武德末年玄武门政变时参与决策，贞观初年选用贤能建立贞观政治格局，若论臣下勤勉，房玄龄应推第一。这样的人才，如果不是他有谋反等重罪，是不应该遗弃的。就算他年老体衰，也只能劝说他退休养老，按礼请退；不能因为些许小过失，就摒弃元勋老臣。”唐太宗李世民看过奏章后，立即召房玄龄入宫议事。没多久，房玄龄再次犯错“避位”回家，这一回史书上没有记载是什么错，但进程很微妙。史书上只说，过了一段时间后皇上驾幸芙蓉园，房玄龄得到消息，立即命令子弟洒扫门庭，因为他知道皇上会驾临房家。果然，李世民“顺路”来到房家，然后“顺便”带着房玄龄一起回到宫中。

由此可见，唐太宗对房玄龄可谓恩威并施。一方面，李世民给予房玄龄最尊崇的地位和官爵，对他寄予最大的信任，赐给他人臣所能享有的最高恩典。比如唐太宗把女儿高阳公主嫁给房玄龄的次子房遗爱，又让弟弟韩王李元嘉娶了房玄龄的女儿当王妃，以此加强双方的情感纽带和利益联结。这些都属于“恩”的范畴，目的是为了赢得房玄龄对自己的绝对效忠。另一方面，李世民又经常玩一些“小动作”，时不时把房玄龄“谴归私第”，以此检验自己对权力的掌控程度，以防被暗中坐大的“权臣”架空；并借此显示皇权的威严，提醒房玄龄应始终保持戒骄戒躁、谦虚谨慎的态度，永远不能骄傲自大、忘乎所以。这些属于“威”的范畴，目的是让房玄龄时刻牢记君臣大义和自己的责任。

天子的“恩威”，一边是皇恩浩荡，如“慈母之手”化育万物；一边又是天威凛凛，如“钟馗之剑”森冷逼人！其实作为一个管理者，不论是古代的帝王还是当今一个组织的领袖，在驾驭下属时除了善于制订一些明面上的规则之外，还要善于运用一些不便明说的隐性手段。这种隐性手段即为“恩威并施”。恩威并施的效力从唐太宗李世民与房玄龄、李靖、尉迟恭等元勋宿将的关系便可看出何其微妙，何其妙用无穷。

1. 取士，以贤之所在而已

【原典】

古之取士，取于盗贼，取于夷狄①。古之人非以盗贼、夷狄之事可为也，以贤之所在而已矣。夫贤之所在，贵而贵取焉，贱而贱取焉。是以盗贼下人、夷狄异类，虽奴隶之所耻，而往往登之朝廷②，坐之郡国③，而不以为怍④。而绳趋尺步，华言华服者⑤，往往反摈弃不用⑥。何则？天下之能绳趋而尺步、华言而华服者众也，朝廷之政，郡国之事，非特如此而可治也⑦。彼虽不能绳趋而尺步、华言而华服，然而其才果可用于此，则居此位可也。

【注释】

①夷狄：古称东方部族为夷，北方部族为狄。常用以泛称除华夏族以外的各少数民族。

②登：加封、升任。

③郡国：汉初行政区域名和诸侯王封域名。郡直属朝廷，国是诸侯王的封地，两者地位相等，所以“郡”、“国”并称。东汉迄南北朝仍沿袭郡国并置的制度，郡的长官称太守，国的长官称国相或内史。隋朝始废王国之制。

④怍（zuò）：惭愧。

⑤绳趋尺步：指循规蹈矩、行动合乎法度的人。华：汉族的古称。“绳趋尺步”与“盗贼”相对而言，“华言华服”则与“夷狄”相对而言。

⑥摈弃：排斥。

⑦特：只、仅仅。

【译文】

古代君主所选拔的人才，有的曾做过盗贼，也有的来自夷狄等少数民族。君主并不认为盗贼、夷狄做的许多事情是正当合理的，只是认为那些人有贤能罢了。只要是贤才就不论他的出身，无论他出身于贵族还是寒门都一样选拔。因此，尽管有些贤才出身于低贱的盗贼，或者是来自于异族，甚至连奴隶都羞于与他们为伍，但古代贤明的君主却往往让他们在朝任职或者出任地方官员，并不认为这样做有什么羞耻与愧疚。相反那些循规蹈矩、行为得体的人却往往被君主排斥不用。为什么呢?普天之下，能够循规蹈矩、行为得体的人非常多，可这些人却未必能把国家大事和郡国内的行政事务治理好。那些出身低贱的贤才虽然不能做到循规蹈矩、行为得体，但是他们确实能够治国为政，那么让他们担任国家和地方的官职就是合情合理的。

【精解】

选士用能，不拘微贱

西晋的陈寿就说过：“选士用能，不拘长幼。”南朝时的沈约说过：“既谓之才，则不宜以阶级限，不应以年齿齐。”宋朝时的司马光也说过：“识拔奇才，不拘微贱。”这三位古人虽然所处时代不同，但认识却是共通的：不能用一些僵硬的标准如年龄、贵贱、资历来限制人才的任用。而在历史上，很多贤明的君主正是破除了那些机械的教条，不拘贵贱、长幼、资历，大胆任用贤才，才成就其不朽的功绩。汉武帝就是其中一位，他不论出身、年龄重用卫青与霍去病，终于取得对匈奴作战的决定性胜利。

卫青出身卑贱。卫青之母在平阳公主家做女仆，因丈夫姓卫，她就被称为卫媪。卫青是卫媪与平阳公主家小吏郑季私通所生，后卫媪将卫青送至郑家，郑家竟以奴仆相待。卫青长大后，不愿再受郑家的奴役，便回到母亲身边。平阳公主看到卫青已长成相貌堂堂的彪形大汉，非常喜欢，就让他做了自己的骑奴。此时卫青虽然没有一官半职，但与在郑家时的情景相比已是天壤之别。他怨恨郑家对他没有一点亲情，于是冒姓为卫。公元前139年春，卫青的姐姐卫子夫被汉武帝选入宫中，卫青也被召到建章宫当差，这成为卫青一生中最重要的转折点，这使他有机会和汉武帝相识，并得到汉武帝的赏识，继升任太中大夫。公元前129年(元光六年)，匈奴大举攻扰上谷，杀掠吏民，汉武帝大胆启用卫青为车骑将军，令其同公孙贺、公孙敖及李广各率万骑，分四路北击匈奴。这次作战中公孙敖折兵七千人，李广被俘，公孙贺无功而还，唯卫青纵骑直捣龙城（今蒙古人民共和国鄂尔浑河西侧的和硕柴达木湖附近)，俘获匈奴七百余人而归。此次龙城之役在汉匈交战史上具有划时代的意义，龙城的胜利打破了自汉初以来“匈奴不可战胜”的神话，大大鼓舞了汉军士气，成为汉匈战争的转折点，为以后汉朝的进一步反击打下了良好的人心基础。汉武帝见卫青“有将帅才”，并嘉其有功，破格封为关内侯。卫青初露锋芒，表现出与众不同的气质。公元前127年（元朔二年)，匈奴集结大量兵力进攻上谷、渔阳。武帝再次派卫青率大军进攻久为匈奴盘踞的河南地（黄河河套地区)。这是西汉对匈奴的第一次大战役。卫青不辱使命，以“迂回侧击”之术大败匈奴，完全控制了河套地区。这不但解除了匈奴骑兵对长安的直接威胁，也建立起了进一步反击匈奴的前哨基地，具有重要的战略意义。卫青被封为长平侯，食邑3800户。之后若干年里，卫青奇袭高阙，大败匈奴右贤王；二出定襄，进行了漠南之战。公元前119年（元狩四年）春，卫青又远征漠北。从公元前129年至公元前119年这十年间，卫青亲自参加和指挥了七次反击匈奴的大战。卫青指挥汉军铁骑驰骋大漠南北，屡战屡胜。在这些极其艰苦的战斗中，他英勇顽强，临危不惧，指挥若定，并且善于利用机动灵活的策略，取得了较大的战果。

霍去病是与其舅父大将军卫青齐名的又一位抗击匈奴名将，他曾率领骑兵六次出击匈奴，战无不胜。霍去病的出身与其舅父卫青相似，他是平阳公主府的女奴卫少儿与平阳县小吏霍仲孺的私生子。但霍去病比卫青幸运，在霍去病刚满周岁的时候，他的姨母卫子夫进入了汉武帝的后宫，并且很快被封为夫人，仅次于皇后。他的舅舅卫长君、卫青也随即晋为侍中，卫氏家族的命运从此改变。在卫青建功立业的同时，霍去病也渐渐地长大了，在舅舅的影响下，他自幼精于骑射，渴望杀敌立功。公元前123年（元朔六年）汉武帝以卫青为帅发起漠南反击战，未满十八岁的霍去病主动请缨，武帝遂封他为嫖姚校尉随军出征。霍去病不负所望，在作战中他智勇兼备，独自率八百精骑远离主力几百里奔袭敌人，以少胜多，斩敌二千余人，杀匈奴单于祖父，俘虏单于的国相及叔叔，大胜而归。汉武帝立即将他封为“冠军侯”，赞叹他的勇冠三军。从此霍去病名显朝野。此后，年轻的霍去病成为一名抗匈主将，统帅千军万马驰骋沙场，大显身手。河西之战堪称是霍去病的军事杰作。

卫青河南之战之后，汉武帝决定实施第二阶段战略任务，即组成强有力的骑兵队伍进袭河西匈奴，以解除对长安侧翼的威胁，同时打通通往西域的商路。汉武帝将这一重任交给了年仅二十岁的霍去病，并封霍去病为骠骑将军，令其率万骑进军河西。年轻的统帅霍去病不负众望，在千里大漠中闪电奔袭，打了一场漂亮的大迂回战。六天中他转战匈奴五部落，一路猛进，并在皋兰山与匈奴卢胡王、折兰王打了一场硬碰硬的生死战。在此战中，霍去病惨胜，一万精兵仅余三千人；而匈奴更是损失惨重，卢胡王和折兰王都战死，浑邪王子及相国、都尉被俘虏，斩敌八千九百六十。在这一场血与火的对战之中，汉军大获全胜。同年夏天，汉武帝决定乘胜追击，展开收复河西之战。霍去病遂再次孤军深入，并再次大胜。在祁连山，霍去病所部斩敌三万余人，俘虏匈奴王爷五人以及匈奴大小阏氏、匈奴王子五十九人、相国将军当户都尉共计六十三人。经此一役，匈奴不得不退到焉支山北，汉王朝收复了河西平原。曾经不可一世的匈奴终于也唱出了哀歌："亡我祁连山，使我六畜不蕃息；失我燕支山，使我妇女无颜色。"

霍去病墓前"马踏匈奴"石雕

霍去病（公元前140—公元前117年），河东郡平阳县（今山西临汾西南）人，作战善于长途奔袭，曾多次出击匈奴，决战漠北。霍去病墓在陕西省兴平县东北约15公里处，状如祁连山。封土上堆放着巨石，墓前置石人、石兽等。

元狩四年（公元前119年），为了彻底消灭匈奴主力，汉武帝命卫青、霍去病分别领军发起了规模空前的"漠北大战"。在这场战争中，霍去病没能遇上他最渴望的对手匈奴单于，而是碰上了左贤王部。在深入漠北寻找匈奴主力的过程中，霍去病率部奔袭两千多里，以一万五千的损失歼敌七万多人，俘虏匈奴王爷三人以及将军相国当户都尉八十三人。霍去病一路追杀，来到了今蒙古肯特山一带。就在这里，霍去病暂作停顿，封狼居胥山，禅于姑衍山。之后，霍去病继续率军深入追击匈奴，一直打到瀚海（今俄罗斯贝加尔湖）方才回兵。经此一役，"匈奴远遁，漠南无王庭"。这一年的霍去病，年仅二十二岁。霍去病的"封狼居胥"从此成为中国历代兵家的最高追求。

汉武帝不拘一格的选拔人才，不仅改变了卫青、霍去病的命运，而且也成就了西汉军威远扬的赫赫战功。这也留给后人很多启示：我们唯有在用人制度上破除框框，打破过去陈旧的以年龄、资历、学历、民族用人的标准，不拘一格，大胆起用人才，方可成就一番事业。

2. 用人，无择于势，贤则用之

【原典】

古者，天下之国大而多士大夫者，不过曰齐与秦也。而管夷吾相齐[①]，贤也，而举二盗焉；穆公霸秦[②]，贤也，而举由余焉[③]。是其能果于是非而不牵于众人之议也，未闻有以用盗贼、夷狄而鄙之者也。今有人非盗贼、非夷狄，而犹不获用，吾不知其何故也。

夫古之用人，无择于势，布衣寒士而贤则用之，公卿之子弟而贤则用之，武夫健卒而贤则用之，巫医方技而贤则用之[④]，胥史贱吏而贤则用之[⑤]。今也，布衣寒士持方尺之纸[⑥]，书声病剽窃之文[⑦]，而至享万钟之禄[⑧]；卿大夫之子弟饱食于家，一出而驱高车，驾大马，以为民上；武夫健卒有洒扫之力、奔走之旧，久乃领藩郡，执兵柄；巫医方技一言之中，大臣且举以为吏。若此者，皆非贤也，皆非功也，是今之所以进之之涂多于古也[⑨]。而胥史贱吏独弃而不录，使老死于敲榜趋走[⑩]，而贤与功者不获一施，吾甚惑也。不知胥吏之贤，优而养之，则儒生武士或所不若。

夫人固有才智奇绝而不能为章句、名数、声律之学者[⑪]，又有不幸而不为者。苟一之以进士、制策[⑫]，是使奇才绝智有时而穷也。使吏胥之人得出为长吏，是使一介之才无所逃也。进士、制策网之于上，此又网之于下，而曰天下有遗才者，吾不信也。

【注释】

①管夷吾：即管仲。春秋齐国的贤相，辅助齐桓公称霸诸侯。

②穆公：即秦穆公（？—公元前621年），春秋时秦国君，名任好。公元前659—公元前621年在位。秦穆公非常重视人才，重用百里奚、由余等贤臣，曾协助晋文公回到晋国夺取君位。周襄王时出兵攻打蜀国和其他位于函谷关以西的国家，开地千里，因而周襄王任命他为西方诸侯之伯，遂称霸西戎。

③由余：春秋时秦国大夫。由余的祖先原为晋国人，因避乱才逃到西戎。后来，由余奉命出使秦国。秦穆公喜由余之贤，设计使由余于秦穆公元年（公元前659年）投入秦国，被秦穆公任为上卿（即宰相），为秦穆公出谋划策，帮助秦国攻伐西戎，一举攻灭十二个戎国，遂使秦国称霸西戎，位列春秋五霸。

④巫医：古代用祝祷、占卜等方法或兼用一些药物以治病为业者。巫医是一个具有两重身份的人，既能交通鬼神，又兼及医药，是比一般巫师更专门于医药的人物。方技：医药与养生之类的技术和知识。

⑤胥史：即胥吏，指掌文书一类的小吏。

⑥寒士：旧称贫苦的读书人。魏晋南北朝时期对出身寒微人士的称谓。

⑦声病：指诗词中不符合韵律规律弊病。剽窃：窃取、抄袭。

⑧钟：中国古代计量单位，春秋时齐国以十釜为“钟”，但标准不一。万钟之禄，比喻丰厚的俸禄。

⑨涂：道路。也作“途”，意思为方法、途径。

⑩敲榜：敲打、捶打。趋走：奔走效劳。趋：快步地走。

⑪章句之学：即深究一章一句的训诂之学。名数：指户籍。声律之学：即指吟诗作赋之学。声律：指诗赋的声韵格律。

⑫进士：古代科举考试中的取士科目。隋炀帝始设进士科，为科举科目之一，后世沿用。唐宋时期凡是举人在礼部策试者，都可以做进士。宋代以后，进士科逐渐成为科举制度中唯一的科目。进士科重文辞，以考诗赋为主。制策：皇帝亲自出题考选人才政论文体，即策试，始自汉文帝。“策”即竹简，在纸张为发明之

前古人以竹简作书。皇帝有事书策询问群臣，称制策。群臣受策察问，亦以书策以对，称对策。后为科举考试所采用，故称策试。

【译文】

古代春秋战国时期，国力强大、人才众多的国家不过只有齐国与秦国罢了。管仲做齐国的相国辅佐齐桓公时，可谓是非常贤能的了，而他却曾推举过两个盗贼做官。秦穆公称霸西戎，同样是一个贤能的君主，而他却擢用由余为上卿。这是因为他们是非分明、做事果断，不受大多数人意见的干扰，没有听说过有人讥笑管仲任用盗贼、秦穆公任用出身夷狄的由余为上卿这类做法。而如今，有些贤才之士既非盗贼也不是夷狄等少数民族，但他们却依然不能得到任用，我不知道这是什么缘故。

古代君主任用人才，不考虑他是否有权势，平民百姓以及贫苦的读书人如果有才能就会被重用，公卿大臣的子弟如果有才能也会得到任用，勇士及士卒只要是贤才也得到擢用，那些懂得医药和卜筮的巫医只要有才能也是能被选拔为官员，一些掌管文书的小吏和其他一些卑贱低级吏员如果才能优异也能够得到擢升重用。而如今的实际情况又如何呢?一些平民百姓和贫苦的读书人依凭在一尺见方的纸上抄袭来的一些韵律乖错的文章就可以享受丰厚的俸禄；公卿大夫的子弟平时在家饱食无忧、游手好闲，凭着家势出仕做官，乘着骏马拉的豪华高大的车子不可一世；一些武夫和兵卒仅仅因为他们有洒扫庭院、奔走效劳的一点小功劳就可以做官，而且他们的官位也随年月积累不断升迁，有些人甚至出任藩镇和郡的军事官员，执掌领兵大权；那些懂得些医药、卜筮的巫医，也因为巧中一语就被推荐去做官。像以上所说的这些人都不是贤才，也不是为国立功的人，他们却都做了官，从这个方面说明现在出仕做官的途径比古代要多。但是，一些掌管文书的小吏和低级的吏员却被排斥不用，使他们一生为官府奔走效劳，受尽驱遣和鞭打，而他们的才能和功劳始终不能得到施展和奖赏，我对这种现象感到极为困惑。国家即使不知道掌管文书的小吏的贤能，如果懂得优待、恩养他们，他们可以做出许多儒生和武士望尘莫及的大事。

有些奇才义士天赋很高却可能不精通字词训诂、名物制度、数术和声律的学问，也有一些人不幸没有机会去从事这些事情。假如选拔人才的途径仅仅是进士科考试和皇帝亲自出题考试的方式，那些禀赋和才能极高的人有时就会感到困顿迷茫。如果能够擢升一些有才能的小吏出任地位较高的官员，这就不会让一个人才遗漏。进士科考试和皇帝亲自策试从上层选拔人才，而擢升贤能的小吏从下层搜集人才，如果真能这样做，那么天下还有不能得到任用的人才，我是不会相信的。

【精解】

举贤授能，唯才是举

本篇专论取士之道，主张任人唯贤。认为无论布衣寒士、公卿子弟、武夫健卒、巫医方技、胥吏贱吏，甚至盗贼，只要确实有才干，都应提拔任用，唯有如此，方可人尽其才，从而实现政治清明、国泰民安。这便是本篇所谓“广士”的主旨。

虽说“举贤授能，唯才是举”并非苏洵的创见，但本篇所论却是从当时的社会现实出发，具有很强的针对性。纵观北宋一朝，“冗兵、冗官、冗费”的问题始终困扰着当政者。在北宋，通过科举考试取得功名的读书人有时几乎达到泛滥程度，加之宋朝对宗室、大臣子弟极为优待，规定官员子弟可以荫补，使得朝廷官员数量不断增多，财政负担不断加重。臃肿的官僚体制也造成了行政效能的低下，即便是有才能的人也容易被淹没、销蚀于其中。由于吏治腐败和人才政策的失误，致使朝政日益萎靡，形成积贫积弱的局面。苏洵有感于此，在本文中对“持方尺之纸，书声病剽窃之文，而至享万钟之禄”的科举制度和任子荫补制度予以抨击指责，切中时弊。他认为要澄清天下吏治、重振宋朝声威，最切实的办法就是从选才制度入手，不拘一格，唯才是举，如此方可改变现状，促进国家强盛。而文

尤利西斯·辛普森·格兰特(1822—1885年)，美国军事家、政治家，美国内战后期联邦军总司令，美国第18任总统、陆军上将。

章最后提出要从小吏中选拔在实际事务中锻炼成长起来的干才的观点颇具见地。苏洵一贯主张“有为而作，精悍确苦，言必中当世之过”，此篇也不例外，论述正中肯綮，且颇富情感。

当然，唯才是举的用人之道也并非中国的独创，而是整个人类历史经验的共识。世界历史上许多杰出的领袖便深知其道。1861年，美国总统林肯因为要废除由来已久的黑人奴隶制度，导致内战爆发。战争初期，尽管美国北方赢得民心，而且所拥有的人力物力占有绝对优势，但北方的政府军连连失利，南方维护奴隶制度的叛军却节节胜利，一度都快打到华盛顿了。林肯总统一连换了三位将军都无济于事，美利坚合众国岌岌可危。面对不利形势，林肯总统痛定思痛，在检讨后发现在他甄选指挥大军的将军时，每次都严格遵守“所用的人必须是无重大缺点”的原则。而反观南军李将军，他的用人之道却是充分了解每个人的长处，不去在意他们的缺点，善用他们的长处，使他们的长处可以充分发挥。后来林肯总统打听到北军中的格兰特将军是位很好的指挥人才。于是在1864年4月，在内战爆发三年后，林肯总统大胆启用了有明显缺点的酒鬼将军格兰特，任命他为北方军总司令。这时有人向林肯总统密告格兰特将军嗜酒贪杯，很难胜任指挥大军作战的总司令一职，林肯总统听后立刻问道：“他喜欢喝哪一种酒？我要送他几桶酒，让大家一起来享用。”实际上，格兰特将军的确是个嗜酒的人，早年曾因为嗜酒被军队辞退。但就是这个嗜酒的格兰特将军，在上任后仅用了一年时间就拿下了叛军首府里士满，打败了曾经是战无不胜的南军总司令李将军，平定了南方叛乱，最终打赢了美国南北战争。他本人也因此赢得了“无敌尤利西斯”的称号，后来还因为崇高威望登上了总统宝座。

林肯总统绝对不是不知道酗酒可能会误事，但他更知道在北军诸将军中只有格兰特将军能够“运筹帷幄，决胜千里”。由此可见，“容人之

短，用人之长”方为正确的用人之道。拿破仑也是一位深知此道的领袖。拿破仑一生中指挥过众多的大战役，并屡屡胜利，其中的一个重要原因就是他善于用人，而他的任人之道归结起来正是举贤授能，唯才是举。

首先，拿破仑举才不论门第。拿破仑在选拔将领时，彻底地废除了传统的以出身择人的门阀观念。他说“每个士兵的背囊里都有一根元帅的指挥棍。”以号召人人争当将军、元帅，并激励士兵说：“不想当将军的士兵不是好士兵”。拿破仑也确实做到了这点，他的军队中许多杰出的元帅都是来自社会的底层，来自士兵。著名的内伊元帅是一个饭店老板的儿子，拉纳元帅是一个士兵的儿子，贝尔纳多特元帅和勒费弗尔元帅都出身于普通士兵。这些人虽然出身卑微，经历各不相同，但有一点是共同的，那就是他们都具有敏捷的判断力和顽强的意志。其次，拿破仑选将不求完人。他懂得人总是各有所长、各有所短。因此，他选拔将才从不要求十全十美。他善于发现别人的优点和长处，并利用它来为自己服务。按这一原则，他果断地选择了贝赫尔作为他的参谋长。他说：“贝赫尔缺乏果断，完全不适于指挥任务，但却具有参谋长的一切素质。他善于谈地图，了解一切搜索方法，亲自颁发命令，对最复杂的部队调动是内行。”这样的人对于喜欢自作决定的拿破仑来说无疑是一位最理想的参谋长。

清朝诗人顾司协有一首诗：“骏马能历险，犁田不如牛。坚车能载重，渡河不如舟。”这正是事物各有长短的形象写照。金无足赤，人无完人。人各有所长，也各有所短。古今中外的历史证明，用人决策不在于如何克服人的短处，而在于如何发挥人的长处。

参考文献

[1] 郭预衡. 唐宋八大家文集 [M]. 北京：人民日报出版社，1997.

[2] 周振甫. 苏洵散文精品选 [M]. 西安：陕西人民出版社，1995.

[3] 郑昌淦，匡继先. 中国历代宰相的谋略与权术 [M]. 石家庄：河北人民出版社，1998.

[4] 汤昌和，张贵锁. 中国古代军事思想 [M]. 保定：河北大学出版社，1993.

[5] 董书城. 中国古代军事谋略集萃 [M]. 北京：东方出版社，1998.

[6] 宁梦辰. 中国古代军事谋略 [M]. 沈阳：辽宁大学出版社，1985.

[7] 振笙. 争雄权术 [M]. 北京：中国物资出版社，1994.

[8] 王元瑞. 用人谋略与权术 [M]. 石家庄：河北人民出版社，1991.

[9] 秦学颀. 机变诡异的中国古代权术 [M]. 南宁：广西人民出版社，2002.

[10] 阮忠. 韩非子权术人生 [M]. 武汉：长江文艺出版社，2000.

[11] 韩隆福. 古代帝王权术大观 [M]. 长沙：岳麓书社出版社，1997.

[12] 张云勋等. 从来兵战智者胜 [M]. 北京：人民日报出版社，1995.

[13] 张以文，刘凯. 权书 [M]. 北京：民族出版社，1999.